知識人としてのロバート・ベラー

――「日本」と「軸」についての試論

11

1. 共同体の外に立つ人――ロバート・ベラーとの出会い……13
ベラーからのメール……13
ベラーのふたつの印象……16
日本はどこにいるのか……19

2. 日本・ファシズム・非軸的なもの――「丸山眞男の比較ファシズム論」から……20
「丸山眞男の比較ファシズム論」……20
無責任の体系……25
日本は「非軸的」である……30

3. 「軸」と「知識人」――知識人がいる場所をめぐって……35
「軸」とはなにか……35
「世捨て人」の声……38
知識人がいる場所……42

反転と残余
──ふたつの「自我の社会学」におけるふたつのラディカリズム

47

1．はじめに──ふたつの「自我の社会学」……49

2．まなざしのオブセッション──「恥と羞恥」と「まなざしの地獄」……51

【1】所属集団のまなざし／準拠集団のまなざし──「恥と羞恥」……51

「罪」と「恥」……51

「羞恥」とまなざし……53

【2】都市の他者たちのまなざし──「まなざしの地獄」……54

N・Nへのまなざし……54

ふたつの陥穽……56

【3】まなざしの交錯／平均人のまなざし……58

「羞恥」と「怒り」……58

解放のための契機……60

3．自己革命のモノグラフ──『ルソー』と『宮沢賢治』……62

【1】まなざしに貫かれて羞恥する人……62

ジャン－ジャック・ルソーとまなざし……62

宮沢賢治とまなざし……65
【2】防衛／超越／浸透――ルソーの「自己革命」……67
闘うルソーと「超越」……67
愛するルソーと「浸透」……70
【3】修羅／自己犠牲／存在の祭り――宮沢賢治の「自己革命」……73
原罪と自己犠牲……73
「存在の祭り」へ……76

4. 〈明晰〉なる反転――『自我の起原』……79

【1】「動物社会学」という迂回路……79
エゴイズムからの解放……79
利己／利他／生成子／個体……80
【2】誘惑と自己裂開性……83
誘惑という戦略……83
自己裂開としての自由……85
【3】〈明晰〉なる反転とその陥穽……86
図と地の反転……87
相乗性と相剋性……90
〈明晰〉の陥穽……92

5. 残余のラディカリズム――『生成の社会学をめざして』……93
【1】「定着の世界」と「生成の世界」……93
生／死／別離・独立……93
溶解体験と生成……98
【2】独立我／超個体我／社会我……100
自我発達の四段階……100
配分と組み合わせ……105
【3】「こぼれ落ちるもの」の探求……108
残余のラディカリズム……108
権威主義的性格またはヒトラー主義者……111
さらにこぼれ落ちるもの……115

いけにえ・憐憫・赦し
――作田啓一と「戦後」

1. 原罪といけにえ――BC級戦犯のケースから……123
【1】われらの内なる戦争犯罪者……123
石垣島ケース……123

虐殺の経緯……125
日本人の「原罪」……127
【2】「いけにえ」としての死……129
死の意味づけの四類型……129
死と和解する論理……133
「贖罪死」からの距離……135
【3】原罪といけにえ……138
BC級戦犯は私たちである……138
「戦争犯罪者」と「戦犯刑歿者」……139
ラフカディオ・ハーンが見た群衆……141

2. いけにえと憐憫——ドストエフスキー・ルソー・ローティ……143

【1】ムイシュキンとキリスト……143
「まことに美しい人間」……143
ナスターシャのケース／マリーのケース……146
「いけにえ」とキリストの死……150
【2】共苦・コスモポリタン・存在の感情……156
『白痴』とBC級戦犯……156
共苦とコスモポリタン……159
「存在の感情」としての憐憫……162

【3】憐憫による連帯……166
ローティの「憐憫」論……166
ルソーvs.ローティ……169
苦痛をめぐる類似性……172
「われわれ性」と「外部性」……176

3．赦しと〈他者〉――「共同体の外部」へ……180

【1】「純粋な赦し」の不可能性……180
デリダの「赦し」論……180
「純粋な赦し」と「絶対的正義」……184
罪の共有者としての融合……187
【2】「報復」から「〈他者〉からの正義」へ……191
血讐／賠償／刑罰……191
「第三者」から「第四者」へ……195
〈他者〉からの正義……197
【3】〈再生のための死〉への可能性……199
共同体外部の〈他者〉との連帯……199
取り返しのつかない時間……205
私たちはＢＣ級戦犯である……210

別れの文化

――吉田民人・大村英昭・井上俊における「死の社会学」

215

1. はじめに――『別れの文化』……217

2. 絶対所与性と相対所与性――吉田民人における「人間解放」と「幸福」……218

【1】父の死をめぐって……219

ある家族の物語……219

宗教的シンボリズムの構造……221

【2】「自然学的存在論」と「人間解放」……224

ある社会学徒の原認識……224

資源・情報・自己組織性……226

「人間解放」の社会学構想……229

【3】「幸福」の研究プログラム……234

比較幸福学の理論枠組み……234

幸福の基盤・領域・様式……238

禅仏教の自他分節プログラム……243

「変革志向」から「解釈志向」へ……246

3. はかなさ・鎮め・ダンディズム――大村英昭における「もう一つの精神史」……251

【1】しあわせとはかなさ……251

「幸福」と「仕合わせ」……251

ポスト・ヒューマニズム期の「拡散宗教」……253

理論言語と自然言語……256

【2】鎮めの文化……258

「社会科学」と「宗教」……258

煽りの文化／鎮めの文化……260

「弱いワタクシ」とファミリズム……265

もう一つの精神史……268

【3】一人称の死とダンディズム……270

二人称の死／一人称の死……270

遊・ダンディズム・演技の精神……273

「自在の仮自己」と「遊」……278

4. 遊びと死にがいのあいだ――井上俊における「別れの文化」……281

【1】遊びとしての宗教……281

「聖なるもの」と「遊び」……281

「道化」と「道徳」……284

偶然性・脆さ・自由……289
【2】「死にがい」と「Being としての死」……294
戦無派の「死にがい」……295
「弱さ」と「やさしさ」……300
Being としての死……303
【3】「生と死」の社会学……306
アニミズムとリチュアリズム……306
哲学者たちと「死」……310
「別れの文化」のために……315
あとがき……323

知識人としてのロバート・ベラー

「日本」と「軸」についての試論

1．共同体の外に立つ人——ロバート・ベラーとの出会い

ベラーからのメール

ロバート・ベラーが私にくれた最後のメールは、二〇一三年七月二三日付の次のようなものだった。

Dear Takashi:

If we had a Communist Party in the US I might be tempted to vote for it. I do like Obama but even the Democratic Party is largely controlled by corporate money and Obama is not free to do what he wants.

You can certainly use what I said about Hideo Sato in April in any way you want.

I'll be back in touch when I am able to use the computer again after the operation.

Best, Bob

当時私は、前年二〇一二年の九月二七日から一〇月八日まで日本聖公会ウィリアムズ主教記念基金および立教大学の招きで来日したベラーが行った講演・シンポジウムの記録などをまとめた本の編集のために彼とやりとりしており、七月一九日に序文の原稿をもらったところだった。この招聘のきっかけを作ってくれた佐藤秀夫さんという立教の卒業生が逝去され、四月にベラーからもらった追悼文を引用していいかということと、序文の直しをどうするかについて連絡をしていて、ベラーから、このときの参議院選挙で「安倍が勝ったが日本はだいじょうぶか」というメールがあり、「でも共産党が議席を増やしました」と伝えたのに対する返事がこのメールだった。心臓の手術のため入院するが、戻ったら序文を直すからまた連絡を、ということで、私は連絡を待つことにした。

七月一九日に届いていた序文は、「I hope I have not been too provocative, but I thought some provocation would make the book more interesting.（刺激的すぎなければよいのだけれど、でもちょっと刺激的なほうがおもしろい本になると思ってね）」と記されたメールに添付されたごく簡潔なものだった。その冒頭にはこう記されていた。

> I would like to devote this brief foreword to only one question, a question that appears at several points in the following papers, talks and discussions, but that I want to highlight here: Where is Japan?

More specifically, why is Japan so largely absent on the global stage?

「日本はどこにいるのか？」——このあとベラーはグローバルな政治における日本のリーダーシップの不在を環境問題や米中関係について指摘するが、さらにこう述べている。「政治家と同様、知識人（優れた教育を受け、それを社会的・文化的問題を省察するために用いることができる人々と定義できる）もまたこれらの問題を提起し続けなければならない。こうした知識人の活動は、表現の自由をめぐる条件の差異を超えて中国でもアメリカでも見られることであり、日本でも明らかになされているのだろうが、その言葉が海外に発信されることはほとんどない」。彼は「私は世界という舞台での日本の不在をきわめて憂慮する」と述べ、それは日本にとっても世界にとっても不幸であり、「身を隠した日本は、日本にとっても世界にとっても無用である」と論じる（ベラー他編 2014：ix-xi）。

最後のメールの一週間後の七月三〇日、お嬢さんのハリーさんから「Sad news」と題したメールが届いた。手術後も健康そのもので読書したり歩いたりしていたベラーは、夕方ハリーさんが病院を離れたあと容態が急変し、心臓の弁の不調で帰らぬ人となったということだった。八六歳だった。私はこの強烈な序文を受け取った直後に予期せぬ訃報に接し、激しく動揺した。翌年五月に『宗教とグローバル市民社会——ロバート・ベラーとの対話』を上梓することはできたが、彼の序文は「遺言」として胸に突き刺さったままである。

ベラーのふたつの印象

この招聘の仕事に携わるまで、私はロバート・N・ベラー（Robert Neelly Bellah）についてとくによく知っていたわけではない。『徳川時代の宗教』（一九五七年）で石田梅巌の心学などを扱い、タルコット・パーソンズの理論枠組みを用いて江戸時代にあった日本の近代化の文化的基盤を高い水準で論じたこと、『心の習慣』（一九八五年）で若い共同研究者たちとともに詳細なインタビュー調査を行って、アメリカの共和主義・聖書主義の伝統と個人主義のゆくえを描き、公共哲学の重要性を説いたことを知る程度だった。来日までもう少し準備はしたが、じっさいに彼と会って話をし、その後彼の書いたものを調べてみると、彼に対する印象は大きく変わった。

宗教社会学者としてのベラーの巨大さや、彼の宗教観が時期によって大きく変化したことについては、『宗教とグローバル市民社会』に寄せた論文「ベラー vs. ベラー――宗教をめぐるふたつの視点」（奥村 2014）で論じたので、のちにわずかに触れるにとどめる。ここでは別のふたつの側面に言及したい。

ひとつは、同時代の社会に対する強烈な関心ないしコミットメントであり、批判意識である。冒頭のメールにもあるように、彼はバラク・オバマに期待し、滞日時に行われた大統領選のディベートでの彼の不振に憤っていた。ベラーが批判する最大の敵は、「グローバル資本主義」「グローバル市場」であった。立教大学での九月二九日の講演「グローバルな市民社会と市民宗教の可能性」では、グローバル市場が成立し、マモン教（拝金主義）が世界を支配しているが、それを有効にコントロールする「グローバル市民社会」と、その連帯の基盤となる「グローバル市民宗教」が必要であり、可能である、ということを熱烈に論じた（ベラー 2014a）。一〇月六日のシンポジウム「グローバル時代の宗教と市民社会——日本とアメリカの対話」では、地球温暖化を皮切りに、環境問題を解決することはグローバル資本主義には不可能であり、そのためのリーダーシップを日本に発揮してほしい、というメッセージを発し、古矢旬や大澤真幸と激しい議論を戦わせた（私は司会だったが、「猛獣使い」役だと思った）（ベラー他 2014）。

それと大きく重なる第二の側面が、アメリカ社会への痛烈な批判であり、それがほとんど最左翼に位置するようなリベラルの立場からなされたということだ。私は彼の帰国後、彼のことを調べ、本を編みながら、彼は「共同体の外に立つ」人であると感じるようになった。一九六七年の論文「アメリカの市民宗教（Civil Religion in America）」（この論文の成功によって彼は日本研究からアメリカ研究へと「誘拐」されたという）で、ベラーは大統領就任演説などを引きながらアメリカ社会を統合する価値理念と祝祭的な儀礼を描き出すのだが、一九七〇年に『信仰を超えて』にこの論文を収録するさいに、苛立たしげにこう注記している。この文章は「アメリカ国民の偶像崇拝を支持するとの非難」を受けている。だが本文を読めば「アメリカの市民宗教の伝統とは、国民の自己崇拝などではなく、それを超越し自らを審判する倫理的原理に従属すること」であるのは明らかであり、「その批判的原理によって、国民の自己偶像化の危険を抑止することがより責任ある態度である」（Bellah 1970: 168）。

ベトナム戦争と公民権運動を背景に書かれたこの論文で彼は、現在の状況を独立戦争、南北戦争に続くアメリカの「第三の試練」ととらえ、こう述べる。「アメリカ国民がより高度な審判のもとにあることを自覚しなければ、市民宗教の伝統はきわめて危険なものとなる」（ibid.: 185）。「アメリカの市民宗教は、アメリカ国民の自己崇拝ではなく、アメリカの経験を究極的で普遍的なリアリティを基準として理解することであるのだから、現在の新しい状況がなんらかの再組織化を引き起こしたとしてもアメリカの市民宗教はその連続性を破壊されはしない」（ibid.: 186）。アメリカが生み出した普遍によって、アメリカを理解し、アメリカを批判する。この姿勢は、「試練の時代におけるアメリカの市民宗教」と副題がついた一九七五年の『破られた契約』でも一貫している。序文で「一時期、私は、自分の社会を、ほぼ全面的に否定し続けた」（Bellah 1975=1983: 15）と記すベラーは、先住民と黒人を虐げてきたアメリカの歴史を「アメリカにおけるほど、人類に対する普遍的な考え方と、過酷で残忍な排斥活動とが共存した国は他にない」ととらえ（ibid.: 168）、ベトナム戦争を続けてきた現代のアメリカに「今日、アメリカの市民宗教は、中が空っぽのこわれた貝殻のようなものである」（ibid.: 255）と直言する。

こうしたアメリカ社会への激しい批判はなにに由来するのか。『信仰を超えて』の序文でベラーは、カリフォルニアでの高校生時代から自らが左翼だったことに触れている。彼は高校上級でマルクス主義文献を読み始め、ハーバード大学ではアメリカ共産党の学生部支部のメンバーだった。だが、戦後のレッドパージのさい仲間たちが「味方のなかに魔女を探し始めた醜態」を見て、マルクス主義の幻想から醒める。その後、師パーソンズからヴェーバーやデュルケムを教えられ、彼は「幻想を捨てた鍛えられたリベラリズム」を手に入れたというが、マッカーシズムが大学に押し寄せて、政治上の仲間の名前を証言するよう奨学金打ち切りや博士論文終了後の就職などを材料に迫られる。ベラーはそれを拒んで一九五五年からカナダ・マギル大学のイスラーム研究所で助手を務めることになる。マッカーシーの死によりマッカーシズムが終焉した一九五七年に彼はハーバードに戻るが、二年間「祖国から亡命し、希望が見出せる場所がない」状態に置かれた（Bellah 1970: xv）。

彼は、オクラホマ州で生まれ南部プロテスタント文化のなかで育った生粋のアメリカ人でありながら、若き日に隣国に「亡命」し、そこから帰還した地点から（いわば祖国のなかで暮らす「亡命者」のように）「アメリカ」や「共同体」や「公共性」を直視し続けたのではないか。彼はアメリカの「普遍」を保持し続けることによって、つねにアメリカという「共同体」をはみ出てしまい、「共同体の外に立つ」ことになったのではないだろうか（奥村 2014: 84-9; 2015→2017: 340-3）。

日本はどこにいるのか

ベラーと出会って新しく抱いた彼への印象を、ひとつはごく短く、ひとつはかなり詳しく述べてみた。だが、本稿ではどちらとも違うことを論じたい。それは「日本」についてである。ベラーのメールにあった「日本はどこにいるのか？」という問いを、彼が遺してくれたいくつかの論考を手がかりに論じることを、本稿では試みようと思う。

その出発点を、滞日中の一〇月四日に東京大学駒場キャンパスで行われた講演「丸山眞男の比較ファシズム論」に求めることにしよう。丸山眞男という日本の知識人が論じたファシズム論を、ロバート・ベラーというアメリカの知識人が批判的に検討したこの講演は、私たちに知識人であることや、共同体の外に立つということ、また日本でそうすること、アメリカでそうすることについて、多くを教えてくれるからだ。次節では、この講演から始めて、丸山自身のテクスト、ベラーの別の論考などを往復しながら、検討を進めたい。

2. 日本・ファシズム・非軸的なもの
――「丸山眞男の比較ファシズム論」から

「丸山眞男の比較ファシズム論」

二〇〇三年の論文集『日本を想像する』に収められた「学者と友人としての丸山眞男」によれば、ベラーが丸山眞男をはじめて知ったのは『徳川時代の宗教』に対する長大な書評論文によってだった（Bellah 2003: 146）。丸山はその末尾に、「私達の思考の惰性をゆり動かすような研究というものはそうやたらと転がっているものではない」とし、「ベラーの書物は……私の食欲と

「闘志」をかき立てた久しぶりの労作であった」（丸山 1966：354）と記している。彼は、ベラーが普遍的な社会理論をもとに日本理解を試みたことを評価しつつ、日本の特殊主義（particularism）に十分な関心を払っていないこと、江戸時代の伝統が日本の近代に寄与したことを強調しすぎて、それが普遍主義的基準による近代化を拒否したりねじ曲げたりする可能性をもつことを小さく見積もっていることを厳しく批判した（Bellah 2003：147）。その後、彼らは深い友情で結ばれ、一九八三年に丸山がバークレーに一年間滞在したおりには、フィルム・アーカイブで小津フェスティバルがあったとき、小津映画を丸山とベラー夫妻で鑑賞しに行ったりしたという（ibid.: 148）。

二〇一二年一〇月四日の東京大学駒場キャンパス講演「丸山眞男の比較ファシズム論（Maruyama on Comparative Fascism）」は、ベラーが二〇〇七年にバークレーで行った「丸山レクチャー」をもとにしている。これは日本の小西国際財団の助成を得て一九九九年以降バークレーの日本学研究センターでほぼ二年ごとに行われたものだが、ベラーは「近代に向き合う――丸山眞男、ユルゲン・ハーバーマス、チャールズ・テイラー」と、「「複数の近代」はいかに複数なのか」というふたつのレクチャーを行い、二〇一二年の駒場講演は前者に少し触れ、後者に大きく依拠しながら組み立てられている。駒場講演でベラーは、丸山の『現代政治の思想と行動』に収められたいくつかの論文を検討する。

ベラーによれば論文「現代における人間と政治」において、丸山はこう指摘している。ファシズムには綱領もなければヴィジョンもない。「普遍主義的なものは何もなく、何よりも反革命によって定義されるほかない」。ファシズムは一七八九年に、カール・マルクスに、共産主義に、社会主義に反対する（つまり、「敵」を作ることで存在する）。仮にファシズムの綱領があるとすればそれは「戦争と征服の賛美」であって、だからどの国のファシズムも死滅に向かう。共産主義にどれだけ欠陥があったとしても、「綱領とユートピア的なヴィジョン、そして普遍主義的な基準を有していた」。ファシズムはつねに特殊主義に舞い戻るものであり、この点が共産主義と明らかに異なる（ベラー 2014c: 147）。

ファシズムはどこであれ危機から偶然に出現したように見える。これをまず担ったのは、丸山のいう「無法者」、つまり国家主義者、軍国主義者、人種差別主義の過激論者であった。彼らは「変質的な狂熱家やニヒルな暴力主義者」であり、危機が来るまではわずかの支持者しか持たなかったが、一九二九年以降の大恐慌という恐怖とパラノイアからなる危機の状況において権力に就いた。もうひとつ、一九二九年に世界の体制側が恐れていたのが共産主義革命であり、支配階級はこれに戦《おのの》いて、ファシスト（共産主義は国際主義＝非国家主義であって、ファシストはつねに激しく反共産主義であった）が共産主義者と戦ってくれるのではないかと期待し、彼らに頼ると自らが救われると考えた（ibid.: 148-9）。

しかしドイツと日本は大きく異なる。ナチスにはヒトラーという強力なリーダーがおり、チンピラ集団であるナチ党が権力を握ったあと、彼らとは文化的にまったく異なる政治経済のリーダー層が制約をかけようとしたが、ナチスはそれを一蹴することになった。これに対して日本には超国家主義の小政党の集まりはあったが、ナチ党とは似ても似つかぬものであり、権力に就いたヒトラーのような存在はいなかった（ibid.: 149）。

丸山は、日本ファシズムをこう図式化する。それは「膨大なる「無責任の体系」」であって、「神輿、役人、無法者（あるいは浪人）」という三つの基本的類型の政治的人間像によって構成される。神輿は権威を、役人は権力を、無法者は暴力を代表する。法的な権力から見ると、神輿が最上位で無法者は最下位であるが、「無責任の体系」は無法者から始まった運動が徐々に上に向かって働くように作られており、「神輿」はしばしば単なるロボットであって、「無為」によって人々に影響を与える。神輿は自分の望むところに行けると考えられているが、実際には担いでいる人々が運んだところに行くのであり、担ぐ人が誰も行き先を実質的に決定しないでも、その行き先に行く（ibid.: 149-50）。

第二次世界大戦にまで至った日本の指導者層は、「誰も責任を取らない状況」のなかに置かれていた。「誰もが他の人を見ながら、批判されないように、何かをするということを恐れていた」。彼らはアメリカを攻撃することが狂気の沙汰であり、自滅的になるだろうとわかっていたが、彼らを戦争に導いたのは、「パラノイアと恐怖の雰囲気」と、「実際に責任を負うべきことに誰も責任を負うことができないという意味での無力さ」による（ibid.: 150）。ベラーによれば、丸山がこだわったのは「この時代の責任の欠如」である。無責任な無法者集団がイニシアティブをとり、上のものは彼らを統制する責任をまったくとらなかった。「神輿」「役人」「無法者」の誰もが無責任であった（ibid.: 151）。

このあとベラーは、「興味深いことに、そしてわたしたちにはかなり困ったことであるが」、丸山が論文「ファシズムの諸問題」で分析したドイツ、日本に続く第三のケースが「アメリカのファシズム」であったことに言及する。この論文で丸山は、雑誌『ネーション』一九五三年六月二八日号を引用しながら、マッカーシズムが官界、法曹、労働、科学、教育、出版、映画、演劇などあらゆる分野に襲いかかっていることを指摘した。在郷軍人会、商業会議所などが掲げる「アメリカニズム」が、ＦＢＩ、コングレスの非米委員会などの公式な思想警察機関、マッカーシー上院議員その人などに支援され、アメリカ社会を同質化し、「普通のアメリカ人」でない者を排除していく（ibid.: 152）。ここからはベラー自身の述懐だが、アメリカでは「あなたは今共産党員であるか、もしくはこれまで共産党員であったか」が鍵となる問いだったが、進んで関係者の名を明かすかどうかが試金石で、名を明かせば「アメリカニズム」のもとに戻ることができ、ベラーは名を明かすことを拒んだためカナダに二年間行かねばならなかった（映画監督エリア・カザンや、歴史家でのちに連邦議会図書館長となるダニエル・ブーアスティンは証言した）。丸山はベラーがアメリカのファシズムを経験したことを知っており、ベラーがＦＢＩに尋問されたのは丸山が日本ファシズムのもとで特高に尋問された経験と同様であった（ibid.: 154-5）。

「丸山は、アメリカは自ら普遍主義を信じているにもかかわらず、アメリカのファシスト・イデオロギーにおいては無定形の特殊主義が出現したと述べる」(ibid.: 152)。「丸山は、アメリカのファシズムに何か奇妙に「日本的な」要素があると見ていた。それは何よりも、驚くべき特殊主義と超国家主義であり、原理の欠如である」(ibid.: 154)。ベラーによれば、ジョゼフ・マッカーシーは「丸山の言葉で言う無法者」であり、冷戦初期のヒステリー状態のなかで極悪非道のデマゴーグによって上院議員となった。アメリカの支配者層は、日本の支配者層と同様、彼に異議を唱えなかった。異議を唱えたら自分がすぐに共産主義者とされたからである。ベラーは、「日本とアメリカがそうであるように」特殊主義もナショナリズムもいたるところにある、と強調する(ibid.: 155-7)。

無責任の体系

ここで、丸山自身の『現代政治の思想と行動』に目を転じてみよう。じつは、先に「ファシズムは反革命によって定義されるほかない」と引用した丸山の鮮やかなファシズムの性格規定は、ベラーの記憶(?)とは違って「現代における人間と政治」ではなく、直前に引いた論文「ファシズムの諸問題」で展開されたものだった。しかしここでは、日本のファシズムにおける「神輿、役人、無法者」の体系を明確に図式化した論文「軍国支配者の精神形態」(駒場講演では本タイトルは言及されていない)をより詳しく見てみたい。

この論文は、なぜ「ミカドと総統《フューラー》とドゥチェ」がアメリカに戦端を開いたのか、という問いかけに始まる（丸山 1964：88）。すでに見たように、ドイツと日本の相違を確認しながら、丸山は「日本帝国の戦争体制における組織性の弱さ、指導勢力相互の分裂と政情の不安定性」、日本帝国主義の「非合理的な決断の膨大な堆積」を繰り返し指摘する。「戦争を欲したにも拘らず戦争を避けようとし、戦争を避けようとしたにも拘らず戦争の道を敢て選んだのが事の実相であった」（ibid.：90-2）。丸山は東京裁判の記録から、「日本支配層の精神と行動様式」「日本の戦争機構に内在したエトス」を抽出しようとするが、抽出された諸原則は「きわめて平凡」であり、「むしろ日常的な見聞に属するかも知れない」ともいう（ibid.：92）。

たとえば元朝鮮総督南次郎大将は、裁判長の「どうしてあなたはそれを聖戦と呼ばれたのですか」という質問に対して、「その当時の言葉が一般に「聖戦」といっておりましたのでその言葉を申したのです」と答弁し、「侵略的なというような戦ではなくして、状況上余儀なき戦争であったと思っておったのであります」と続ける（ibid.：97）。東郷外務大臣は、一九四一年一二月八日の開戦の朝、アメリカのグルー大使を呼んで対米交渉打ち切りの覚書を手渡したが、そのさい宣戦のことも真珠湾のことも一言もいわなかった。この理由を問われて彼は、「私はグルー大使とは長年の知合いでありますから、この際あまり戦争ということを口にするには控えたいという気持がありました」と答え、法廷を驚かせる。間が悪い、ばつが悪いという私人の間の気がね、あるいは相手に対する「思いやり」が外相と大使の公式な会見での直裁な表現を憚らせている（ibid.：100-1）。グルー元駐日大使は、日本支配層の「自己欺瞞とリアリズムの欠如」に驚き、「日本人の大多数は、本当に彼ら自身をだますことについて驚くべき能力を持っている」と記し、「著しい劣等感から生れ同様に著しい優等感の衣をまとう日本人の超敏感性」は、紛争を処理するという目的よりもその手段と方法を「釣合のとれぬほど法外に意味深く重大なものにする」と述べている（ibid.: 98-9）。そして、このような日本支配層の「矮小性」が露骨に現れたのは、戦犯たちの「異口同音の戦争責任否定」だったと丸山はいう。キーナン検察官は最終論告で、元首相、閣僚、外交官、軍人など二五名の被告すべてから聴いた共通した答弁は、「彼等の中の唯一人としてこの戦争を惹起することを欲しなかった」というものだったという。彼らが戦争を継続し、拡大する政策に同意したことを否定できなくなると、「彼等は他に択ぶべき途は開かれていなかったと、平然と主張」する（ibid.: 102）。

丸山は、こうした自己弁解からふたつの「論理的鉱脈」を抽出する。ひとつは「既成事実への屈服」、もうひとつは「権限への逃避」である。

第一の「既成事実への屈服」とは、「既に現実が形成せられたということがそれを結局において是認する根拠となること」である。既に決まった政策には従わざるをえなかった、既に開始された戦争は支持せざるをえなかった。ここには、「自ら現実を作り出すのに寄与しながら、現実が作り出されると、今度は逆に周囲や大衆の世論によりかかろうとする態度」が見られる。東郷外相は三国同盟に賛成だったか反対だったかを問われ、「私の個人的意見は反対でありましたが、すべて物事にはなり行きがあります」と答える。現実は「作り出されてしまったこと」「どこからか起ってきたもの」であり、「未来への主体的形成としてでなく過去から流れて来た盲目的な必然性として捉えられる」(ibid.: 106-9)。

ここで丸山が強調するのは、日本の最高権力者たちが「下僚のロボット」であり、下僚たちもまた出先の軍部や右翼浪人に引き回されて、彼らが作った「既成事実」に追随していったということである。御前会議、大本営政府連絡会議、最高戦争指導会議などの厳めしい名前の会議がたびたび開かれたが、その討議は空疎であり、会議の「幹事」が内容を用意していて、彼らでさえ関東軍や中国派遣軍をコントロールできなかった。内閣や重臣は「あれよあれよと事態の発展を見送り、ブツブツこぼしながらその「必然性」に随順するだけ」で、「無法者」の陰謀が次々と上位者によって「既成事実」として追認されて、最高国策にまで上昇していった(ibid.: 111)。陸軍大臣が閣議や御前会議である処置に反対したり採用を迫ったりする根拠は、いつも決まって「それでは部内がおさまらないから」「それでは軍の統制を保証しないから」であった、と丸山はいう(ibid.: 112)。

第二の「権限への逃避」は、戦犯たちが自分の無責任を主張するとき、ほぼ共通に「訴追されている事項が管制上の形式的権限に属さない」という論拠をあげた、ということをさす(ibid.: 116)。たとえば武藤章元陸軍省事務局長は、軍の教育をどう改善したか、という尋問に対して、「私は単なる一少尉でしたから、何もできませんでした」、「陸軍中将になった後といえども、私は師団長でなかったから何ともすることができませんでした」、「軍務局長は単に陸軍大臣の一下僚に過ぎません。そしてかかる問題について命令を発する権能はありません」と答弁し続ける（ibid.: 118）。こうした例をいくつか引きながら、丸山はタヴナー検察官の論告から「かくしてこの共同計画の実施中に執られた最重要な行動のあるものに対して、内閣の中に誰一人として責任をもつものがないということになる」との総括を引く（ibid.: 122）。ここでは、みなが各自の権限を「絶対化」し（ibid.: 124）、それに閉じこもることで、「君主に直属する官僚の責任なき支配とそこから生れる統治の原子的分裂」（ibid.: 126）が生まれているといえるだろう。ここで権力は「矮小化」され、「小心翼々たる「臣下」意識が蔓延した」（ibid.: 128）。

ドイツでは「無法者」が「無法者」として国家権力を掌握した。日本ファシズムでは、「神輿」「役人」「無法者」が「無責任の体系」を形作ることで、誰も責任を果たさないまま、戦争になだれ込んだ。丸山はこの三つの政治的人間類型は固定的なものではなく、一人の人間のなかに二つか三つが混在している場合が多い、という。「だから嘗ての無法者も「出世」すればヨリ小役人的にしたがってヨリ「穏健」になり、更に出世すれば神輿的存在として逆に担がれるようになる」。ある人間は上に対して「無法者」として振舞うが、下に対しては「役人」として臨み、ある人間は下からは「神輿」として担がれるが、上に対しては忠実小心な「役人」として仕える。ただし、「神輿―役人―無法者」の形式的序列はきわめて強固であり、無法者はより「役人」的に、さらに「神輿」的に変容することなしには出世することはできない（ibid.: 129-30）。

丸山によれば、これが「日本」である。彼はこの論文を、「これは昔々ある国に起ったお伽話ではない」と結んでいる（ibid.: 130）。

日本は「非軸的」である

ベラーに戻ろう。彼は、二〇〇七年の丸山レクチャー「近代に向き合う――丸山眞男、ユルゲン・ハーバーマス、チャールズ・テイラー」で、丸山による日本理解をこう要約している。「丸山は、日本の思想が超越的・普遍主義的な参照点を欠いており、移ろい行く時、永遠の今に浸っていて、世界を変革する梃子となるものを欠いていると考えていた。他方で、日本の思想は静的ではなく、閉ざされたものでもなく、あらゆる文化的輸入物を吸収しながら自らの根本的な前提を維持する能力をもっており、彼はこれを「執拗低音（basso ostinato）」と呼ぶようになった」。ベラーはこれをこう言い換える。「丸山ははっきりそう述べてはいないが、彼は日本の思想がキリスト教やカント主義やマルクス主義が提供したかもしれない「軸（axis）」を欠いたものであると主張したといっていい」。そして、「私なりに表現すれば、日本の文化は非軸的（nonaxial）である」と述べる（Bellah 2007=2017: 40-1、訳文は引用者）。

「日本」は「非軸的」である。――この耳慣れない、しかしいま見た丸山による日本ファシズムの描写と響き合う性格規定について、ここで検討してみたい。このレクチャーのいま引用した箇所に付した注で、ベラーは先に触れた二〇〇三年刊の『日本を想像する』の序文を参照するように促している。この序文は六〇ページを超える長大なもので、ベラー独特の視点から日本の通史をまとめたような文章である。冒頭近くで彼は、日本では「超越性は速やかに沈降する（submerged）」と述べる。『徳川時代の宗教』で描いた日本社会の「特殊主義的な通奏低音（ground bass）」は、表層に現れた「超越的なメロディー」をすぐに呑み込んでしまう。これをS・N・アイゼンシュタットが『日本の文明』で述べたように、「非軸的（nonaxial）」と呼ぶこともできる（Bellah 2003:4）。

このアイゼンシュタットの表現は、カール・ヤスパースが紀元前一千年紀を「軸の時代（the Axial Age）」と呼んだことに由来しており、アイゼンシュタットはこの時代に生まれた世界宗教を「軸的宗教（axial religions）」、これに基づく文明を「軸的文明（axial civilizations）」と呼んでいる。それ以前の部族宗教、古代宗教が現世を志向し、魔術を抜け出していなかったのに対して、軸的宗教は現世拒否的であり、魔術拒否的であって、いわば「世界の外」にある超越的な参照点をもち、これを梃子にして現存社会の基本的な社会的・政治的前提を批判し、変革しうる。部族社会、古代社会が自然秩序のなかに埋め込まれていたとするならば、軸的宗教と軸的哲学は、自己が社会から脱埋め込み化するのを可能にし、社会が所与の自然界から脱埋め込み化するのを可能にする（ibid.: 6）。

日本は決して軸的宗教や軸的文明に晒されなかったのではなく、七世紀から仏教や儒教に、一六世紀からはキリスト教と西欧文明に強い影響を受けてきた。しかし、こうした影響のもとでも、日本は「前軸的（preaxial）」な文明の前提を否定することなく、外からの文化的影響を高い知性と感受性をもって享受し理解しながら、それを日本社会の「非軸的な前提」に挑戦するためではなく、それを支持するために用いた。日本人は軸的な原則を自覚しほぼ完全に理解しながら、それを受け入れるのではなく、むしろ古代以来の自らの伝統を変化させながら維持するダイナミズムと開放性をもって応用してきたのであって、アイゼンシュタットはこの意味で、日本は「前軸的」というより「非軸的」と呼ぶべきだと主張した。前軸的な前提は挑戦されることなく、「通奏低音」として保持される。仏教も儒教もキリスト教もマルクス主義も、これまでさまざまな超越的な「軸」が日本に登場してきたが、日本文化の「前軸的」な前提にとって代わるのに成功したことはない（ibid.: 7）。

たとえば古代中国では、支配者そのものを裁定する「天命」という「軸」が多神教的神殿にとって代わり、支配者が「天」による倫理基準に達しなければ革命が起きえたが、日本では天命による倫理概念が神聖な家系の支配の上位となるような「統治の軸的概念」が生じることは（儒教を十分に理解しているにもかかわらず）なかった（ibid.: 10）。仏教という偉大な「軸的宗教」は、現存する世界と究極的リアリティのあいだの緊張を強調するが、古代日本で仏教はこうした「軸的」なものとしてではなく、支配する家系の魔術や儀式としての意味が第一とされた（ibid.: 11）。家永三郎によれば、日本では仏教の「現世否定」の論理は骨抜きにされた、といえる（ibid.: 13）。

このあとベラーは、武家の支配、江戸時代、明治維新と時代を降りながら、日本の「非軸的なもの」を描いていくのだが、近代日本についての指摘に簡単に触れておこう。明治時代を論じるさいに、ベラーは、キリスト教や仏教などの「宗教」はそもそも「国家」とは分化したものであって、宗教共同体と国家共同体への所属はまったく別のものであることを強調する。これに対して、明治日本の「神道」は（これはそもそも古代宗教のリバイバルであるが）国家所属と切り離すことはできず、それに埋め込まれている。いいかえれば、ここでは「聖性、国家、社会の融合」が見られ、明治日本はさまざまな制度に普遍的基準を取り入れているが、「非軸的シンボリズム」を土台に据えている（ibid.: 38-9）。日本のファシズムについて論じる節でベラーは、ファシズムは近代社会からの三重の退行を見せると指摘する。「聖性が国家に再埋め込みされ、国家が社会に再埋め込みされ、個人の自律性はこの融合した全体に呑み込まれる」（ibid.: 45）。

この序文の最後にベラーは「Still nonaxial?」という節を置き、こう述べる。七世紀の中国文明の導入、明治維新前後の西洋文明の影響、第二次世界大戦後のアメリカによる占領、これらの巨大といえる変化のあいだずっと、日本社会の基本的前提は（ドラスティックな変形を経てはきたが）「非軸的」であり続けた。「軸的な分化」、つまり超越的な現実と国家の分化、国家と社会の分化、社会と個人の分化が達成されることはなかった。多くの日本人が軸的文化に晒され魅了されてきたが、日本の「非軸的通奏低音」はたんに文化的な勢いとして持続してきたのではなく、この社会で「軸的前提」が完全に制度化されないように権力構造をつねに変形し続ける深層での要因として働いてきた。「非軸的前提の存在は、国家イデオロギーとしてではなく、日本社会全体のいわば気孔のようなものとして、権力の役割をやわらげて維持しやすくしてきた」。日本文化の「軸的革命」を達成するには、国家権力と文化の関係を変えるだけではなく、「日本人の生活の全側面における、フーコーなら「権力のミクロな構造」と呼ぶだろうもの」を変革しなければならない（ibid.: 59）。

このあとベラーは（かなり唐突に）日本とアメリカを比較する。「軸性（axiality）」の視点から考えたとき、さまざまな理由から、「私は日本とアメリカを同じ舟に乗っていると評したい」。日本とアメリカのどちらもが「モダニティよりも深い層に問題を抱えている」からだ。日本は「軸的」なものに晒されながら「前軸的」なものを維持してきた、「非軸的」社会である。これに対して、アメリカは「自らが軸の時代を超越している」という前提を備えており、いわば「ポスト軸的な文明（a postaxial civilization）」だと自らをとらえている。日本が軸的文明の特徴である究極的真実と社会的現実の根本的な緊張を導入することを避け続けようとしてきたのに対して、「アメリカ社会はこの根本的緊張をすでに解決したと信じることでこの緊張を解体する」というやり方をとってきた。アメリカは自らが「ポスト軸的」であることを必死になって信じようと努力してきた。だからアメリカ人は、自分たちが他の先進国よりも劣っている点を直視することができない（ibid.: 60）。

ベラーのこの大胆な性格規定を見て私は次の問いを抱く。丸山は「非軸的」な日本社会で知識人たろうとした。ベラーはアメリカという「ポスト軸的」な社会で知識人であり続けた。このふたりが、それぞれの「共同体の外に立つ」ことはいかにして可能だったのだろうか。それはまったく違うように見えて、大きな重なりを見せるようにも思う。

3.「軸」と「知識人」――知識人がいる場所をめぐって

「軸」とはなにか

これを考えるにはおそらく、「軸」とはなにか、をより深く考察する必要があるのだろう。いま『日本を想像する』の序文から「軸的文明」についてわずかに触れたが、ベラーがリタイアしてからの一三年をかけて書いた大著『人類進化における宗教――旧石器時代から軸の時代へ』(Bellah 2011) は、これを正面からとらえようとした作品である。後半の四章では、「軸の時代I」として古代イスラエルが、「II」として古代ギリシアが、「III」で紀元前一千年紀後半の中国、「IV」で古代インドが扱われている。しかし、ベラー来日前の夏休みに本書に挑戦して歯が立たないと悟った私には、現在もまだこれを扱う力はない。

むしろ、「軸の時代」という概念を提唱したカール・ヤスパースに遡ってみよう。一九四九年の『歴史の起原と目標』でヤスパースは、「世界史の軸」があるとすればそれはなにか、と考え、特定の信仰内容（たとえばキリスト教）にかかわらない西洋でもアジアでも生じた歴史的自覚が「紀元前五〇〇年頃、八〇〇年から二〇〇年の間に発生した精神的過程」にあるとして、これを「枢軸時代」と呼ぶ。「この時代には、驚くべき事件が集中的に起こった」のであり、中国、インド、西洋において、「人間が全体としての存在と、人間自身ならびに人間の限界を意識した」。中国では孔子と老子が生まれ、インドではウパニシャッドが発生し、ブッダが生まれ、パレスチナではエリアからイザヤおよびエレミアを経て第二イザヤに至る預言者たちが出現し、ギリシアではホメロスやプラトンなどの哲学者や悲劇詩人たちが出現する。人間は「世界の恐ろしさと自己の無力さ」を経験し、「根本的な問いを発する」（Jaspers 1949 = 2005: 16-7）。中国の隠者や遍歴思想家たち、インドの禁欲行者たち、イスラエルの預言者たちは信仰や思想内容で異なるが、「全世界に内面的に対峙」し、「敢然と、自己に拠って個人として独立」し、「自己の中に根源を見いだし、そこから自己自身と世界を見くだした」。つまり、「初めて哲学者なるものが現われた」（ibid.: 18）。これらが接触のないまま同時並行で生まれたこの時代は、ヤスパースによれば「この時代に実現され、創造され、思惟されたものによって、人類は今日に至るまで生きている」のであり、新たな飛翔のたびに人類はこの「枢軸時代」に還帰し、そこから「新たに情熱を掻き立てられる」（ibid.: 21）。

私は、ヤスパースの「世界史の軸」となる時代を見出すという発想に圧倒され同時に疑問も感じるが、ここでは「軸の時代」の成立条件に直接触れたベラーの講演を見たい。『宗教とグローバル市民社会』に収められた、二〇一二年一一月八日・一一日にフライブルク大学とハイデルベルク大学で行われた講演「人類進化における宗教（Religion in Human Evolution）」である。宗教と人類の進化を関係づけて論じようとしたこの壮大な講演で、ベラーは「軸の時代」をこう位置づける。

人類と霊長類は専制制に向かう傾向（力の強い個体が他を支配する）を共有するが、人類学者クリストファー・ベームによれば、人類初期の狩猟採集民は、成人男性が連携して女性や子どもを保護し一定の平等と連帯を確保する「逆順位制」をもっており、「平等主義」が達成されていた（ベラー 2014d：199-200）。ここには、デュルケムが描いたような共通の神話を儀礼的に演ずることで共通の信念を生み出す集団が存在する。ところが言語の獲得によって人類が多方面の革新の能力を備え、農耕社会が生まれると、緩慢ではあるが大量の余剰生産物が獲得されるようになって、狩猟採集民の平等主義は終焉を迎え、あからさまな支配階層制が現れる。単純な首長制、大首長制、初期国家といった社会では、神話的儀礼ではなく、ひとりの男性が超自然的な力の仲介者として地位を主張し、彼を中心とすることで連帯することになり、「神としての王」「王としての神」が生まれる。これは、紀元前四千世紀後半から三千世紀初期のこととされる（ibid.: 206）。

だが、初期国家は「さらに大きく、都市的で、豊かで、闘争的な政治組織」となる。ここから紀元前一千世紀に新しいタイプの人物が生まれる。それは、「現行の社会に異議を唱え」、ベンジャミン・シュウォーツの孔子についての文章によれば、物質的な発展によってその機会が広がった「富、権力、名声、情欲、傲慢さ、自尊心の飽くなき追求といったテーマ」を「障害＝悪」として道徳的に批判する人たちであり、孔子もブッダもプラトンもヘブライの預言者もそうであった。彼ら「創造的少数者」は、「文明の進歩とともに現れた人間の自己肯定の特徴的様式に対する完全なノー」を表明した（ibid.: 207）。ベラー自身の表現に戻れば、彼らは「狩猟採集社会の平等主義への回帰」を「普遍的倫理の空間において」めざしており、「進行中の――そして今日なお実現していない――社会変革のプロジェクト」をめざしていた（ibid.: 207）。

ベラーは「軸の時代の理想」を端的に、「支配者を擁しつつも、その者を法の下に置き、すべての人を同等に尊重する社会」だと特徴づける（ibid.: 211）。それまでになかった不平等と支配のもとで、平等主義からの批判的反省と社会変革のプロジェクトを唱える「創造的少数者」が中国にもインドにも西洋にも発生する。そのプロジェクトは現存する秩序の外にあり、秩序とは異なる「普遍的倫理」として構想される。

「世捨て人」の声

この「普遍的倫理」の担い手はまずもって「知識人」であった。二〇〇八年七月にエルフルト大学のマックス・ヴェーバー研究所で開催された「軸の時代とその帰結、および現代」というシンポジウムで、ベラーは「軸の時代の遺産――資源か重荷か?」という報告を行っている。ここでベラーはルイ・デュモンの「知識人は危機を専攻分野とする」（Bellah 2012: 449）という言葉を引き、ユルゲン・ハーバーマスの「史的唯物論の再構築に向けて」(!)を踏まえながら、こう述べる。親族関係で成立していた社会から、搾取と抑圧を随伴する初期国家と階級システムが生まれると、そこには「正当性の危機」が生まれる。「軸の時代」は古代社会より支配メカニズムが強力になった時代であり、集合的な抗議活動が初めて起こった時代でもあった。軸の時代の変容を階級闘争と解釈するのは単純すぎるが、ここで現存の社会的・政治的条件への厳しい批判が巻き起こる(ibid.: 450-1)。

この批判は「知識人の声(speak of intellectuals)」として発せられることが多かった。書記階級や僧侶階級は権力構造に強く結びついていたため、批判的になることは難しかった。ベラーはこう述べる。「このような社会で批判を行うための社会的空間を想像することは容易ではない。この文脈で考慮しなければならないのが、古代インドでよく使われた表現でいえば、世捨て人(renouncers)の役割である」。世捨て人は家族としての役割とそれにまつわる社会的・政治的係累を放棄する。仏教はもっともラディカルな世捨て人の形態、「出家(leave home)」を呈示しているだろう。「もし世捨て人が「どこにもいない(nowhere)」としたら、彼(ときには彼女)は現存の社会をいわばその外部から見ることができるだろう」。ヘブライの預言者たちは世捨て人とは言い難いが、「糾弾者(denouncers)」とも呼べ、「彼らは権力の中心の外部に立って」、神の召命に従い、その結果を思い煩うことはなかった。儒家、とくにもっとも偉大な儒家たちは、役職に就くことなく(あるいはごく低い役職に短期間就くだけで)、非倫理的な支配者たちに反対し、

「権力を外部から批判する」世捨て人たちだった（ibid.: 451）。そして、ソクラテスとプラトンも、「都市のなかにいながら、いわば都市を外部から批判した世捨て人」だったといえるだろう（ibid.: 452）。

ハーバーマス流にいえば「軸の時代の国家の正当性危機」に対するひとつの回答がこうした世捨て人たちによる「善き社会のユートピア構想（the utopian projection of a good society）」であり、それに基づく現存秩序への呵責なき批判だった（ibid.: 452）。たとえばプラトンは『国家』や『法律』で「言葉のなかの都市」「天上の都市」として知りうる「善き社会」を描き、そこから現存の都市を批判した（ibid.: 453）。

ベラーはアンドレア・ナイチンゲールの著作を引きながら、『国家』での「洞窟の比喩」を論じている（立教大学での二〇一一年一〇月二日講演「進化・遊び・宗教」にも同じ箇所がある）。「家にいる（at home）」人は暗い洞窟にいるようであり、彼は束縛されていて、誰か（イデオロジスト?）が映し出す壁面の影しか見ることができない。この人が束縛を解かれて立ち上がり、影を映している光源を直視すると、彼は混乱し、それまでの「確信（poria）」とは正反対の「深い不確実性（aporia）」、ナイチンゲールの言葉では「実存的にも認識的にも誰もいない場所（no-man's land）」に置かれる。しかし哲学者になるべき人は、ナイチンゲールが「（さまざまなものに囲まれながらの）家郷喪失の状態（a state of homelessness）」と呼ぶ「アポリア」の状況に慣れることを学ばなくてはならない。次のナイチンゲールからの引用を、ベラーは他の文化での世捨て人の位置と基本的に同じだという。「哲学者の家郷からの旅立ちは、アポリアの状態に加えて、アトポス（no place, nowhere）が永続することを帰結する。社会から身を引き離し、哲学的な観想の旅に出たものは、どこにいても十分に「くつろぐ（at home）」ことはできない」。彼は観想によって形而上的世界へと根こぎにされ、真実を「見る」旅をして、その後自分が見たことを人間の世界に持ち帰る（ibid.: 456）。このあとのベラーの言葉はそのまま引用することにしよう。

善き都市に戻れば彼は公職を与えられ、たとえ観想に多く時間を費やしたいと思っても、その職務にあたることとなるだろう。けれども、彼はその公職に仕えていても、自分の都市のなかでなお異邦人のように感じるだろう。だが彼が戻ったのが悪い都市であれば、彼の見てきた真実は馬鹿げており無意味だとからかわれるだろう。彼は罵倒され、殺されてしまうかもしれない。それをナイチンゲールは、「彼が人間世界に戻って来たとき、もう彼に居場所などない（アトポス）。彼は万人に疎遠なよそ者となってしまう」と要約している。（ibid.: 456; ベラー 2014b : 66）

ベラーは、世捨て人が抱く、それとの対照で現存の世界を批判し他の世界を構想するための「偉大なユートピア」を、「プラトンのいう意味での「理論（theory）」と呼ぶことができる、という。その理論と帰還した世界とのあいだに感じられる距離が、別の種類の理論、別の種類の

「見ること」、つまり「いま生きている世界に対する距離をとった批判的な見方」を可能にする。「世捨て人は世界を新しい目で見る」。それはイデオロギー的な幻想を剝ぎ取って「距離をとり、客観的に見る」ということなのかもしれない（Bellah 2012: 462）。

知識人がいる場所

私がベラーと出会って感じた印象で、最後にもうひとつ付け加えておきたいのは、彼が快活なユーモアの持ち主だったということだ。彼はじつに率直にものをいう人で、講演会・シンポジウムの直前の打ち合わせは、登壇者も通訳も自由に話すことができる明るい雰囲気のものだった（奥村 2014: 70-1）。それはフライブルク・ハイデルベルク講演でも、立教大学での講演「進化・遊び・宗教」でも、「遊び」が宗教を論じるときに重要な契機として言及されていることと関係するだろう。「進化・遊び・宗教」で、いま触れたナイチンゲールの引用を話すまえに、ベラーはヨハン・ホイジンガ『ホモ・ルーデンス』から「遊ぶように生きよ」という言葉を引き、世捨て人のような哲学者たちのことを「一種の真面目な遊びに没頭するような立場」と表現している（ベラー 2014b: 64-5）。またフライブルク・ハイデルベルク講演でも、遊びを特徴づける「平等性」に言及するとともに、遊びの現実が宗教の源泉のひとつであるとし（ベラー 2014d: 195-7）、「軸の時代の理想」を論じたあと、「最後に、遊びについて述べよう。もしあなたが仕事が好きなら、それは仕事であっても遊びなのだ」（ibid.: 212）と講演の最終部を語り始めている。

「共同体の外に立つ」ことと、「軸」と「遊び」がどうかかわるか、これを「知識人」のあり方を論じる視点とすることも重要な課題なのだろう。だが、これは別の機会に委ね、ここでは本稿の軸とした「丸山眞男の比較ファシズム論」に戻ることでむすびにかえたい。

この講演の半ばで、ベラーは丸山とバークレーで小津映画を見に行ったときのことを懐かしそうに振り返っている。丸山は日本文化に対して否定的だったと思われているが、彼はそこで小津映画を讃えた。ベラーは丸山のことを「素晴らしい、矛盾に満ちた人であった」と評する。丸山は「愛と批判の両者がアメリカと日本に必要であると信じていたのである。それは、すべてに対して単純な答えを出すのではない、複雑な心を有した人にふさわしい偉大な特徴である」(ベラー 2014c: 154)。そして、現在のアメリカと日本の状況を嘆きながら、講演をこう結んでいる。「丸山さんがまだ生きていて、ここにいてくれればよいのにと思う。そして、わたしがすべて勘違いしているのだと、その理由をみなさんに語ってくれればと思う。しかし、丸山さんはもういない。わたしたちは自分で進み続けなければならないのだ」(ibid.: 161)。

もし丸山眞男が生きていて、この講演の場にいたらどうだっただろうか。ここで論じたような、知識人としての晩年のロバート・ベラーに接したら、どう評価しただろう。私は、ベラーの記憶違い(?)によって今回読むことになった、丸山の「現代における人間と政治」から何か所かを引いておきたい。それは、もしかしたら丸山が知識人としてのベラーを評したらという仮想の答えとして(また、知識人とはなにかという問いへの答えとしても)、本稿全体と響き合うかもしれないと思う。

……多くの知識人は、正統・異端のそれぞれの中心部ではなくて、むしろ右のような境界——というよりかなり広い中間——領域の住人であった。どの社会でも知識人の多数はこうした領域に住んでいる。知識人が一般に「リベラル」な傾向をもつといわれる所以である。しかしリベラルであるということが、たんに自分の外の世界からのさまざまの異った通信……を受容する心構えをもち、その意味で「寛容」であるというだけなら、それはこの境界領域の多数住民のむしろ自然的な心理状態にすぎない。しかしひとたびこうした領域に住むことの意味を積極的に自覚し、イメージの交換をはばむ障壁の構築にたいして積極的に抗議するような「リベラル」は、上のような権力の意図からみれば、むしろ初めからの異端よりは危険な存在とみなされる。（丸山 1964: 488-9）

境界に住むことの意味は、内側の住人と「実感」を頒ち合いながら、しかも不断に「外」との交通を保ち、内側のイメージの自己累積による固定化をたえず積極的につきくずすことにある。（ibid.: 491）

いうまでもなくここにはディレンマがある。しかし知識人の困難な、しかし光栄ある現代的課題は、このディレンマを回避せず、まるごとのコミットとまるごとの「無責任」のはざまに立ちながら、内側を通じて内側をこえる展望をめざすところにしか存在しない。そうしてそれは「リベラリズム」という特定の歴史的イデオロギーの問題ではなくて、およそいかなる信条に立ち、そのためにたたかうにせよ、「知性」をもってそれに奉仕するということの意味である。なぜなら知性の機能とは、つまるところ他者をあくまで他者としながらしかも他者をその他在において理解することをおいてはありえないからである。（ibid.: 492）

文献

Bellah, R. N., 1970, *Beyond Belief: Essays on Religion in a Post-Traditionalist World*, University of California Press.

——1975, *The Broken Covenant: American Civil Religion in Time of Trial*, Seabury Press. ＝一九八三（松本滋・中川徹子訳）『破られた契約——アメリカ宗教思想の伝統と試練』、未來社。

——2003, *Imagining Japan: The Japanese Tradition and its Modern Interpretation*, University of California Press.

——2007, "Confronting Modernity: Maruyama Masao, Jürgen Habermas, and Charles Taylor" (Maruyama Lecture, Center for Japanese Studies, University of California, Berkeley, April 26, 2007) ＝二〇一七（中島隆博訳）「近代に向き合う——丸山眞男、ユルゲン・ハーバーマス、チャールズ・テイラー」、『思想』一一二三号、二八-五四。

——2011, *Religion in Human Evolution: From the Paleolithic to the Axial Age*, Belknap Press of Harvard University Press.

——2012, "The Heritage of the Axial Age: Resource or Burden?", R. N. Bellah and H. Joas eds., *The Axial Age and Its Consequences*, Belknap Press of Harvard University Press, 447-67.

ロバート・N・ベラー 二〇一四a（松村圭一郎訳）「グローバルな市民社会と市民宗教の可能性」、ベラー他編、一一-二九。

——二〇一四b（奥村隆・後藤孝太訳）「進化・遊び・宗教——人類進化における宗教について」、ベラー他編、四六-

六九。

――二〇一四c（中島隆博訳）「丸山眞男の比較ファシズム論」、ベラー他編、一四〇‐六一。

――二〇一四d（中村圭志訳）「人類進化における宗教」、ベラー他編、一八八‐二一三。

ロバート・N・ベラー、古矢旬、大澤真幸、ミラ・ゾンターク 二〇一四「〔シンポジウム〕ファンタジーの世界に閉じこもってはいけない――環境危機と国際政治、そして人類の課題」、ベラー他編、九三‐一三八。

ロバート・N・ベラー、島薗進、奥村隆編 二〇一四『宗教とグローバル市民社会――ロバート・ベラーとの対話』、岩波書店。

Jaspers, K., 1949, *Vom Ursprung und Ziel der Geschichte*. ＝二〇〇五（重田英世訳）「歴史の起原と目標」、『ワイド版世界の大思想 Ⅲ‐Ⅱ ヤスパース』、河出書房新社、三‐二六四。

丸山眞男 一九六四『増補版 現代政治の思想と行動』、未來社。

――一九六六「ベラー『徳川時代の宗教』について」、ロバート・N・ベラー（堀一郎・池田昭訳）『日本近代化と宗教倫理』、未來社、三二九‐五四。

奥村 隆 二〇一四「ベラー vs. ベラー――宗教をめぐるふたつの視点」、ベラー他編、七〇‐九一。

――二〇一五「共同体の外に立つ――「日本の社会学を英語で伝える」ことをめぐる試論」、『社会学史研究』第三七号、五‐二七。→二〇一七『社会はどこにあるか――根源性の社会学』、ミネルヴァ書房、三一‐四五。

反転と残余

ふたつの「自我の社会学」における
ふたつのラディカリズム

1. はじめに――ふたつの「自我の社会学」

一九九三年、作田啓一と見田宗介はともに「自我」を中心的なテーマとする著書を上梓した。作田は前年の一〇月に脱稿したという『生成の社会学をめざして――価値観と性格』を三月に刊行し、見田は前年九月以降に『思想』と『文学』に発表した論考をもとにして『自我の起原――愛とエゴイズムの動物社会学』を九月に真木悠介の名義で刊行した。

この二著は、いずれも社会学という学問の境界を踏み越えようとする点で共通している。見田=真木は、副題にあるようにこの作品を「動物社会学」と名づけるが、「自我の比較社会学」の予備作業（真木 1993:5）と位置づけられる本書は、生物の発生から論じ始めて人間の自己意識に至るところで終わるものであり、彼はこれを「分類の仕様のない書物」（ibid.: 197）と呼ぶ。その「あとがき」には、この本で問おうとしたことはとても単純なことであるとして、こう記されている。「ぼくたちの「自分」とは何か。人間というかたちをとって生きている年月の間、どのように生きたらほんとうに歓びに充ちた現在を生きることができるか。他者やあらゆるものたちと歓びを共振して生きることができるか。そういう単純な直接的な問いだけにこの仕事は照準している」(ibid.: 197)。

作田はこの作品を、「「生きていること」自体の経験を大事にしている人々に捧げられる」本であり、「「生きていること自体」の経験から出発する体系」に向けての「一つの序論」だとする(作田 1993: ii, iv)。彼はここで「生成の社会学」を標榜するが、制度が人間を作る側面を強調する「制度の学としての社会学」ではなく、人間が制度を作るアプローチである「人間の学としての社会学」「〈人間学〉」「〈制度学〉」を唱え、その代表者としてフロイトの名をあげる(ibid.: 2-3, 11)。この本にとって読者が社会学の予備知識をもっているかどうか、さらに学問にかかわっているかどうかさえ問題でなく、この本にある命題は「「生きていること」自体の経験」によって正しいかどうかをチェックできればよい(ibid.: iv)。

互いに呼応するような問題提起から出発するこのふたつの書物は、その問いの切実さと深さによってときに読み手を当惑させる。おそらくある学問の境界を踏み越えることなどこのふたりの社会学者にとってはどうでもいいことだったのだろうが、この二著は社会学を踏み越えるだけではない数々の共通点をもち、同時にこのふたりの相違点を映し出す。

このふたつの書物はなにを明らかにしたのだろうか。本稿はこの二著を対比することを中心作業とするが、その準備作業としてそこにいたるステップともいえる二組の対になる仕事を検討したい。一組は、「まなざし」と「羞恥」という「自我」を形成する機序を論じた初期の論考であり、作田の「恥と羞恥」(『価値の社会学』収録)と見田の「まなざしの地獄」である。もう一組は、作田の『ルソー』、見田の『宮沢賢治』というひとりの思想家に照準した作品であり、これらは一九九三年への経由点として重要な著作である。この二対の仕事も偶然とは思えない共通点と、決定的な相違点をもつ。これを踏まえることで、一九九三年のふたつの「自我の社会学」が、そしてこのふたりの社会学者が、なにを切り開き、切り開きえなかったかを理解することを試みたい。

2. まなざしのオブセッション——「恥と羞恥」と「まなざしの地獄」

【1】所属集団のまなざし／準拠集団のまなざし——「恥と羞恥」「罪」と「恥」

作田啓一が『価値の社会学』（一九七二年）に収録した論考「恥と羞恥」は、一九六四年に『思想の科学』に発表された「恥の文化再考」と一九六七年の「羞恥と芸術」（桑原武夫編『文学理論の研究』所収）をひとつにまとめたものである。ここで作田は、ルース・ベネディクトによる西欧文化圏を内面的な「罪の文化」、日本社会を外面的な「恥の文化」とする対照図式に反論を試みる。そもそも「罪」が内面的、「恥」が外面的とする区別に同意できない（罪は外からの罰によって知られるし、「恥を知る人」は自分を自分でコントロールする）としながら（作田 1972：295）、彼はまず「罪」と「恥」についての物差しを作り替えていく。

行動の統制規準には、それに同調しているか逸脱しているかをはかる「規律機能」、それに関与する仲間に比べて優れているか劣っているかをはかる「比較機能」があり、前者について行為主体は「規準設定者（準拠集団）」と向かい合い、後者については「同じ規準を遵守する仲間（所属集団）」と向かい合う。規準設定者は「親、教師、上司、憧れの人物、理想の集団、神」などであり、行為主体と権威の点で著しい隔たりがある「権威者（authority figure）」である。「所属集団」とは主体がそのメンバーである集団であって、彼のなんらかの生活要求がメンバーとの相互作用で満たされる。そして、「罪」は「規準設定者」に対して「逸脱者」が、「恥」は「所属集団」に対して「劣位者」が感じるものとされる（ibid.: 296）。

「規準設定者（権威者）」に対して「逸脱」ではなく「劣位」を感じる場合があるが、作田はフロイトの用語を参照して、逸脱者の衝動を禁圧する権威者を「超自我（super-ego）」、劣位者の向上を動機づける権威者を「自我理想（ego-ideal）」と区別する。「近代主義」はこうした「罪」と「理想」を重視するものであって、「所属集団の意見が何であっても、超越的な権威を内面化した自律的主体が、自己の正しいと信ずる方向に向かっていく姿勢」によって「自由と独立」を確保してきた（ibid.: 297-8）。

「羞恥」とまなざし

しかし作田は罪とも恥とも異なる意識に注目する。「羞恥」あるいは「恥じらい」である。作田は富裕な学生が貧しい学生のなかで感じる羞恥を例にあげるが、地域社会という所属集団で富裕さは優位を意味するが、学生集団という所属したい集団＝準拠集団の規準では豊かさは劣位を意味する。人が所属集団の視点と一体化していると「羞恥」は生じないが、所属集団と準拠集団の両方の立場から自分を見るとき「羞恥」が生じる。マックス・シェーラーがいうように、普遍的な存在として扱われるべき状況で（モデルや患者として）、個別的な存在として注視されるとき（恋愛の対象として）、逆に個体として取り扱われるべき状況で普遍者として注視を受けるとき、人は羞恥を感じるだろう（ibid.: 299）。「両立しない視点の交錯によって、自己の同一性が見失われる危険――その危険に対する反応が羞恥なのである」。そのとき、「人は自分が何であるかがわからなくなってしまう」（ibid.: 300）。

これを「逸脱者－劣位者」の軸に位置づけると、羞恥は逸脱と劣位が未分化にある状態の経験だと作田は考える。この未分化の「存在」（営為の担い手とも属性の担い手とも定義される前の）としての自己が所属集団と準拠集団からの視線の両方を受け止めるとき羞恥が生じる。これは、営為にかかわる「罪」と属性にかかわる「恥」と対比するならば、その無限定性（「自己全体」！）から羞恥は「恥」と近いとされる（ibid.: 302-3）。

作田は「恥」に対して「羞恥」はふたつの機能をもつという。ひとつは恥に沈んでいる人を

「救済する機能」である。人が所属集団しかもたず、そこでの劣位を自覚しているとき恥の苦悶に終始するが、そうした恥にこだわる自分を恥じる視点が生じたとき（これはなんらかの準拠集団から出てくる）、一方で恥は二重になり、苦しみは倍加する。だが他方、所属集団への埋没的つながりからいくらか解放され、救済される。たとえば嘉村礒多にとって、自己を裸にして小説に書く「羞恥」の経験が恥からの「救済」となった（ibid.: 303）。

もうひとつは、羞恥が媒介となって恥の意識が罪の意識に接近する、という機能である。羞恥は劣位の認識をともない、恥と接続するが、恥には欠けている「所属集団を越えた視点」を含んでいる。「現実の所属集団」を越えた「理想の準拠集団」によって自己がそれに違反していないかを検討するという「羞恥」の経験には「罪の感じが漂っている」。たとえば太宰治には、劣位の意識よりも超越的権威を前にした罪悪感がめだっており、「羞恥から罪への移行」が現れている。こうして、所属集団を越えた視点を獲得するとき「羞恥」が生まれ、所属集団の仲間への劣位の意識が薄れていくと「羞恥」は「罪」に近づく。「羞恥は恥と罪の中間にあり、両者を媒介する機能を果たす」と作田はいう（ibid.: 304）。

【2】 都市の他者たちのまなざし――「まなざしの地獄」

N・Nへのまなざし

一九七三年に『展望』に掲載された「まなざしの地獄」は、一九六五年三月に集団就職で青森から上京し、一九六八年一〇月から四件の射殺事件を起こして翌年四月に逮捕されたN・N（永山則夫）を論じたものである。この論考で見田宗介は、ひとりの犯罪者の生活史を彼が生きた「社会構造の実存的な意味」（見田 1973→2011 : 10）へと描き直す。そこでは階級や都市といった「社会構造」が、一般的な考察（量的データを駆使した）からN・Nという「極限値」（「平均値」ではなく）の「人間にとっての意味」に描き直される（ibid.: 1, 10）。その焦点は表題にある「まなざし」、つまりN・Nに注がれる他者からの視線にあった。

第一のパート「風と影跡——空白のアイデンティティ」では、家郷に対するN・Nの嫌悪と上京への憧れが描かれる。北海道から青森・板柳町に移住してきた当初、N・Nは住んでいた部屋と隣の一杯飲み屋のあいだのベニヤ板に穴をあけ、毎夜「覗き見」をしたという。彼は自分の生活とは異なる「〈別の世界〉」を覗き穴を通してまなざし、夢見る（ibid.: 6-7）。

しかし、「自己解放の夢」を抱えて都市に出て行ったN・Nは「一個の自由としての飛翔をとりもちのようにからめとり限界づける他者たちのまなざしの罠」に出会う（ibid.: 14）。大阪の米屋で働いたとき、戸籍謄本によって出生地が網走番外地であることがわかり、それをからかわれたとして（店側はそのことを憶えていない）、店を「ぷいっと」やめてしまう。出生地のことを口にした「都市の他者」はN・Nが「そこから自由になろうとしている「過去性」によって」彼を規定し、「彼の存在の総体をあらかじめピンどめにしてしまう」のだ（ibid.: 23）。彼にとって「準拠集団」である都市に家郷を否定的に規定され、彼は家郷からも都市からも「二重にしめ出された人間」となり、その裂け目に生きることを強いられる。彼は「準拠集団の移行」における「空白」のなかで「根こそぎ」にされる（ibid.: 23）。

第二のパート「精神の鯨――階級の実存構造」で、見田は「まなざしの地獄――他者としての自我」と小見出しをつけて、N・Nが「都市の他者たちのまなざしの囚人《とらわれびと》」（ibid.: 30）となった理路を論じている。「戸籍」や「顔面のキズ」といった「過去」は、それに差し向ける他者たちのまなざしによって本人の「現在」と「未来」を呪縛し、立ちふさがる（ibid.: 20）。都市のまなざしとは、服装や容姿や持ち物などの「具象的な表相性」、出生、学歴、肩書などの「抽象的な表相性」において、「ひとりの人間の総体を規定し、予料するまなざし」であって、これらの表相性への視線が都市の人間の存在を深部から限定し、彼の運命を成形してしまう。「N・Nが、たえずみずからを超出してゆく自由な主体性として、〈尽きなく存在し〉ようとするかぎり、この他者たちのまなざしこそ地獄であった」（ibid.: 30）。

ふたつの陥穽

見田は、「蒸発と変身への衝動」はこの地獄からの脱出の願望に他ならないが、より日常的には自己の表相を演技することで他者のまなざしを操作して、ある限界のうちでの超越を得ようとする、という。N・Nは、進学への意欲と高級品好みによって「自己存在の離脱への投企」を試みる。新しいシャツと中学教科書、ヘヤードライヤーと高校教科書、洋モクと大学生の名刺が彼が勝負する「表相」だった（ibid.: 32-4）。しかし、無造作におしゃれな格好をする金持ちの息子に対して、パリッとした背広にネクタイをしめるN・Nのほうが「貧乏くさい」（ibid.: 44）。N・Nは「存在の飢え」を感じ続ける（ibid.: 39, 41）。

第三のパート「原罪の鎖——現代社会と人間」は、この「まなざしの地獄」が少年たちの自由意思を侵食するふたつの機制を指摘する。ひとつは「〈演技〉の陥穽」、他者の視線を操作しようと表相性の演技をすることを通して、都市が要求する役割へと自己を同化させていくメカニズムである。見田はこれを「第一の疎外」と呼び、「N・Nの話ではない。われわれのことだ」と記す（ibid.: 46-8）。第二は「〈怒り〉の陥穽」、まなざしの地獄のなかで対他と対自の「巨大な空隙」に対自は「いらだたしい無念」を蓄積させ、これを突破・反抗しようとするが、その分岐点となるのが「〈怒り〉」である（ibid.: 48-9）。「〈他者たち〉への一般化された憎悪・怨恨・怒り」はまず対象を見失うまでに一般化された「憂鬱」となるが、これが制御しえなくなるとき、〈怒り〉によって社会的存在を獲得しようとする「悪による存在証明」を求める。N・Nは獄中で書いた小説『無知の涙』に、「事件があるが故に私がある」と記している（ibid.: 49-52）。

この「第二の疎外」は彼の「自由意思」により彼を犯行に及ばせる。だが彼が殺害したのはガードマンと運転手と夜警員であり、彼と同じ体制の弱者だった。〈怒り〉は情況から超越する意志を緊縛し、情況の否定性・内在性に閉じ込める落とし穴だった（ibid.: 53-4）。見田はこうも述べる。われわれは誰もN・Nを哂うことはできない。「およそ〈怒りの陥穽〉は、〈怒らないことの陥穽〉の裏に他ならず、当の怒らない人びとの無関心こそがたくさんのＮ・Ｎたちを、絶望的な孤独のうちにそこに追い込んでしまうものだから」（ibid.: 56）。

【3】まなざしの交錯／平均人のまなざし

「羞恥」と「怒り」

このふたつの論考は、一方は「恥」「罪」「羞恥」を理解する枠組みを作ろうとする「理論的」なものであり、他方はＮ・Ｎという事例を通して都市や階級の実存的意味を問おうとする「モノグラフ」である。しかしこの相違を越えて、どちらにも「まなざし」「視線」への繊細な感受性を発見することができるだろう。いずれにおいても「自我」が他者のまなざしによって形成され、閉じ込められ、苦しめられるありさまが描かれる。だがここでは、両者の感受性が同じ「まなざし」から切り取るものの相違を拡大して見てみよう。

第一に、「まなざし」によって「自我」に引き起こされる意識の相違を指摘することができる。作田は「規準設定者（準拠集団）」に対する「逸脱」を感じるとき「罪」が、「所属集団」への「劣位」を感じるとき「恥」が、そしてこのふたつの規準が両立せず、ふたつの視線が交錯して「自己の同一性が見失われる危険」が感じられるとき「羞恥」が発生することを指摘した。羞恥において、人は未分化の「存在」（営為と属性の分化以前の）とされてしまい、「自分が何であるかがわからなくなってしまう」。

見田が描くN・Nも「社会的アイデンティティの不安定」「社会的存在感の稀薄」を感じる(ibid.: 19)。だが見田はこの論考で、彼の意識から「恥」「罪」そして「羞恥」を抽出しはしない(彼の「犯罪」と社会構造がもつ「原罪性」は触れられるが、それ以外に「罪」という言葉は用いられず、「恥」「羞恥」という言葉は一回も登場しない)。彼に見出されるのは、まず「家郷嫌悪」「自己嫌悪」「存在嫌悪」(ibid.: 10)などの「嫌悪」である。次いでまなざしの地獄のなかで「いらだたしい無念」を蓄積し、対象を見失うまでに一般化された「憂鬱」である。そして他者たちへの「憎悪・怨恨・怒り」、とくに「制禦しえない怒り」(ibid.: 51)である。嫌悪－無念・憂鬱－怨恨・怒り。この意識の系列と作田が注目する「羞恥」は、「他者のまなざし」が自我に形成する意識として大きく異なるものだろう。

第二に、いうまでもなくこれは、自我にまなざしを差し向ける「他者(たち)」をどうとらえるかに密接に関連する。作田は「羞恥」を主題とし、これが規準設定者・準拠集団と所属集団の規準が異なり、まなざしが交錯するとき発生する、と考えた。つまりここには異なるふたつの他者が存在し、このふたつの他者は明確に区別されている。ひとつは規準設定者であり「権威者」とも表現される他者、もうひとつは生活要求を満たす集団のメンバーである「所属集団」である。この二者をいったん区別したうえで、その交錯を論じるという道具立てと手順が、作田の「羞恥」論を可能にしたといえるだろう。

対して見田は「準拠集団」という概念を用いるが、「所属集団」と「準拠集団」の明確な区別をするわけではなく、その交錯を重要な主題とはしない。「まなざしの地獄」を生む「都市の他者たち」はどちらかというと一様なものとして想定されている。戸籍や顔面のキズによりN・Nの「現在」と「未来」を呪縛するのは、いわば都市の「他者たち一般」であり、ハイデッガー流にいえばdas Man（?）ともいえる。N・Nという個別で単独な自我を取り囲む、一般的で平均的な「他者たち」のまなざしがいわば一様に彼を疎外する。だから彼の憂鬱や怒りも「一般化された」（ibid.: 49）ものとなるだろう。作田が「所属集団」と「権威者」をくっきりと分けるのに対して、見田は「都市の他者たち」によるひとつのまなざしを想定しているように見える（「所属集団」≒「権威者」）。その他者たちは「怒らない無関心な人々」であり（das Man!）、彼らがN・Nを孤独に追い込み、「〈怒り〉の陥穽」へと走らせるのだ。

解放のための契機

そして第三に、「まなざし」から自由になる契機、あるいは「救い」として発見されるものが異なる。見田の「まなざしの地獄」はどこまでも「地獄」であって、その「陥穽」から解放される契機はこの論考では積極的には描かれていない。ひとつの契機は、まさにその地獄で疎外されている「みずからを超出してゆく自由な主体性」、「〈尽きなく存在し〉ようとする」こと自体にあるだろう（ibid.: 30）。疎外論の構図といっていい。そしてもうひとつは、N・Nが怒りに呪縛されて獲得できなかったもの、「情況に対していったん距離をおき、これを明晰に総体的に把握すること」だろう（ibid.: 54）。怒りの直接性は人を孤独にするのであり、「この蟻地獄の総体をのりこえさせる力は、怒りそのものの内部にはない」（ibid.: 55）。N・Nが獄中で自分の「無知」を痛恨し、「教養」を渇望したように、「自己自身の存在と方向性とを、一つの総体的な展望のうちに獲得せしめるような、精神の力」が必要だとされるのだ（ibid.: 55）。「主体性」と「知」が解放の契機である。

これに対して作田は、「羞恥」を生み出す機制そのもののなかに「救済」の契機を発見しているように見える。「罪」に関連して「超自我」と「自我理想」を説明するさい、彼は、所属集団のまなざしに囚われた自我が超越的権威を内面化することにより「自由と独立」を獲得した自律的主体となることを指摘した（これはおそらく「〈尽きなく存在し〉ようとする主体」ではなく、超越者という「他者」のまなざしに貫かれた主体である）。そして、「羞恥」を生み出す準拠集団のまなざしは、所属集団への一元的埋没から人を解放し、人を「救済」する。たとえば嘉村礒多は、真宗の強い影響のもと所属集団における自己の劣位を「普遍的な準拠枠である仏の視点から眺める」ことを基盤に、それを呵責なく描いて読者に露呈することで救いを得た（作田 1972: 318-9）。太宰治はすべての所属集団を剝ぎ取られた「自己の徹底的な孤立性」のなかで、「秘密が外部から見すかされているかもしれないという羞恥」を感じ（ibid.: 321）、「集団的な「有」をひきずっていない人間、拠点をもたない人間」として「自虐の底から他者への愛が祈りとして出てくる」にいたった（ibid.: 327）。これは、競争が生む「集団的エゴイズム」に対決する拠点となり、「羞恥の共同態」を可能にすると作田はいう（ibid.: 329）。「自分の内部の劣等な部分が八方から透視されている人間、集団という甲羅の一切が剝奪され、有としての自己を主張しうる根拠を失った人間、そういう人間同志の連帯は、集団の砦を越えた連帯だからである」（ibid.: 330）。

ここには「他者のまなざし」からの解放を（その外に）求める態度と、「他者のまなざし」そのもののなかに解放の契機を探す態度が見出される。都市の一様のまなざしに対して「怒り」をスプリングボードに知と主体性によって解放をめざす自我と、所属集団と準拠集団（権威者）のまなざしのずれに「羞恥」を感じ、そこに救済、連帯の可能性を見出す自我。この態度の相違は、その後の自我についての議論にどう引き継がれるのだろうか。

次節では作田と見田がそれぞれある思想家を扱った作品を見る。そこで彼らは、遠く離れるように見えてある意味できわめて類似した人物を、一書をかけて検討することになる。

3. 自己革命のモノグラフ――『ルソー』と『宮沢賢治』

【1】まなざしに貫かれて羞恥する人

ジャン＝ジャック・ルソーとまなざし

作田啓一は一九七〇年代にいくつかのルソー論を発表し、これを一九八〇年に人文書院から『ジャン-ジャック・ルソー――市民と個人』として刊行した。二〇一〇年に『ルソー――市民と個人』として刊行された白水社版には、桑原武夫編『ルソー論集』(一九七〇年)所収の「ルソーの集団観」、『思想』一九七四年一〇・一一月号に発表された「ルソーの自己革命」、一九七五年一一・一二月号に発表された「ルソーのユートピア」、一九七九年一一月号に発表された「ルソーの直接性信仰」が収められている。見田宗介は一九八三年度の東京大学教養学部での「自我論/関係論」、「比較社会論」演習と朝日カルチャーセンターでの「宮沢賢治を読む」シリーズでの講義をもとに、一九八四年に『宮沢賢治――存在の祭りの中へ』を岩波書店の「二〇世紀思想家文庫」の一冊として刊行した。のちに『文学』一九九三年冬号にも宮沢賢治論を掲載しているが、これは次節で触れる『自我の起原』に「補論2」として収められている。

一七一二年にジュネーブで生まれ、一七七八年に没した思想家ルソーと、一八九六年に岩手県で生まれ、一九三三年に没した文学者宮沢賢治。この背景を大きく異にするふたりは、しかし「他者のまなざし」に貫かれて羞恥する人間の形象を示すという点で共通している。

作田の「ルソーの集団観」によれば、ルソーは「自己の特異性の痛切な自覚をもつ思想家」だった。「わたしは自分の見た人々の誰とも同じようには作られていない」(『告白』第一巻冒頭)(作田 1980→2010:257)。この特異な自己は他者のまなざしにつねに貫かれている。「わたしの水晶のように透明な心は、そこにひそむ些細な感情をものの一分もかくしてはおけなかった」(『告白』）。この水晶のような心は外部から見透かされ、「外からの視線に対して、裸の心を隠すヴェールはない」（ibid.: 258）。この心は「自他のあいだを隔てる壁を越え、つねに外に向かってあふれ出ようと」し、それを除いては誇りうるものはない（ibid.: 258-9）。

そして「そこに困難がある」。この特異性を誇りとして温存するには聖域として外界からの侵害に対して防衛しなければならないが、ルソーはこの聖域の一切のヴェールを取り外そうとする（ibid.: 259）。この聖域は「他者の視線」にさらされる。「他者はルソーではないから、そして不透明な心をもっているから、ルソーの行動にルソーのあずかり知らない動機を見出す」。彼は透明でありたいと望んでいるのに、「ルソーはルソーではない者として」他者に映り、「マスクをつけた存在」として誤解される。マスクをかけることができない人間であるということ自体が、彼を「異様な存在」にする（ibid.: 260）。

こうした他者の視線のひとつは「比較」である。『人間不平等起源論』でルソーは、自然と闘うようになったとき人間には能力差が生まれ、自他を比較するようになった、この比較こそ「理性のめざめ」だとする。異なる能力の人々が比較し合い、人間関係は「間接的道具的」になり、人間間に「存在と見せかけ、善と悪、権力と服従」が生じる（ibid.: 271）。自他を「比較」し、自己を「反省」する理性は「自尊心」を生み、これはいつも「苛立っている」。「障害にぶつかって屈折し、そのために生じた自尊心に動かされて、自分のことではなく他人のことを気にする悪人が、反省の能力を身につけている」（ibid.: 276）。これに対して「比較もしなければ計量もせず」「直接的な衝動に従って行動」する「善人」(=ルソー)は「完全な異邦人」になる。彼は「彼に敵意をもつ人々(on)」(≒das Man!?)から孤立し、迫害されたと感じる(≒「まなざしの地獄」!)。彼は「異質者の群れ合う依存関係の中で、誰にも依存することなく孤独のなかに引きこもる」(ibid.: 276-7)。

宮沢賢治とまなざし

宮沢賢治もまた「他者のまなざし」に貫かれていた。『宮沢賢治』の第一章「自我という罪」で、見田は天沢退二郎がいう賢治の「二つのオブセッション」を指摘する。ひとつは「雨のオブセッション」であり、雨が自我を彼方に連れて行き、雨に浸潤されるという〈雨〉への恐怖と驚異を賢治は『小岩井農場』などで繰り返し描いている。見田によればこれは「風景に浸潤されやすい自我、解体されやすい自我の不安と恍惚」(見田 1984: 65)を表しており、「死」「自然」「物」の影である(ibid.: 70)。もうひとつは「黒い男のオブセッション」であり、ひとりで歩いていたいのにつきまとってくる「けげんそうな視線」である(ibid.: 66)。彼は「くろい外套の男」が自分に視線を向けるのをつねに感じ、「視線に侵犯される自我の恐怖」を感じる(ibid.: 69)。このオブセッションは、「主体の透明な絶対性を一挙に破砕する力を秘めた「銃口」としての他者のまなざしの表徴」だと見田はいう(ibid.: 70)。

「賢治にとって世界ははじめから眼にみちた空間であった。……〈みられている自我〉の感覚は、賢治が諸々の思想や理論にふれる以前の、ほとんど体質的に固有なものであった」(ibid.: 76)。ただしこの「他者」には異なる種類がある。ひとつめの他者は、けがをした友人のことを同情して痛がったり、妹とし子を深く悼み続けたりする「生きられる間身体性」、「〈自己であるような他者〉」である。そしてもうひとつの他者はこうしたかかわりを批判する「〈遠いひとびと〉」、「直接的な関係性の〈外からの声〉」であり、これが「ある種の〈倫理性〉とでもいうべき奥行きのある空間」を自我の内部に存立させる(ibid.: 77)。こうして、「自我はひとつの複合体である」(ibid.: 78)。「〈わたくしという現象〉」は直接性の他者と遠くの他者を含めた「あらゆる透明な声やまなざしの複合体」とされる(ibid.: 78)。

そしてその交錯は、賢治に「存在の羞恥の自意識」(ibid.: 89)を生み出している。賢治は親密な他者である父が「舎監という〈外からのまなざし〉によって容赦なく客観化され、「俗物」として対象化されてしまった瞬間の、激しい羞恥の体験」を記している。父は賢治の自我の一部を構成しているが、その「金持ち趣味」が舎監によってまなざされるとき、「賢治の自我の内部にひとつの矛盾を棲まわせて、それが羞恥の自意識を構成している」。交錯するまなざしは「賢治の自我をひとつの〈はずかしさ〉として形成」する(ibid.: 89)。

賢治の生家である宮沢商店は質屋＝古着商として発展をとげ、その結果小作地を所有することになって、貧しい小作人たちは宮沢商店の顧客となった。賢治は衣類を質入れに来る農民や子女たちに店で出会い、彼らと一緒に泣き、同時に彼らからの「うしろよりにらむ」「はらだたしげににらむ」視線を感じ続ける。いわば経済社会の矛盾に根をもつ「相剋」が、賢治自身の自我にとって「その存在の基底を構成する相剋」となる（ibid.: 92）。この相剋・矛盾によって、賢治は「〈自我の羞恥〉」（ibid.: 56）を生きることになる。

この記述は、作田が「恥と羞恥」で典型例としてあげた、富裕な学生が貧しい学生のなかで感じる「羞恥」をそのまま引き写したようにさえ思える。家族という親密な他者（所属集団？）からの視線と、小作人たちという他者（貧しい準拠集団？）からの視線。これが賢治に「〈見られている自我〉の意識」を作り出す（ibid.: 92）。N・Nの「怒り」や「怨恨」とは違って、賢治の自我は複数のまなざしにさらされて「羞恥」を感じる自我となる。

以上、ジャン゠ジャック・ルソーと宮沢賢治がまなざしに貫かれた羞恥する自我であったことを確認してみた。それを描写する作田と見田の態度は、前節で見たよりも接近しているように見える。では、彼らはこの地点からそれぞれどんな議論を展開するのだろうか。

【2】防衛／超越／浸透――ルソーの「自己革命」

闘うルソーと「超越」

一九七四年の作田「ルソーの自己革命」は、ルソーの価値観の変遷を「自己革命」という彼自身の言葉をもとに三つの段階に分けている。第一段階は一七五〇年代はじめ、四〇歳になったころの「自己革命」であり、第二期は一七五六年にレルミタージュに隠棲するときから、第三の段階はドゥドト夫人との恋愛がスキャンダルになり、ディドロなど古い友人と決別しサンピエール島で「孤独な散歩者」として過ごす時期である（作田 1980→2010：13-4）。『ルソー』の三つの論考は、各段階に照準しながら、この羞恥の人がどう変化したかを論じている。

「ルソーの自己革命」で描かれる第一段階は、一七五〇年に『学問芸術論』がディジョンのアカデミーの懸賞論文に当選し、持病の尿毒症が悪化して余命六か月の命と診断されたルソーが、「他人の判断をいささかも気にかけずに、ただ自分のよしと思われることだけを敢然と」行おうとし、それまでの「善良」だった「臆病人」から「有徳」な「裏も表もない人間」となろうとした「自己革命」である。彼は服装も変え時計も売って、社交界の「礼儀作法など踏みにじって、もっと大胆に振る舞おうと決心」し、「別人（un autre）」、「ルソーの本性とは正反対の属性」を備えた他者になろうとする（ibid.: 31-4）。

ルソーがなろうとした「別人」を、作田は「言うまでもなくシンボルとしての〈父〉である」と断言する（ibid.: 36）。時計職人だった父イザックは攻撃性と反逆性を備えた男であり、少年期のルソーは父とローマやアテナイの偉人物語を読んで「パトリオティズム（祖国愛）とヒロイズム」という価値観を内面化した（ibid.: 50-1）。この価値志向に回帰して、生活のあらゆる領域に一貫させる「自律性の原理」、ヴェーバーのいう「価値合理的行為」に対応する「価値の一貫性」を特徴とする生活様式にルソーは移行し、「外と内の分裂」に悩むのではなく、「外観どおりの人間」になろうとする（ibid.: 55-7）。

これはなにからの「自己革命」だったのか。「ルソーの集団観」で「比較・反省・自尊心」と呼んだものを作田は本論で「〈依存関係〉」ととらえ直し、利益を追求して他を利用し合うこの関係を基調とするのが「市民社会」だという（ibid.: 65-7）。ここでは目的合理性ないし「手段としての有効性」が行為基準となり、他者より卓越したいと比較する「自尊心」（ibid.: 68）、他者が自分をどう評価しているか想像して他者に依存する「世論の支配」が生まれる（ibid.: 72）。「他人のことにかまけすぎて、自分にかまけることを知らない」〈依存関係〉から、「内面化した〈父〉に依拠する自律性」に回帰する。これはフロイトの言葉でいえば「理想我」への献身であり、「〈父〉を殺した〈兄弟〉群の結合」から、「崇拝されるべき神としての〈父〉」に回帰したともいえるだろう（ibid.: 77-9）。こうしてルソーは「感情的な水平的な両極を、理想我と自我という垂直的な構造に組みかえる」（ibid.: 57-8）。

第二期の「自己革命」を扱う一九七五年の論考「ルソーのユートピア」で、作田は「市民社会」を支配する〈依存関係〉を、「〈防衛〉の次元」という概念に置き換える。目的合理性・〈手段としての有効性〉という基準は「自己愛」の充足を導き、「自己保存」という目標を効果的に達成できるようにするものであり、自己・家族・コミュニティ・党派・国家と範囲が拡大したとしても、外集団との境界線をもち、その範囲内で自己を「防衛」しようとする。自己の利益の防衛をめざすこの社会は外集団に対して潜在的にせよ攻撃性をもつものであり、作田はベルクソンにならってこれを「閉じた社会」と呼ぶ（ibid.: 114-5）。

第一段階の「闘うルソー」は、この「市民社会」に対して「内面化された〈父〉」を軸とする「〈スパルタ〉ユートピア」を対置した（ibid.: 88）。これは〈手段としての有効性〉という「現実原則」よりも〈価値の一貫性〉に主導的な位置を与えるものであり、自己愛を起点としつつ「超自我（自我理想）」に拡大する。作田はこれを「〈超越〉の次元」と呼ぶ（ibid.: 116-7）。「市民社会」が「強い〈防衛〉志向×弱い〈超越〉志向」を特徴とするならば、このユートピアは「強い〈超越〉志向×弱い〈防衛〉志向」を特徴とする（ibid.: 129-33）。

愛するルソーと「浸透」

レルミタージュに隠棲した第二期のルソーは、多くの女性を「愛するルソー」に移行し、「内面化された〈母〉への退行」を経験する（ibid.: 88）。そこで描かれるのが『新エロイーズ』第四・五部の「クララン農園の共同体」というユートピアである。このユートピアでは女主人ジュリのカリスマ的影響のもとで召使や農業労働者は生活を楽しみ、心を開き合う。〈超越〉志向は微弱であり、共同体が外に対してもつ〈防衛〉志向は「市民社会」と異ならない。そしてこの二志向よりも強くなるのが、〈感情的直接性〉の基準に支配された「〈浸透〉という次元」であり、これにより人々の自他の境界は溶解されていく（ibid.: 133-4）。

作田はこの第三の次元を次のように説明する。〈感情的直接性〉の基準は（たとえば嬰児のほほえみ、微風にそよぐ木の葉、生命の流れに適合する音楽に接したとき）防衛的態度を放棄させ、直接的快感を与えて自己意識を弛緩させる（ibid.: 119-20）。外界への〈防衛〉は自他の区別をはっきりさせ「閉じたもの」としての境界をもつが、外界への〈浸透〉は「閉じたもの」の境界が〈溶解〉してゆく尺度であり、その終点には完全に「開いたもの」がある（ibid.: 121）。〈浸透〉によるクララン共同体は「抽象的原理に基づいた〈父〉の峻厳な裁きであるよりも、むしろ愛と許しを武器とする〈母〉の同化作用なのである」（ibid.: 136）。スタロバンスキーはここに「男性的ユートピアと女性的ユートピアの差異」を見出すが（ibid.: 134）、前者の「攻撃性」が後者では抜き取られ、人は「他者を裁くこと」を知らず、「自尊心にもとづく自己主張を放棄することで他者と調和する」（ibid.: 140-1）。

一七五七年にデピネ夫人と決裂してレルミタージュの寓居から出、百科全書派と絶縁したルソーは、一七六二年に『社会契約論』と『エミール』の筆禍事件で追放の身となる。この第三期を扱った論考「ルソーの直接性信仰」で作田は、この時期のルソーが「孤独な散歩者」として人間や社会への積極的関心を失い、自然にのみ心を開くようになるとし、これを「直接性信仰」と呼ぶ。自然と自分のあいだに第三者が介入することを避けて、「万物の体系のなかに溶け込み、自然全体と同化する」（ibid.: 170）とき、彼は陶酔を感じ恍惚とする。「自己と外界のあいだを区切る壁が、あたかも溶け去ってしまったかのように感じられるこの溶解体験」（ibid.: 170）は「存在の感情」を生み出す。つまり、第三の「自己革命」は〈浸透〉志向が徹底した世界を導く。ルソーの自己は「〈防衛〉能力としての自己」ではなく、「かつても感じ、感じ続け、そして今も感じている自己」「受動的に感じる自己」である（ibid.: 181-2）。

内的リズムと外的リズムが合致して浸透し合うように感じる体験の典型は、「祭り」である。幼年時代のある祭りで、軍服を着た何百人かの男たちのリズミカルなダンスにルソーは溶解経験の感動を覚えている（ibid.: 174）。「ひとり閉じこもることとの好きな人間」は、クラランの共同体のブドウ収穫祭で歌を歌い笑いさざめく「遍き歓喜の愛すべき感動的な絵巻」によって心を揺り動かされる（ibid.: 262）のであり、この「公共の喜びほど純粋な喜びはない」（ibid.: 263）。「ここでは誰もが「透明な心」でいることが許される」（ibid.: 261）。

こうして、〈手段としての有効性〉－〈依存関係〉－〈防衛〉の次元が支配する「市民社会」で「比較」のまなざしを受け、他者（on）から迫害されたと感じていたルソーは、第一の「自己革命」で〈価値の一貫性〉－〈父〉－超自我を得て、〈超越〉の次元によって他者のまなざしから自由になる。第二の「自己革命」で〈感情的直接性〉－〈母〉－溶解体験によって〈浸透〉の次元を獲得し、第三の「自己革命」ではその次元に閉じこもる。ここには、自己を貫くまなざしから「垂直」と「水平」の二方向への解放が見られるだろう。

ただし、「ルソーの直接性信仰」で作田は次のようなルソーへの違和感を表明している。〈超越〉志向も〈浸透〉志向も、相互依存関係に巻き込まれ〈防衛〉のなかで自分を見失っている人々に対する批判の道具となるだろう。ルソーは〈超越〉志向による「一般意志」への「個別意志」の譲渡を雄弁に構想する。ところが、彼は「市民相互の同胞としての愛着について、ほとんどなにも語らない」(ibid.: 202)。クラランのユートピアで、女主人ジュリとの一体化については語られるが、民衆＝召使同士の関係はほとんど描かれず、市民間の相互同一化について「ルソーの想像力は思いのほか貧困である」(ibid.: 203)。作田は、「ルソーの思考体系において垂直の関係が水平の関係よりも重要な位置を占めている」と述べる (ibid.: 206)。祖国との同一化は雄弁に語られるが、市民との同一化は語られない。「自我と理想我(あるいは超自我)の関係」は語られるが、「所有や支配をめぐって争うはずの同質のライバルまたは協力者」については有効な思考ができない (ibid.: 205-6)。ルソーは〈父〉との関係については思考できたが、〈兄弟〉との関係は思考できないのだ。

作田の『ルソー』の検討が長くなり過ぎた。では、見田が描く宮沢賢治はどうなのか。

【3】修羅／自己犠牲／存在の祭り——宮沢賢治の「自己革命」

原罪と自己犠牲

他者のまなざしに貫かれ、存在の羞恥の意識を感じる宮沢賢治は、そこからどのような境地に移動したのか。作田が描くルソーと同じようにとらえるならば、何段階の「自己革命」を経験したのか。見田がとらえるいくつかの段階を抽出してみよう。

第一の段階は、「修羅」という言葉で代表される明晰で冷徹な自己認識である。賢治は先に見た自己を構成する関係性、外部からのまなざしに開かれていたが、「世界との関係において自分が何であるか」「自分を規定してしまっているものが何であるか」について「明敏すぎる自意識」をもつ（見田 1984:104）。たとえば家族について、その恩愛が彼自身を作り上げるが、この恩愛は「古着屋のむすこ」（ibid.: 107）であることで可能になっている。父母の「純粋な恩愛」は人を拘束し、他者を拘束する抑圧でもある（ibid.: 108）。身近な関係圏が外囲の関係圏と矛盾し、身近な圏内でもすでに矛盾を孕む「恩愛の両義性」を彼は明晰に認識し、それにより成立する自己を矛盾＝痛みとして客観化する（ibid.: 109-10）。N・Nが情況を「明晰に総体的に把握」できず〈怒り〉の陥穽に囚われたのとは反対に、賢治は「自己自身の存在にまで透徹された明晰さ」を獲得し、だから「苦悩する」（ibid.: 114）。

第二の段階は、「ZYPRESSEN つきぬけるもの——世界にたいして垂直に立つ」（ibid.: 125）という表題とゴッホの糸杉の挿絵で象徴される、地平を突き抜け地上と天井を結ぶ「解放のメディア」を獲得する段階である（ibid.: 129-31）。ただしこの「垂直」方向への解放は、作田が描いたルソーのように「超越」に向かうのではなく、『よだかの星』や『さそりの火』で見られる「自己の消去」「自己犠牲」「焼身幻想」を志向する。これまで見た「羞恥」の延長にある「出現罪」や「存在の罪」を感じるとき、「わたしたちは消滅することによってしか正しく存在することができない」（ibid.: 139, 141）。「自己自身の存在の罪にたいする仮借なき認識」をもっていた賢治は、「〈自己〉の消去」によって垂直軸を獲得しようとする（ibid.: 144）。しかしそれはいかにしてニヒリズムに陥らずにすむのだろうか。

私たちは存在の原罪を負っている。「生命が他の生命の死を前提にはじめて生存しうるという食物連鎖」、賢治が質屋＝古着屋の〈家の業〉によって生きていたり、よだかやさそりがたくさんの命をとって生きていたりする、という罪を彼は過剰なまでに意識する（ibid.: 147-8）。生命世界が〈殺し合い〉の連鎖である（私は「殺す」側である）という意識である。ところが賢治は「たくさんのいのちの為に、どうしても一つのいのちが入用なときは、仕方ないから泣きながらでも食べてい丶、そのかはりその一人が自分になった場合でも敢て避けない」（『ビヂテリアン大祭』）とする発想により、「生命連鎖の世界の全景の意味の転回」を導く（ibid.: 149, 153）。「「わたし」という個体の生命を絶対視する視点に立つかぎり」、存在の原罪は解決不可能であり生命連鎖は「殺し合い」だが、「「わたし」の生命を絶対化する立場をはなれること」、「エゴイズムの絶対化をはなれること」ができれば、生命連鎖は「生命たちの〈生かし合い〉」と見ることもでき、人間社会の相互依存の連鎖も「相互収奪の連鎖」でなく「人間たち相互の生の〈支え合い〉」と見ることができる（ibid.: 149-50）。そしてこの認識が真実であることは、「じっさいに他者の生命のために自分をすてるという行為によってしか、立証の仕様がない」（ibid.: 150-1）。ただし、「自己犠牲」という観念は、そもそも「犠牲」であることで抑圧を必ず内包してしまう息苦しさや、誰かの幸福のためになされるという効用の図式による狭苦しさをまとう、と見田はいう（ibid.: 159-60）。

「存在の祭り」へ

では、この息苦しさから「解き放たれた世界」を獲得するにはどうすればよいか（ibid.: 161）。第三の段階は「存在の祭り」と表現される（「祭り」、ルソーと同じく！）。たとえばカルヴァンのように、自我を光（＃図）、それ以外の世界を闇（＃地）ととらえると、世界を意味づける神を失ったとき虚無としての世界のみが残ることになるが、賢治は「存在の地の部分のごときものの、まばゆいばかりの明るさ」を表現しており、カルヴァン的な「遍在する闇の中をゆく孤独な光としての自我」とは対照的に「遍在する光の中をゆく孤独な闇としての自我」であった（ibid.: 168-9）。見田がこの作品によって本書を書こうと決めたという詩『岩手山』には「そらの散乱反射のなかに／古ぼけて黒くえぐるもの／ひかりの微塵系列の底に／きたなくしろく澱むもの」とあるが（奥村 2015:97-8）、「存在の地の部分にこそみちあふれているいちめんのかがやきと光に向けられた感度のようなもの」を見田は賢治に感じている（見田 1984:169-70）。そこでは通常の図と地を反転させ、存在を「新鮮な奇蹟として感覚する力」、「あたらしく不思議なものとして感受しつづける力」が働いている（ibid.: 166）。

それは「向うの祭り」とも表現される。川の向こう岸から太鼓の音が響いてくるが、その川を渡ることはできない（『あけがた』）。賢治の夢にほとんど近いとされる『花椰菜』という断片では、「私」は衣服も役目もすべてを脱いで「花椰菜の中ですっぱだかになって」、両手をあげて「ホッホッホッホッホッ」と踊り出す（ibid.: 177）。『鹿踊りのはじまり』の終わりで嘉十は鹿たちの祭りに入り込んでしまい、鹿たちが逃げ出したのを苦笑いするが、裸になって祭りに参加することは解放と融合の表象であり、同時に羞恥の表象でもあった（ibid.: 180-1）。「〈私〉はほんとうは「役目」を脱ぎすてて――〈茶色のポケットの沢山ついた上着〉や長靴を全部ぬぎすてて、紫苑のまんなかで飛びあがりたい」（ibid.: 183）。

これは「自我の解体という危険な場所」に立つことと近いだろう（ibid.: 186）。自我は「〈向うから〉迫ってくる」（ibid.: 186）存在の世界に解体されてしまうかもしれない。しかし宮沢賢治にとって、この〈危険な場所〉は次の回路により〈出口〉でもあったと見田はいう。賢治は「人間が他の生き物とわかれる以前の合流点、〈万象回帰〉のその場所」、「〈遠いともだち〉と出会う場所」を求める。彼は中学生のころ生物学者ヘッケルの『生命の不思議』を読んで衝撃を受けたというが、ヘッケルはすべての生命は最初の生物〈モネラ〉から分化したと主張し、「生物の「個体」と呼ぶもの、わたしたちが〈自我〉とよぶものの本体として絶対化しているものは、じつはきわめて境界のあいまいなもの、かりそめの形態（ルーパ）にすぎない」ことを「自然科学の方法によって証明した」（ibid.: 191）。これは個我を絶対視する立場からは恐ろしい主張だが、「人と人、人間と他の生命たちとの間の障壁が、くずれぬことのないものではありえぬ」ということであり、「個体発生が系統発生をくりかえすならば、わたしたちひとりひとりの生の起源にも〈モネラ〉は存在するはずである」ことを意味する。賢治は進化の漸移を遡って「人間が他の生命たちとふたたび合流する地点」に出会い、この地点が「ほんとうはたのしくあかるい根源への出口でもあるのだという予感」をもって、「あたらしくまっすぐに起つ」ことができた、と見田はいう（ibid.: 192-3）。

このように、まなざしに貫かれたふたりの人が経験した旅を、作田と見田は追走した。透明な存在として外からの視線に貫かれていたルソーは、〈防衛〉の次元が支配する比較・依存・自尊心の世界を脱して、価値の一貫性による〈超越〉の次元へと移行し、次いで感情的直接性のなかで「存在の感情」を歓ぶ〈浸透〉の次元に開かれる。交錯するまなざしの前で「存在の羞恥の自意識」を育んでいた宮沢賢治は、それを明晰に自己認識する「修羅」の段階を経て、「自己犠牲」と「焼身幻想」による垂直軸を獲得し、存在の図と地を逆転した「存在の祭り」、個我から脱して他の生命と合流する出口へと達する。第二段階の「超越」と「自己犠牲」の踊り場はおそらく異なる境地だけれど、それぞれの出発点だった「まなざしの地獄」から、ルソーと賢治は自我から外に出て自然や生命と溶解するような、ともに「祭り」と呼ばれる境地に到達した。あるいは作田と見田は、この遠く離れたふたりのテクストから、それぞれの鑿によってこのように似通った肖像を彫り出すことになった。

七〇年代から八〇年代前半のこの二作から一九九三年の「自我の社会学」へと作田と見田はどのように進むのか。以上の準備作業を経て、いよいよ本稿の主題に取り組むことにしよう。

4.〈明晰〉なる反転——『自我の起原』

【1】「動物社会学」という迂回路

エゴイズムからの解放

真木悠介『自我の起原——愛とエゴイズムの動物社会学』は、『思想』一九九二年九月～一二月号に本論、『文学』一九九三年冬号に「補論2 性現象と宗教現象——自我の地平線」(宮沢賢治を題材とする)が掲載されたあと、一九九三年九月に単行本として刊行された。本稿冒頭に記した「あとがき」での「問い」、「どのように生きたらほんとうに歓びに充ちた現在を生きることができるか」に答えようとする本書は、しかし人間に直接照準するのではなく「動物社会学」を迂回する。人間の「自我」が登場するのは八章からなる本論の第六章からで、それまでは動物や遺伝子をめぐる生物学的な知見が展開されるのだ。

これをどう理解すればいいのか。二〇〇三年の『時間の比較社会学』岩波現代文庫版への「後記」で真木は、一九八一年刊の同書で扱った「時間論」に次いで取り上げられるべき主題は「自我論」と「関係論」だった、と述べる。そして一九八四年に「自我論／関係論の助走」としてモノグラフ『宮沢賢治』を記し、一九九三年になって「〈自我の社会学〉の序論的な部分(『自我の起原』）を完成」できたという（真木 1981→2003:329）。またこうも述べる。自分にとって一〇代からの「二つの単純な原初の問い」として、「ニヒリズムからの解放」と「エゴイズムからの解放」があった。『時間の比較社会学』と『自我の起原』はこの原問題に照準するものである。前者は「〈永遠の生〉に対する熄むことのない願望をどう処理したらいいのか」という問題であり、後者は「〈自分〉という存在が世界の内で、唯一かけがえのないものとして現象してしまうことの理不尽をどう処理したらいいのか」という問題である（ibid.: 330）。

「エゴイズムからの解放」。――『宮沢賢治』において、見田は「人間が他の生き物とわかれる以前の合流点」、「わたしたちひとりひとりの生の起源にも〈モネラ〉は存在する」という認識に導かれていた。〈モネラ〉を主張した生物学者ヘッケルは、「生物の「個体」と呼ぶもの、わたしたちが〈自我〉とよぶものの本体として絶対化しているもの」を図とする見方を反転することを、「自然科学の方法によって」行おうとした。これと同じことを、見田＝真木は『自我の起原』において試みたのではないだろうか。では、そこで彼はどのような「図と地の反転」を行ったのか。まず、第六章までを急いで辿ってみよう。

利己／利他／生成子／個体

第一章「動物の「利己／利他」行動」では、動物は「利己的」であるという思い込みに対して、動物が「利他行動」をしばしば行うことが指摘される。利他行動をとる動物は遺伝子を残しにくいように思われ、進化論にとってアポリアとされてきた。だがアリやミツバチの「血縁性」の検討などから、動物たちの「利己／利他」行動は「動物の個体自体の「幸福」や「生存」や「繁殖」」からは理解できず、「遺伝子の自己複製という水準」からとらえ返してはじめて統一的に理解できるとされる。「動物たちの行動や資質や関係を究極に支配している動因は遺伝子たちであり、個体は遺伝子が生存し増殖するための〈生存機械〉にすぎない」（真木 1993：20）。第二章は「ドーキンスの〈利己的な遺伝子〉理論」を検討し、個体にとっての「利己／利他」を発現させる原的動因は「遺伝子の自己複製」という「個体というシステムの水準の外部に存在するもの」（ibid.: 30-1）であり、「個体の身体がその存在の芯の部分に、その個体自体の利害を越え出てしまう力を装置されている」とする（ibid.: 37）。「個体」は、「沈黙の鉛塊の如き不可分の（individual!）単体」から、「無数の力のせめぎ合う場のシステム」へと置き直される（ibid.: 37）。「個体」から「遺伝子」への図と地の反転は術語そのものも反転させる。第三章「生成子の旅」で真木は、「個体中心的なドグマ」ではgeneは「遺伝子」と訳されるが、gene自体が目的で多細胞個体がその「のりもの」だとすれば、「生成子」と直訳すべきだと主張する（ibid.: 44-5）。第四章「共生系としての個体」では、多細胞個体の発生が生成子からの細胞システムの創発、細胞から多細胞個体の創発の二段階の創発を必要とし、とくに「原核細胞」から核や染色体をもつ「幾種類の原核細胞の共生体」である「真核細胞」への第一の創発が「創発のふしぎの深さからいえば」決定的な飛躍であるとされる（ibid.: 54, 57）。これに比べて真核細胞が異種共生することで多細胞「個体」をつくる第二の創発ははるかに容易だが、単細胞生物は死なないが多細胞生物は死すべきものという決定的な差異がある。多細胞生物は単細胞の生殖子という「細い糸」を通して次世代へとつながるのであり（ライフ・サイクルの「ボトルネック化」）、他の多細胞個体との性的連接によってのみ生成子を次世代に残すことができる（「死の起原」／「性の起原」）（ibid.: 66-70）。

こうして「私」という現象は、「不可視の生成子たちの相乗しまた相剋する力の複合体」へと置き直される（ibid.: 72）。「われわれの「自我」の絶対性という傲慢な不幸な美しい幻想」を折り返す対象となってきた「身体的個」は、この「重層し連環する共生系の一つの中間的な有期の集住相」であるにすぎない（ibid.: 73）。

では、生成子の利己性（selfishness）とは異なる個体レベルの利個性（egoism）はどうして生まれるのか。第五章「〈創造主に反逆する者〉」は「利個性の起原」を問題にする。ここでは、生成子の「エージェント」としての主体性と個体の「テレオノミー的な主体性」が区別され、後者は脳神経系の高度化、個体の寿命と生殖可能年齢の差分などにより可能になる、と論じられるのに触れるにとどめよう。この延長上に個体は「自己中心化」も「脱自己中心化」も選択することが可能になる（ibid.: 97）。そして、ドーキンスのいう「自乗化されたシミュレーションの能力」（脳が自分の機能をモニターできる）によって「意識」が発生し、他の個体との協力やライバルなどの「対他関係という回路」を通して「自己意識」が生まれ（「他者だけが自己を形成することができる」！（ibid.: 120））、他の個体との関係が「個体識別的」であるとき「〈かけがえのない個〉という感覚」（第六章のタイトル）、「アイデンティティの個有性という感覚」が生まれる（ibid.: 125-6）。

【2】 誘惑と自己裂開性

誘惑という戦略

ヘッケルのいう〈モネラ〉のように、「個体」には「生成子」が装置されている。というより、「個体」は「生成子」ののりものであり、本書冒頭の短文「CARAVANSARAI：自我という都市」が示唆するように、「生成子」という数多くのキャラバン（隊商）が行き会い共住する「第二次的な集住系」であって、それが「主体化」したものである（ibid.: 1-3）。この図と地の反転から「自我」あるいは「エゴイズム」についてなにがいえるのか。

最後の二章、第七章「誘惑の磁場――〈他者〉の内部化」と短い終章「テレオノミーの開放系――個の自己裂開的構造」で、真木はふたつの結論を導出しているように思う。

第一の結論。第七章で彼はドーキンスの『延長された表現型』を引きながら、生物個体間、個体内細胞間、細胞内生成子間の調和・協同・相補性について論じるが（ibid.: 132）、次の事例の引照によってドーキンスから離陸する。ガンやエイズのレトロウィルスは人間の細胞の遺伝子を組み換えて住み着くが、宿主を殺してしまい、コレラやペストは宿主の対抗戦略を誘発してジェノサイドの危機に立つ。むしろ宿主にとって無害ないしポジティブな共生のほうがすぐれた戦略であり、「生成子の「利己的な」戦略として考えてみても、他者に苦痛や死をもたらすという仕方でその身体を操作することよりも、他者自身が歓びをもって、あるいは生存と繁殖の機会を増大させるような仕方で協力を引き出す戦略がすぐれた「戦略」であるはずである」。それは他者の「「対抗戦略」を誘発しない」し、その他者の「存続と再生産の機会を増加する」（ibid.: 134-5）。

こうした戦略の例として真木は、「昆虫と顕花植物の「共進化」」（クローバーの芳香に引き寄せられるハナバチ）、ローレンツの「幼児図式」（幼児の「かわいさ」に「利己的」な人も「愛他的」感情を覚えてしまう）をあげる（ibid.: 136-7）。「かんたんにいえば「愛される」個体をつくりあげる力をもった生成子こそが勝ち残る」（ibid.: 138）。他者が「働きかけられてあること」に対して「歓びを感じるような仕方で誘惑すること」。これを真木は「わたしたちの身体が、〈他者〉のためにもまたつくられてある」と表現し、その一般的で安定的に成功している現象が「性という現象」だという（ibid.: 139）。個体間作用のメカニズムを物質的に作用させるのはフェロモン（同種個体間）、アロモン（異種間で、発信者にとって適応的なもの）、カイロモン（異種間で、受信者にとって適応的なもの）である（ibid.: 143）。これが昆虫と顕花植物のあいだには流れており、これによって互いが生存、成長、生殖できる。そして、視覚的・聴覚的な諸刺激が個体間の「誘惑」を可能にする（ibid.: 144）。

真木は「Ecstacy：外に立つこと」と題した節で、こう述べる。「個体が個体にはたらきかける仕方の究極は誘惑である。他者に歓びを与えることである。われわれの経験することのできる生の歓喜は、性であれ、子供の「かわいさ」であれ、花の彩色、森の喧噪に包囲されていることであれ、いつも他者から〈作用されてあること〉の歓びである。つまり何ほどかは主体でなくなり、何ほどかは自己でなくなることである」(ibid.: 145)。

自己裂開としての自由

第二の結論。終章「テレオノミーの開放系」の冒頭で本書の行論全体をまとめたあと、真木はこう述べる。「〈個体〉がそれ自体派生的なものの自立化、自己＝目的化であるということは、個体というユニットもまたみずからを超えたものに向かって、テレオノミー的に開かれた存在であるということである」(ibid.: 148-9)。個体には「生成子たちの自己増殖の機構として形成された起原に由来する衝動の力」が生き続けており、「同種異性のフェロモンの力のもとに身体が全体として再組織されてしまう」ことに代表される「他者たちの作用し誘惑する力の磁場にさらされている」(ibid.: 149)。「個体にとって、性はなくてもいいはずのもの」だが、「個体はその〈起原〉のゆえに、自己の欲望の核心部分に自己を裂開してしまう力を装置されている」(ibid.: 150)。

この自己裂開的構造、あるいは「生成子と個の目的論の二重化」により、個体のテレオノミー的な主体化は「自己＝目的化、エゴイズムという貧相な凝固に固着」するのではなく、「個体は個体自身ではない何かのためにあるように作られている」(ibid.: 151)。個体は「非決定＝脱根拠性」あるいは「重層・交錯根拠性」によって、「自由」をもつことができる。「創造主に反逆した者はどんな目的ももつことができる。またどんな目的ももたないことができる」(ibid.: 150)。「この無根拠と非決定とテレオノミーの開放性とが、われわれが個として自由であることの形式と内容を共に決定している」(ibid.: 152)。

喩えるならば、私のなかには〈モネラ〉がいる。私は〈モネラ〉のためにも、「私」のためにも、どちらでもないなにかのためにも生きる「自由」をもつのであって、「エゴイズム」に囚われないことができる(第二の結論)。そして、〈モネラ〉は他の個体を誘惑し、愛されることが生き残るための戦略なのだから、「私」のなかにも他者を誘惑する「自己裂開的」な力が仕掛けられている(第一の結論)。『宮沢賢治』という「自我論／関係論の助走」を経由して、「動物社会学」に依拠して展開されたこの「〈自我の社会学〉の序論的な部分」は、このふたつの結論によって私たちを「エゴイズム」への囚われから鮮やかに解放してくれるだろう。宮沢賢治が透視していた「存在の祭り」への入り口が、このように「明晰な認識」となって私たちに提示される。真木がこの本で問おうとした、「どのように生きたらほんとうに歓びに充ちた現在を生きることができるか」という「単純な問い」へのヒント、「エゴイズムからの解放」へのヒントをも私たちは手に入れることができるだろう。

だがこれでよいのだろうか。この鮮やかな反転になにか違和感を覚えはしないだろうか。

【3】〈明晰〉なる反転とその陥穽

図と地の反転

見田宗介は、図と地が反転するような認識を繰り返し創造してきた。たとえば一九七七年の『現代社会の存立構造』（真木名義）でこう述べる。「理論の力というものがもしもあるとすれば、その力はまず何よりも、日常の意識における自明性の世界を解体し、そこにかくされた問題を発見すること、そのことによってわれわれを、その感性と悟性さながらに包みこんでいる現存の世界というものを、批判的に対自化し、実践的に止揚するための突破口を切り開くことにあるだろう」（真木 1977a:10-1）。「理論」によって日常の自明性における図と地を反転して、問題を発見し、批判的に対自化し、実践的に止揚する。一九七三〜七四年に『思想』に発表した論考を編んだこの本は、マルクスの『資本論』を一点の論理の緩みもなく再構成することで、自明性の世界を反転する拠点を確保したものといえるだろう。

あるいは、メキシコ・ブラジル滞在を経て一九七六年に『展望』に発表し、一九七七年に刊行した『気流の鳴る音』（真木名義）では、「比較」という方法で図と地の反転を果たそうとする。「われわれが、空気のように自明のものとして呼吸しているこの近代文明を、根柢から超える未来を呼びもとめるとき、われわれの想像力を、手ごたえのある具体性をもって解き放ってくれる素材が、この文明の外の諸世界にはじめて求めうることは明らかである。……これら異世界の素材から、われわれの未来のための構想力の翼を獲得することができる」（真木 1977b:11）。本書が依拠するのはカルロス・カスタネダの諸著作だが、そこに引かれたインディオの知者ドン・ファン・マテオスが語る〈トナール〉と〈ナワール〉という概念の対比はその一例であり、『宮沢賢治』でもこの対比は詳細に反復されている。

〈トナール〉は「話すという仕方でだけ」、つまり言語・概念化によって世界を作る。それは世界を理解・説明することを可能にし、自我の安定を取り戻す作用をする。これによる「ことばのカプセル」は「自我のとりで」であると同時に「牢獄」でもある。「社会的人間」であり、世界の混沌に秩序を定める「世界の組織者」である〈トナール〉に対して、〈ナワール〉はこのカプセルを取り囲む「大海」であり、「存在の地の部分」、「他者や自然や宇宙に通底し「まじり合う」われわれ自身の根源」である（ibid.: 52-5; 見田 1984:195-7)。

〈トナール〉は「統合された意味づけ、位置づけの体系への要求」に答える説明体系への盲信であり、これはドン・ファンがいう「「明断」の罠」である。〈ナワール〉はこれを突き崩し、相対化することで「明晰さ」の限界を知り、対自化された明晰さである「真の〈明晰〉」に到達することを可能にする（真木 1977b:78-80）。『宮沢賢治』での表現だが、「ナワールの力」は「生きているものと死んでいるものと、人間とあらゆる生命、人間とあらゆる非生命とをわけへだてている障壁をつきやぶる武器」であり、「今ある〈わたくし〉のかたち（ルーパ）に執着して自衛する力としてのトナール」から〈外に出る〉のを可能にし、「恍惚と不安がひとつのものであるような戦慄」を生む（見田 1984:201）。これによって「どんなに小さい図柄であっても図柄がいったん現われた以上、それは図柄の方を地として、地の方を図柄として視覚を反転する道を開く」のであり、「自足する「明晰」の世界をつきくずし、真の〈明晰〉に向って知覚を解き放つ」窓がうがたれる（真木 1977b : 98-9）。

「理論」による図と地の反転、「比較」による図と地の反転。それらは「明晰」を突き崩し、真の〈明晰〉を開く。『宮沢賢治』を経由して人間とあらゆる生命の境界を突破する認識を獲得した見田＝真木は、『自我の起原』において「動物社会学」による図と地の反転を敢行したといってよいだろう。その試みは、「個我」から人を解き放つことに成功した。

【1】で見た『時間の比較社会学』岩波現代文庫版「後記」に、見田は「ニヒリズムからの解放」と「エゴイズムからの解放」という一〇代からの原問題について、「『時間の比較社会学』と、『自我の起原』という二つの仕事をとおして、透明に見晴しのきくような仕方で、わたし自身にとっての展望を手に入れることができた」（真木 1981→2003 : 330）と記している。本稿冒頭に引いた『自我の起原』の「あとがき」の問いは、「ニヒリズムからの解放と、エゴイズムからの解放という双対の問題の、ここにはもう疑念はないな、明晰のくもりはないないといえる応答を踏み石として、問いをポジティブなかたちの方向に転回して表現したものである」（ibid.: 331）。

彼は原問題への、透明に見晴らしのきく、明晰の曇りのない解決を得た、と述懐する。そして、『自我の起原』以降、「真木悠介」は消える。

相乗性と相剋性

この図と地の反転は、読み手の私たちをもじつに見晴らしのいい地平へ連れて行ってくれるだろう。反転の拠点が私たちの生きる自明性の「外部」に見出され〈〈外に出る〉＝Ecstacy!〉、それが遠く・深く・根源的であればあるほど、反転が生む認識は〈明晰〉なものとなる。個我のエゴイズムに囚われ、自己と他者の「相剋性」に苦しむ人々に、「動物社会学」が開く「自己裂開性」の認識は、他者や他の生命とのあいだに「相乗性」が存在することを教えてくれる。――だがこれでよかったのだろうか。

一九九四年に『自我の起原』に対する若い社会学者三名の質問に見田が答えた記録である「竈の中の火――『自我の起原』補注」で、彼はこう述べている。『現代社会の存立構造』は「集列的な相剋」の理念型的論理モデルを構築したものだった。だが、『自我の起原』の課題はこれとは異なる。「われわれがこの社会の科学の彼方に、真に望ましい世界のあり方を構想しようとする課題の局面においては、逆に現実には仮にどんなに希少なものでも、重層する集列性のモデルがその方法として捨象してきた位相、あの原的な相乗性という契機――他者や他種との交響する歓喜の能力――を、それに〈生命をあたえるもの〉として、火種とし拠点とする他はない」(ibid.: 206-7)。望ましい社会の構想において、拠点となるのは「原的な相乗性」である。

では「エゴイズムの相剋」は？　それは「なくなるということもないし、なくなることが好ましくもない」。そして見田はこういう。「相剋のない世界など、クリープのないコーヒーのようなものだ」（ibid.: 208）!! 見田はこう続ける。「相乗性を磁場の原理とすることによって、相剋性を包摂し、味わい（sens）を変え、意味を変換していくことが可能だ」、「楽しい相剋、すてきなエゴイズムというものがある。それは必ず、ある原的に肯定的なものに吹きぬかれている時である」（ibid.: 208-9）。見田はこの「肯定的なもの」を動物たちの「愛という名の利己性」に発見し、人間の共同体はその「文化的な複製」だと述べて、「原的な相乗性、「純粋な」愛の契機」は「到るところに存在している」という（ibid.: 209-10）。

たとえば「まなざしの地獄」のなかで「〈怒り〉の陥穽」に囚われたN・Nのような人が、これを読んだらどう感じるだろう。この人は〈怒り〉によって自分が置かれた情況を「明晰に総体的に把握」することができず、情況を乗り越えることができないでいる。そこにこの認識が伝えられるとき、一方でこの人は「外部」の拠点を見出して自分の囚われそのものをとらえ返し、解放に向けての指針を獲得できるかもしれない。他者とまなざしは相乗的なものでありうるのだ！ しかし他方、この人はいま目の前にある「他者の地獄」の相剋性に悩んでおり、嫌悪と憂鬱と怒りのなかにいる。この「相剋的な他者」にどのように向き合えばいいのか? この「明晰のくもり」なく「ポジティブなかたちの方向に転回」された回答からは「相剋的な他者」が蒸発しているかのようにさえ見え、この回答はこの人になにも与えず、むしろ批判の力を鈍らせるのではないだろうか。

〈明晰〉の陥穽

この回答はまた、「社会学」を置き去りにしているようにも見える。一九七七年の『現代社会の存立構造』は、資本制をとらえたマルクスの「理論」によって図と地を反転しようとし、『気流の鳴る音』は「文明の外の諸世界」との「比較」によってそうしようとした。そして、『自我の起原』は「動物社会学」に拠点を見出す。見田は二〇〇六年の『社会学入門』の「人間と社会の未来」という章で「現代人間の五層構造」を図示し、現代の人間が次の重層性をもつという。上から、④現代性、③近代性、②文明性、①人間性、⓪生命性、である（見田 2006:161）。おそらく一九七七年の二著は「理論」による反転が④〜③の層に、「比較」による反転が②の層に照準したものだったのだろう。そして一九九三年の「動物社会学」による反転は①〜⓪の層にまで拠点を深める。このとき確かに「相乗性」を「到るところ」に発見しうる、透徹した〈明晰さ〉に到達することができるだろう。しかし、おそらく④〜③、せいぜい②の層までの水準で他者との「相剋性」と「相乗性」の両義性に問題を発見し続けようとする「社会学」は、ここで置き去りにされてしまう。より根源的な層に立脚する「反転」は限りなく〈明晰〉だが、他者との「相剋性」に悩み続ける社会学を置き去りにして彼方へと飛翔していってしまう。

これをここでは「〈明晰〉の陥穽」と呼んでおこう。〈明晰〉なる反転が、〈明晰〉であるがゆえに生み出す陥穽。反転のための拠点が遠く・深く・ラディカルであればあるほど、自明性の世界を止揚するユートピアを構想する力を備えるが、現実を批判する機能を失ってしまうかもしれないという落とし穴。見田＝真木は「外部」にアルキメデスの支点のような拠点を発見し、自明性の世界の図と地を一挙に反転する。だがこの「反転のラディカリズム」は、他者との相剋性に悩み続ける私たちをときに通り越してしまう。とくに、一九八一年（四四歳！）の『時間の比較社会学』で「ニヒリズム」、一九九三年（五六歳！）の『自我の起原』で「エゴイズム」という自らの「原問題」への〈明晰〉な解決に到達して以降は。

この「〈明晰〉なる反転」のラディカリズムに対して、同じ一九九三年（七一歳！）の作田が切り開いた地平はどのようなものだったのだろうか。最終節ではこれを検討していきたい。

5. 残余のラディカリズム――『生成の社会学をめざして』

【1】「定着の世界」と「生成の世界」
生／死／別離・独立

作田啓一が一九九三年に刊行した『生成の社会学をめざして――価値観と性格』は、「生成の社会学（sociologie de devenir）に向けての一つの序論」であり、すでに述べたように「「生きていること」自体の経験を大事にしている人々に捧げられ」た本である（作田 1993:ii, iv）。作田は、本書を「完成した理論体系の提示ではない」と断りながら、第Ⅰ章で「生成の社会学」の方法論の論述を、第Ⅱ章で自我の発達の類型化を、第Ⅲ章で価値観と性格の理論を、第Ⅳ章では「権威主義的性格」という性格類型の解明を試みた、とする。彼は、「本書を通してポスト・モダンとは何かという問に対する一つの答えを用意したつもり」だと述べ、「超近代への志向は本書を支える価値観であると言ってよい」と記している（ibid.: ii-iii）。

見田＝真木が『自我の起原』で問うた原問題と疑いなく響き合うこの本を、著者自身は「議論の筋道をできるだけはっきり浮かび上がらせようと努めたから、一般の読者にも読みやすい本になっているのではないかと思う」（ibid.: iii）というが、本書は疑いなく難解である。たとえば『自我の起原』が到達した「透明に見晴らしのきく明晰の曇りのない回答」をここに見出すことはできず、読者の理解をわざと拒んでいるとさえ感じられる。

本書をどう読めばいいのか。『自我の起原』は宮沢賢治の到達した地点を継承し、「動物社会学」を拠点として「個我」のエゴイズムに対する反転を試みた。本書で「個我」にもっとも近い概念は「独立我」（【2】で見る）であり、ルソーの議論を引き継いでいる論点も多い。たとえば宮沢賢治と同じ位置にルソーを置いて、作田がルソーからなにを継承し、どのような拠点に立って「独立我」をいかなる像へと反転させるかをとらえ返してはどうか。――しかし、答えを先取りするならば、本書で作田は「反転」しない。見田＝真木が示した「〈明晰〉なる反転」とは異なる態度で、同じ深度の問いに対峙し続けるのだ。

「生成の世界・定着の世界」と題された第Ⅰ章を見てみよう。作田はまず、本稿冒頭でも記したように、「制度の学」と「人間の学」を対比する。前者は「制度が人間を作る」という考え方であり、「人間の行動の大部分は制度的に拘束されている、と見る〈定着の論理〉」により人間の行動を巧みに説明する。このアプローチはデュルケムやマルクスに代表されるが、社会学者はこれを微に入り細を穿って限界に達するまで探索してきた（ibid.: 3）。

作田は「人間が制度を作る」とする〈人間の学としての社会学〉が、〈制度の学としての社会学〉に「とって代わることができるとは考えていない」と明言する（つまり本書は「人間学」に反転しようとはしない！）。ただ制度の学で「これまで見逃された側面」に光を当て、「社会学の新しい可能性を探ってみたい、と考えているにとどまる」と控えめに述べる。そして、「無意識が制度によって作られる」と考えたマルクスに対して、「無意識は人間の理性によってはとらえられない欲動（Trieb）に根ざしている」とするフロイトをこのアプローチの代表者とし、N・O・ブラウンの考察も参照しながらその探求を追っていく（ibid.: 3）。

フロイトからまず引き出されるのは「生の欲動」である。これは刺激物も対象も固定していない「いろいろの要素を結びつけて統一体を作る欲動」で、「エロス」とも呼ばれる。「たとえば、微小な生命要素が集まって細胞を作り、細胞が集まって器官やさらには有機体を作る。個人が相互に牽引し合うのもこのエロスの働きである」（ibid.: 4）。真木がいう「〈性〉の自己裂開性」ないし「相乗性」と近似したものを論じているといってよいだろう。

しかし作田はすぐに、フロイトはこれに対抗する「死の欲動」（タナトス）をも仮定した、という方向に論を転ずる。生の欲動が諸要素を結びつけるのに対し、「死の欲動は諸要素を相互に引き離す働きをする」。これは、個体を全体から引き離し、子どもを母親から（あるいは究極の生命から）引き離す「別離の欲動」である（ibid.: 5）。作田は、フロイトは「人間は他の動物と異なり、本性上矛盾を内蔵する生物である」と確信し続けたため、二元論に固執して「生の欲動・対・死の欲動」の図式に到達したという（ibid.: 5-6）。動物では種の存続（一体化の欲動）と個体としての自己保存（別離の欲動）が調和しているが、人間では生の欲動が肥大化しており、そのままでは自己保存の力が失われるため、個体が巨大なエロスに飲み込まれて独立性を失わないように死の欲動も肥大化する。だから、人間は種の一員としての限界を超えて「個体」として情熱的に生きようとし、愛を求め、かつ独立を求める（ibid.: 6-8）。こうして、エロスは肥大化し、タナトスも肥大化する。

だが作田はさらに、このフロイト＝ブラウンの図式を修正し、作り替える（まるで「罪・対・恥」の物差しをそうしたように！）。作田は「別離・独立の欲望」（タナトスとされたもの）のなかに「〈原則規準〉と超越志向の根拠」を見出し、「結合」（エロス）が水平面での広がりなのに対してこれを垂直線上の上昇ととらえる（≒ルソーの「第一の自己革命」における〈超越〉志向）。これは「死の欲動」から独立しうるもので、生とも死とも中立的なものであり、どちらにも加担しうる。作田はフロイト＝ブラウンの二元論とは異なって、「生への傾向、別離・独立の傾向、死への傾向」の三極構造を仮定する（ibid.: 11-3）。

「別離・独立の傾向」は一方で「死のサイド」に属する。作田は、ミンコフスキーがいう緊張の続いた目標達成のあとの休息としての「内在する死」と個人に外部から襲いかかる死を知性によって予測する「通過点の死」の区別を踏まえながら、「通過点の死」を恐れ個体の不滅を願う傾向を〈死からの逃走〉と呼び、全体単位のエロスから見ればタナトスととらえられるとする。しかし「別離・独立の傾向」は、個体単位から見れば「個体が独りで自己の現状を超え、自己の完全化に向かう傾向」であり、「自己超越のファウスト的傾向」である。作田はこれを「生のサイドに属する別離・独立の傾向」として「〈自己完全化〉の傾向」と名づける（ibid.: 19-23）。こうして、「別離・独立」は生とも死とも結びつく。

「別離・独立の傾向」は〈超越〉志向へと垂直に上昇するものであり、かつ生（エロス）とも死（タナトス）とも結びつく。きわめて粗雑にいうならば、二元論的にAからBへと反転するのではなく、AとBとCのあいだで引き裂かれたり揺れ動いたり、それらの力が重なったりする三極構造が発見される。この態度は、本章後半でフロイト＝ブラウンの「精神分析的自我理論」をベルクソン＝ミンコフスキーの「現象学的観点」によってさらに修正しようとするときも同様といっていいだろう。そこで議論の跳躍点となるのは「溶解体験」（≒ルソーの「第二の自己革命」における〈浸透〉志向）である（ibid.: 24）。

溶解体験と生成

フロイトは『文化への不満』でロマン・ローランの「太洋感情」を引いて、自我と外界との境界が溶け去り、自己が無限へと拡散し自己のなかに無限を感じる体験を論じている。フロイトは自我と外界の「境界の不在あるいは喪失」ではなく「境界の移動」を語ってしまうが、『文化への不満』の引用は個々の身体を超えた無意識の所在としての「超身体」を語っており、超身体のリアリティを認めるなら自我境界は最初から存在しない（ibid.: 24-7）。

風景に見入って絵筆を動かす画家、馬を疾走させる騎手、ピアノを演奏するピアニストなどの体験は、自分と対象が一体不可分であり「経験される全体が持続していて、分割が不可能」という特徴をもつだろう。体験は「生成（devenir）の世界」で生起する。しかし、これを「知性の言葉」で語ろうとすると「分割（division）の論理」によって全体を部分の集合に置き換えてしまい、経験をとらえそこなう。「分割の論理は定着の論理といいかえてもいい」（ibid.: 27-30）。ベルクソンは定着・分割の論理が最もあてはまるのは物質界だと考え、科学が対象とするのにふさわしい世界であると考えた（ibid.: 30）。これに対して感情の世界は定着の論理でとらえることは難しく、「生きているということはそういう感情の流れの中を漂うことにほかならない」（ibid.: 31）。

では、「生成の世界」をいかにしてとらえればよいのか。ある所与のリアリティについて生成の論理・定着の論理の両方を適用できるということ、近代世界では後者が支配的になったことを確認しながら、作田は次の比喩を用いる（ibid.: 32-3）。生命は絶えず動くものだが、これを「概念というフィルムの一こま一こまに投影」すると「生命の影としての概念を通して生命を間接的にせよ研究することができる」、そして「これしか科学的研究はありえない」(ibid.: 34-5)。これに対して、「生成の論理である直観的思考方法は概念を構成しないから、動く生命について共通の言語で語ることはできない」のであり、ベルクソンは「音楽のメタファーに頼るほかはなかった」。科学は、「生成の世界を定着の概念により影としてとらえたうえで、その影から生成のリアリティを構成し直すほかはない」。ただし、そのリアリティは「影」にすぎないものであることを銘記すべきである(ibid.: 35)。

このあと作田は「溶解体験」をイヨネスコの長大な引用によって再現する(ibid.: 37-41)が、そうしたテクストはルソーや宮沢賢治のそれによって本稿ではすでに馴染みのものだろう。本章最後に作田はこう記す。「制度は動かないものである。経験は動くものである。動くものとは正体不明のものであり、これを動かないものに還元して説明する時、人は安心できるのであり、そしてこの安心が科学の名において正当化される」(ibid.: 45)。

ここまでを振り返ったとき、多くの人は見田宗介=真木悠介のテクストとの共通の論点を見出すだろう。自我と他者を結びつける誘惑と自己裂開性、個我から脱して自然と結びつく「存在の祭り」、他の生命たちと合流する明るく楽しい根源への出口。「定着の論理」と「生成の論理」の対照を、概念で世界を理解し自我の安定を取り戻す〈トナール〉と、それを取り囲む存在の地の部分に到達する〈ナワール〉のそれに類比する人もいるだろう。

見田＝真木はこれらによって図と地を反転させ、「明断」（≒定着の論理）を〈明断〉（≒生成の論理）に描き換えた。そして『自我の起原』では個我の「エゴイズム」からの解放を達成した。では作田は？　繰り返すが作田は反転しない。「定着の論理」があらゆるリアリティに適応可能で記述性能が高く、「生成の論理」による把握がメタファーにとどまることを認め、前者によって見逃された後者のリアリティを探ってみたい、と示すにとどまる。エロスによって個我のエゴイズムから一挙に解放されるのではなく、それと矛盾する死のサイドがあり、別離・独立の傾向という第三極があって、これが生とも死とも結びつきうることを強調する。「明断」から〈明断〉へ／〈トナール〉から〈ナワール〉へ、ではなく、私たちは〈トナール〉も〈ナワール〉も生きることができるし、その両方を生きざるをえないこと、そのあいだには「矛盾」があること、さらにいえば「明断」から〈明断〉に移行することがいかに困難かを、丹念に何度も上塗りして描き直しているように見える。

この方法論的立場（?:）をもとに、作田は「人間の社会化の過程を素描したい」として（ibid.: 45）、第Ⅱ章「前自我・独立我・超個体我・社会我」に移る。これを急いで見よう。

【2】独立我／超個体我／社会我
自我発達の四段階

第Ⅱ章は「自己意識」と「自己認知」の区別から始まる。いまここにいる自己はほかの誰でもない自己であると感じる意識である「自己意識」を作田は〈内在する自己〉と呼び換え、八歳頃に確立するそれは意識の外側から研究できない、とする。これに対して、「鏡に映る自己」に代表される「自己認知」は一歳半から二歳の子どもでも可能であり、両者を混同することはできない。なぜなら、自己意識は「生成の世界」の出来事であり、自己認知は「定着の世界」の出来事であるからである（ibid.: 47-9）。

この議論は、G・H・ミードの「I／Me」論に次の解釈を導くと作田はいう。「Me」は制度のなかでの役割を他者に期待された自我の側面だが、「I」はこの「定着の世界」とは位相を異にする「生成の世界」の自我を概念化するものである。「I」は川の流れに似て連続しており分割できない。その喜びや悲しみ、希望や絶望は外からどうカテゴリー化されようとも〈私〉の喜びや悲しみ、希望や絶望であり、〈私〉ひとりの一回限りのものである。「内在する自己」である「I」が「通過点の自己」となるのが「Me」と理解すればよい（ibid.: 50-2）。

さらに作田は、これに対応して「他者」を類型化する。第一類型は「定着の意味をもつ他者」であり〈監視する他者〉と呼ばれ、第二類型は「生成の意味をもつ他者」であり〈育成する他者〉と呼ばれる。〈監視する他者〉は期待する役割に私を縛りつけようとすると感じられるが、〈育成する他者〉は自己の成長のルールを発見し、それに則して自己を成長させようとする。「Me」の概念だけを想定するとき、他者は〈監視する他者〉ととらえられ、社会学はそう考えがちだった（ibid.: 51）。しかし〈育成する他者〉と出会うとき、「人は自分という存在が許容されていると感じ、それまでの自分自身の定義以上のものであるとも感じ」て、自分の可能性や未来を感じることができ「I」を確認できる（ibid.: 56-7）。

以上のいわば「ふたつの自己／ふたつの他者」論は、前章の「定着の世界／生成の世界」の議論を引き継いでじつに明晰に（?）展開されたものといえるだろう。ただしここでも作田は、「Me」から「I」へ／〈監視する他者〉から〈育成する他者〉へ、と反転する論じ方はしない。私には「Me」と「I」があり、この両方を生きている。それを見る他者には〈監視する他者〉と〈育成する他者〉の二種類があり、まるで「羞恥する私」が矛盾する他者のまなざしに晒されていたように、ふたつの他者の視線が交錯する地点に私はいる。

以上を踏まえて、自我の発達段階、社会化過程はどう論じられるだろうか。作田は四つの「自我」の段階を素描する。その第二・第三・第四の段階が、自我の三極構造を形作る。

第一は主客未分の胎児・新生児・幼児の段階であり、作田はこれを「前自我」と呼ぶ。シャハテルのいう「第一次自分中心性」に従って、あらゆる客体は自分の欲求を満たすか、快感を与えるかという観点から位置づけられ、母子一体性の世界に安住する快感に代表される「埋没性情動」をかき乱す刺激は不快感とともに拒否される。そして、知覚にかんしては自己と外界との境界は存在しない（ibid.: 58-60）。

第二は「独立我」と呼ばれる。人間は生後六か月以降自他未分の状態から離脱していくが、母子一体化のエロスの世界に安住した個体は弱くなり過ぎるので、個体をその世界から別離・独立させる力が働く。この自我は外界の客体に働きかけそこからの刺激によって「活動性情動」が満たされる。この情動はシャハテルのいう「対象中心性」の段階に対応し、生後六か月以後に始まり思春期において頂点に達するが、作田は八歳ごろから「独立我」が始まるとする。「独立我」は、〈私〉はここにあり、あれはあそこにあるという自己意識、あるいは「I」が存在するという意識とも対応する（ibid.: 61-4）。

「独立我」が、ルソーの「第一の自己革命」で抽出された〈超越〉の次元と対応するのは明らかだろう。そしてこの自我は、「定着の世界」と「生成の世界」のいずれともかかわる「二重所属」の性質をもつ（ibid.: 74）。これは一方で「定着の世界」にかかわり、〈規範の受容〉と〈死からの逃走〉という二特性をもつ。〈規範の受容〉はとくに親の権威に対する従属によるが、普遍的に妥当する規範によって子どもは親に抵抗できるようになり、親からの独立をもたらす（ibid.: 71）。また、〈死からの逃走〉は、自分が生き物であるかぎり死ぬということを知った子どもが、個体としての不滅を求めるものであり、「独立我」がもつ「別離・独立の傾向」の「死のサイド」に属する（第I章で既述）とされる（ibid.: 72）。

他方で「独立我」は「生成の世界」にもかかわる。そのひとつは独立の個体としてより以上の生を追求しようとする「自己完全化」「自己超越」の傾向であり、「I」として生きていること自体から生まれる（ibid.: 74-5）。もうひとつは重要な他者（とくに母親だが、母親だけではない）との同一化の欲望による〈発達同一化〉である。〈規範の受容〉がモデル＝〈監視する他者〉への恐れからモデルの特徴を取り入れようとする〈防衛同一化〉なのに対し、〈発達同一化〉は愛する他者＝〈育成する他者〉と一体化しようとする（ibid.: 78-80）。

第三の自我は「超個体我」である。これは「対象中心性」を特徴とし、対象の一部しか知覚できない「自己中心的関心」をもつのではなく、対象の全体に関心をもちそれを知覚しようとする。その経験が「溶解体験」だが、作田はとくに「他者の一つの言葉、一つの表現を通じて他者の全体を知覚し、その他者の全体に自己の全体が溶け込むかのような共感」という溶解体験を「愛の体験」と呼ぶ（ibid.: 91）。さらにこの自我は対象から、それに浸透し振動する生命、存在を直接的に知覚するようになる。この「個体の限界を超える」自我を、作田は「超個体我」と名づける（ibid.: 93）。これは、ルソーの「第二の自己革命」での〈浸透〉の次元と対応する。そして完全に「生のサイド」、「生成の世界」に属する。

第四の自我は「社会我」と呼ばれる。一般に思春期が終わるころから「第二次自分中心性」が優位を占めるようになる。「第一次自分中心性」は自他未分の快感を守ろうとし、対象を脅威と認知するが、「第二次自分中心性」は主客を明確に分化し、利用・操作可能な仕方で対象の一部分・一側面に志向する態度で、客体を利用・操作することにより積極的な自己防衛を試みる。そして「もはや客体それ自体に対して純粋な関心をもたない」（ibid.: 96）。

第二次自己中心性は人間の社会が親、教師、同輩集団、マス・メディアを通して子どもに押しつけるものであり、第二次中心的な自我は「文化」の保護作用のもとで安全を保ち、周囲の人から支持・保護される。シャハテルはこれを「第二次埋没」と呼ぶ。自己中心性が人々に分有されて、文化への同調圧力の源泉となり、これへの第二次埋没に安住する自我が「社会我」である(ibid.: 98-9)。ルソーが「自己革命」以前に、他者と比較・同調し、〈手段としての有効性〉を基準に自己保存のため〈防衛〉の次元を生きていた姿と同様といっていいだろう。この自我はいうまでもなく「定着の世界」、「死のサイド」に所属する。

「独立我」、「超個体我」、「社会我」。仮に「エゴイズムからの解放」という原問題を〈明晰〉に解決しようとする見田＝真木がこれらの自我類型を手にしたとしたら、いかなる「図と地の反転」を敢行すると想像されるだろうか。——作田啓一は、これらの類型を以下のような議論へと展開していく。第Ⅲ章の内容も含め、大幅に省略しながら紹介しよう。

配分と組み合わせ

第一。自他未分の「前自我」に貯蔵されていた生命エネルギーは、生後六か月くらいから、「独立我」「超個体我」「社会我」の自我の三相に配分される。「独立我」が確立するのは八歳くらいであり、その後生涯にわたり恒常的な流出量でエネルギーの配分が続く。「超個体我」へのエネルギー配分も八歳くらいから顕著になり、思春期まで高い水位を維持するが、その後は著しく制限されてゆく。「超個体我」にかわり、思春期以降「社会我」へのエネルギー配分が顕著となり、以後水位を高めてゆく(ibid.: 101-2)。

また、「独立我」は〈自己完全化〉〈発達同一化〉という生成あるいは生のサイドと、〈死からの逃走〉〈規範の受容〉という定着あるいは死のサイドの両面をもつが、そのどちらが強くなるかは「独立我」がどの自我と結びつくかによる。「独立我」が「超個体我」と結びつくと「独立我」の生成のサイドが強化され、「社会我」と結びつくと定着のサイドが強化される（ibid.: 103）。このように、「独立我」「超個体我」「社会我」は、どれかからどれかに反転するというよりも、ひとりの人のなかで同時に存在し、比重を変え、結びつく。

第二。本章末で作田は「超個体我のその後の運命」を論じる。彼はベルクソンの『道徳と宗教の二源泉』に依拠しながら、共同体の保存のために知性によって規範が作られ、必ず外部に潜在的な敵をもつ「閉じた社会」と、個体を超えた生命の根源に発した「愛の躍動」によって結びつき、人類にまで広がる「開いた社会」を対比する（ibid.: 103-7）。前者では非人格的であるほど効力を発揮する「閉じた道徳」の規範と、死の予見がもたらす不安を鎮める虚構（〈死からの逃走〉としての「静的な閉じた宗教」が機能する。後者では神秘家の「招き」のような人格によって体現された「開いた道徳」と、生命の根源に達し自己と大きな存在の浸透を感じる「動的な開いた宗教」が機能する（ibid.: 108-12）。

ベルクソンがいう「閉じた社会」は「第二次中心的社会」と、「開いた社会」は「対象中心的社会」と重なる（ibid.: 111）。いいかえれば、「閉じた魂」は「社会我」と重なり、「開いた魂」は「超個体我」と重なるといえるだろう。ベルクソンがあげる「超個体我」をもった神秘家たちは大人であり、「独立我」が現状を超えようと上昇するのと結びついて「超個体我」もまた成長していく。こうして、対象中心的な知覚をときたま経験する「超個体我Ⅰ」から、「社会我」より後に来て、対象中心的な態度を形成し終え、対象中心的な知覚を不断に経験する自我へと成長したものを作田は「超自我Ⅱ」と呼ぶ（ibid.: 115-7）。

第三。「独立我」「超個体我」「社会我」は、第Ⅲ章「価値観と性格」で三つの価値観に置き直される。独立我＝別離・独立の傾向＝原則価値観、超個体我＝対象中心性＝共感価値観、社会我＝第二次自分中心性＝有用価値観（ibid.: 136）。この三つの価値観は、作田が『ルソー』で製錬した類型とそのまま重なる。「有用規準」は、〈手段としての有効性〉の見地から特定のものを選ぶ行為選択であり（ibid.: 124）、〈防衛〉志向と重なる。「原則規準」は、行為者がコミットする原則に適合しているかどうかによる選択であり（ibid.: 124）、〈価値の一貫性〉、〈超越〉志向と重なる。「共感規準」は、行為者が他の生命体との共感を求める「対象中心性」に固有の欲求であり（ibid.: 126）、〈感情的直接性〉、〈浸透〉志向と重なる。

そして作田は、A有用志向、B原則志向、C共感志向を性格の構成要素として組み合わせ、性格の類型論（！）を展開する。三つの志向≒社会我・独立我・超個体我は「別々の自我ではなく全体として自我の三側面」であるから、これを組み合わせることに理論的根拠はある、というのだ（「反転」ではなく「組み合わせ」！）（ibid.: 140）。たとえばA＞B＞C（A'B型と略記）、A＞C＞B（CA'型）はどの社会でも多数派を構成し、前者は「エリート」、後者は「庶民」という言葉でイメージしやすい。AB'型は理想と現実の葛藤で苦しみ、少数派のBC型は芸術家に多い（うちBC'型はゲーテとトルストイに代表される「自然の貴族」（自己充足を特徴とする）、B'C型はシラーとドストエフスキーに代表される「精神の貴族」（自己否定を特徴とする）である）。学生運動はB'C型に担われたが、やがてAB'型さらにはA'B型になっていくのが大人がたどる普遍的コースである、などなど（ibid.: 141-57）。

これを見て奇妙な印象を抱く人も多いだろう。ここで作田は三つの基準を組み合わせて分類をしている、つまり「分割（division）の論理」「定着の論理」の側にいるようにも見えるのだから。少なくとも作田は「生成の論理」を拠点として反転することはしない。反転しないで、自分で作った物差しを組み合わせることによって人間の可能性をひとつひとつ吟味し、類型の隙間を見つけ、埋めていく。さいしょのシンプルな物差しを、類似する概念に何度も鋳直し、矛盾するものを組み合わせて複雑化させていく。作田はつねに「残余」を掬い上げようとする。そのために何度も何度も概念の物差しを作り直していく。

【3】「こぼれ落ちるもの」の探求

残余のラディカリズム

作田啓一は『深層社会の点描』（のちに『仮構の感動』）に収録した一九六七年の「ノンフィクションの精神」で、ヴェーバーの理念型を例に概念と現実の関係について次のように論じている。「コンセプションと現実との合致の信念」はヘーゲルが大胆に表明して以来人文・社会諸学に共通の前提となってきたが、ヴェーバーの理念型もこの前提の上に立つ。彼は理念としての合理性をモデルとして「現実の社会や人間がどれほど隔たっていても、偏倚は偏倚としてそれなりに明確に位置づけを与えることができる」と考えた。どんな合理主義者も合理性の枠組みによる認識が現実すべてを覆いうるとは考えなかったが、偏倚は「認識者の理解をまっこうから拒絶する謎」を意味するわけではなかった。「認識の網から多くのものがこぼれ落ちる。しかしそれらは、どうしても解かなければならない謎としてみなされていなかった」。合理主義者は「未知のもの、常ならぬものを理解すること」で自分の同一性が根本的に覆るとは考えなかったからだ（作田 1967→1990:144-5）。

これに対して、作田は「今日では、多くの人びとが、自分の同一性を見失っている」と述べる。同一性とは自分の本質への定義であるが、「違った定義をすれば、別の人間なのだ」。だが、ほんとうの自分とはなにか、自分は「クラター家を襲った殺人者」（ここで紹介しているノンフィクションの事例）にもなりえていたのではないか。「フィクションを設定し、それを道具として世界を認識するためには、そのフィクションの中での自己の位置を確実に知っている必要がある。自己の同一性に関する自信がなければ、人はフィクションに頼ることはできない。その信念を失う時、人はフィクションを棄てる」（ibid.: 145）。

おそらく現実を理解するための理念・概念・フィクションを設定するとき、一方にはそれによって全体を認識し、位置づけ直す態度が存在する。たとえば「殺人者」という非合理な存在をまえに、それをなんらかの合理的な枠組みによって「明晰の曇りなく」理解する態度があるだろう。それまでの図式ではとらえ切れなかった非合理性までも包括しうる合理的図式を構築し（「理論の力」！）、それを拠点に現実の「図」と「地」を一気に反転させる。こうした「反転のラディカリズム」が一方にある。

他方、そうした理念・概念・フィクションによる認識の網から「こぼれ落ちるもの」があり、それをいつも発見・探求しようとする態度がある。この態度は世界を認識する物差しとしてのフィクションからこぼれ落ちる「謎の深淵」「謎の空白」（ibid.: 143）を「どうしても解かなければならない謎」として発見し続ける。たとえば「殺人者」を理解するための合理的枠組みを作り出すが、それではとらえられない「謎」を見つけ出してしまう（私も殺人者になりえたのではないか?）。合理的な図式からこぼれ落ちる非合理的隙間を探求し続ける「残余のラディカリズム」とでも呼べる態度が、もう一方にある。

『生成の社会学をめざして』の作田は、後者の態度をつきつめているように思う。さまざまな二元論的構図を手にしながら、それとは別の第三極を見出す。それによって元の構図を反転させるのではなく、その第三極が元の二極と結びついたり矛盾したりする理路を追跡する。たとえば「独立我」は〈超越〉志向をとりながら、「超個体我」の〈浸透〉志向、「社会我」の〈防衛〉志向と結びつく。あるいは、「エロス」や「溶解体験」を拠点にしてこの全体像が反転することはない。これは、「罪・対・恥」の図式をふたつの視線の交錯で生まれる「羞恥」によって書き換えた「恥と羞恥」でも、ルソーのテクストから〈防衛〉〈超越〉〈浸透〉を抽出しつつ、彼が水平関係を思考できなかったとして「自己革命」からこぼれ落ちるものへの違和感を表明した『ルソー』でも、そうだっただろう。作田はいつも「どうしても解かなければならない謎」を概念の物差しからこぼれ落ちる「残余」として発見し続け、「謎の空白」をとらえうる物差しを選び直し、作り直し続けたのではないか。

権威主義的性格またはヒトラー主義者

『生成の社会学をめざして』第Ⅳ章は四〇ページに満たない短い章だが、「権威主義的性格またはヒトラー主義者たち」と題され、ナチズムを支持したドイツ下層中産階級の社会的性格が扱われる。フロムやアドルノが研究したこの性格の特性は権威主義的な攻撃性と服従性であり、一方で服従者が無力感に陥っており、それを逃れるために強迫的に強い権威と〈防衛同一化〉するという非合理性をもち、他方でこの同一化で強者を装った服従者が自分より弱い者を攻撃する（作田 1993:179）。この性格はいかにして生まれたのか。

ここでも作田は四つほどの物差しを当てていく。第一の物差しは、ヴェーバーが描いた「ピューリタン的近代人」の理念型である。天職に没頭することが救済の証と考え、快楽を避け営利の追求をめざしたピューリタンは、人間全体として生きることより「神の道具」として部分的に生きることを選ぶ。作田はこの性格を、「グノーシス的二元論」のプロテスタンティズムによる編成替えと関連させてとらえる（ヴェーバーにはない物差しだろう）。グノーシス的二元論は、善は善神、悪は悪神に帰属させる思想で、カトリックからは異端とされたが、地上の肉体を嫌悪し天上の精神の生活に憧れる傾向としてカトリックにも残された。だがプロテスタンティズム、とくにピューリタニズムは天上の「超越界」の具象的なイメージを一掃し、超越界での救済を否定した。その空白を充填したのが世俗的成功で、これは「勝者の哲学」であって、「他人に打ち勝つことを目標にし、世界を機械のように整理し、自己を徹底的に管理する要請」を民衆にも押しつける（ibid.: 180-2）。

作田はこれを「地上から天上に向かう垂直の線が横へ傾き、水平の線と重なりそうになった」と表現する。ただし当時のプロテスタントには世俗的成功への罪悪感、劣者も憐れむべきとする信念があり、水平線には重ならずその差分を「祈り」が埋めた。これに対しヒトラー主義者では、超越的普遍主義的な神の存在は無視され、世俗界での幸福があれば十分で、「祈り」の必要などない。つまり原則規準（B）は弱化し、有用規準（A）が強化されて、垂直線は完全に水平線と重なる。ピューリタン的近代人は〈超越〉志向をもつAB'型だが、ヒトラー主義者は〈防衛〉志向が最強のA'B型なのだ（ibid.: 183-4）。このように、本書が鍛えた三つの価値観の物差しが、まず当てられる。

第二に作田は、強い攻撃性を伴った反ユダヤ主義、少数者や無力な者への「権威主義的攻撃」

を、ヒトラー主義の「指導者」と「追従者」に分けて論じる。第一次世界大戦の敗北はドイツ下層中産階級に「方向感覚のトータルな喪失」と「絶滅あるいは奴隷化の恐怖」からなる「災害症候群」をもたらし、「根こぎ」の感覚を生んだ。このとき伝統的・保守的なカイザーライヒへの回帰を求めたのが追従者たちであり、彼らは有用規準（A）を追求する「俗物型」だった。これに対し指導者たちは悪の根源をユダヤ人に求めて根絶やしにしようとし、同調しないイギリスやアメリカという民族の外の悪も倒そうとする。彼らは原則規準（B）に忠実な「プロメティウス型」で、理想を果たすために現実を乗り越えようとする。だが「あらゆる防衛は自己保全を目的としているから有用価値（A）の追求」であって、原則志向のエネルギーは垂直線ではなく「ゲルマン種族対ユダヤ種族という水平的二分法」に拘束され、外敵を滅ぼして自己を防御する有用価値に従属することになる（ibid.: 185-90）。

ここで作田は、ベルクソンから「仮構機能（fabulation）」（≠フィクション！）という物差しを導入して議論を展開する。反ユダヤ主義の偏見が「自我の防衛機制」として作用するようになると、人は「受け入れることのできない現実に代わる仮構を採用し、これをもって無力となった自我を支える」ようになる。第一次大戦後の「災害症候群」は現実には反ユダヤ主義とは無関係なものだったが、世界を「善＝ゲルマン種族／悪＝ユダヤ種族」の戦場と見るグノーシス的二元論の「仮構」による別の解釈で自我防衛を果たそうとするのだ（ibid.: 190-2）。「幸福になるためには自分たちを絶滅させ、あるいは奴隷化しようとする劣等種族を打ち倒すほかない」（ibid.:

193）。この「黒白二分法」による仮構が「内省から生じる懐疑を抑圧し、タフな行動力を身に着けさせる」（ibid.: 193-4）。

では、犠牲者の心身全体を殲滅する「破壊性」はなにに由来するか。作田は第三に、フロムの『破壊』から「ネクロフィリア（死せるものへの愛）／バイオフィリア（生命への愛）」の対概念を引いて物差しとする。これが、第I章以来の「死のサイド／生のサイド」と対応するのは明らかだろう。フロムによれば「人間は生物学的にバイオフィリアの能力を与えられている」が、なにもできず誰をも動かす力がないとき、虚無の感覚から逃れるには「生命を破壊するという行為」で自己を主張するしかない。作田は、「生きられなかった生命が生命自身へ向かって攻撃を試みる」ネクロフィラスな破壊性は人間固有のものだと言明する（ibid.: 204-5）。そして、「バイオフィリアは超個体我の属性であり、ネクロフィリアは社会我の偏曲した属性である」という。「独立我」は「超自我」に結びつくときバイオフィリアの面を、「社会我」に結びつくときネクロフィリアの面を見せる（ibid.: 206）。

ピューリタン的近代人の「独立我」がもつ垂直線上に上昇する〈超越〉志向が、世俗的成功のみを目的として水平方向の〈防衛〉志向に重なる（第一の物差し）。「災害症候群」をまえに、原則価値による自己防衛が反ユダヤ主義の「仮構」と結びつく（第二の物差し）。バイオフィリアが阻害され、ネクロフィリア（＝死のサイド）の破壊性による自己主張をせざるをえなくなる（第三の物差し）。こうして形成されたヒトラー主義の社会的性格は「自己防衛」＝「有用価値」を至上の価値として組み立てられ（水平方向）、「超越価値」（垂直方向）はこれに従属し、挫折する。――ではもうひとつの反有用価値となりうる「共感価値」はどうなのか？　この第四の物差しについてはごく簡略に触れるなら、作田は、ヒトラーもゲッペルスも芸術を愛好したが、彼らにとって芸術は政治のための手段にすぎず、「共感価値」もまた「有用価値」に従属していた、と指摘する（ibid.: 209-10）。

このように、作田はこの本で製錬した物差しと、ヴェーバーやフロムが形作った理念型を、「ヒトラー主義者」という現実に矯めつ眇めつ当ててみてその性格を理解しようとする。一方でそれは、「有用価値の優位化というピューリタニズムの衰退過程」に位置づけられ、「二〇世紀の近代人の姿」そのものである。他方それは、「災害症候群に伴う対外的防衛と対内的防衛のメカニズム」によって特異なまでの非合法性を帯びており、この面では「反近代的」である。そして、有用価値を優先する近代人がなんらかの要因で防衛メカニズムを発動させるとき、「権威主義的性格」はいつでも現れうる「普遍性」をもつ（ibid.: 211）。

さらにこぼれ落ちるもの

ところが作田は、ここで終わらない。ヒトラー主義者を測定したあと、最後にそれから「こぼれ落ちるもの」を論じようとするのだ。それは「日本人の中の権威主義」である。西欧と日本は歴史的・文化的に異なった背景のもとで近代化しており、「詳細な検討を加えるまでもなく……

ピューリタン的近代人やヒトラー主義者そっくりの日本人がいるはずがないことは断言できる」（日本人は「近代人」から「こぼれ落ちる」！）。グノーシス的二元論は日本の伝統にはないし、日本人の超越志向は西欧とそれと異なるので、権威主義的な性格にも差異が見られるはずだ。日本では仏教の影響で彼岸への信仰は広がったが、現世をトータルに悪と見るような超越志向は育たず、滅びを自然に任せて待つ「消極的ペシミズム」に傾いた。だから、有用価値の優位が進むと、現世の権力・権威・多数にナイーブに同調することで物質的・精神的な自己利益を保全する傾向が強まっていく（ibid: 212-3）。

作田は、こうした同調には第Ⅲ章で述べたCA'型とA'B型があるとし、自己利益＝「有用価値」と相互作用の場に緊張を生みたくない「共感価値」が結びつくのが前者だが、自己利益の追求を「超越志向」によって正当化する後者のほうに権威主義的性格が見出せる、という。多数派は「服従することが自己利益だから」集まっているのかもしれないのだが、「権威主義的人間は、多数派が正しいがゆえに多数派を構成するにいたったと見るから、その多数派にくみすることは正しいと判断する」（ibid.: 213）。ここで作田はこう述べる。「多数派＝善、少数派＝悪の黒白二分法に立ち、世界を単純化し、紋切型に考え、内省性に抵抗することによって、自我の内部の諸力が矛盾し合う葛藤から免れることができる」（ibid: 213）。こうすることで多数派は、制度からの拘束（≒定着の論理！）と内部の自発性（≒生成の論理！）を衝突しないようにできる。「制度と感情のあいだにずれのない生き方ができれば、どんなに楽かを、どの社会の人々もよく知っている。ただ、どの社会も両者のあいだに多少ともずれが生じるように作られている。だからこそ、そのずれを埋めようとして、どの社会においても世界の単純化、紋切型思考、反内省性といった権威主義的性格の諸特性が形成されるのである」(ibid.: 213)。この性格はあらゆる社会で再生産される。「それゆえ、これらの特性は、断片的にあらゆる人々に内在している、と見なければならない。……もし、これらの特性の内在をみずから意識せず、自分は権威主義的性格とは無縁であると信じる人がいれば、その人自身が世界を黒白に分ける二分法的思考にとらわれており、したがって権威主義的傾向の持ち主であるということになる」(ibid.: 214)。

ここで作田は、「ずれ」を埋めようとする思想を厳しく批判しているといえるだろう。「こぼれ落ちるもの」があり「残余」がある。それをふたつに仕切ってしまう「二元論」や「二分法的思考」、あるいは「定着の論理」は、「ずれ」を埋めようとすればするほど権威主義に陥ってしまい、ナチズムに見られたような破壊性やネクロフィリアを呼び寄せてしまう。こうした「二元論」や「二分法」はフィクションであり「仮構」であって、「〈防衛〉志向」のためにそれらは自己展開していく。擁護すべきは「ずれ」であり「残余」である。

そして作田は、この批判から「あらゆる人々」が逃れることを許さない。誰もが権威主義者になりうる、というより誰もが権威主義者の側面を有していて、自分はそれから自由と考えること自体が権威主義者の証拠である。このことに「外部」はない。なんらかの「外部」を拠点にして構図を反転させるのではなく、このあやうさの内部にしか人間はいられない(私は殺人者になりえたかもしれない！)。だから作田はいつも第三極の「こぼれ落ちるもの」を見つけようとする。「ずれ」や「残余」が私たちのなかにあることを探求し続け、そのざらざらした居心地悪い感覚をなくすことのほうがはるかに危険であることを、誰も例外とせずに呼びかけ続けるのだ。

この「残余のラディカリズム」による探求は、二〇一六年三月の彼の死まで途絶えることがなかったといっていいだろう。たとえば二〇一二年の『現実界の探偵』の序論で作田はこう述べる。「現実界の探偵はまた、犯罪行為の前後のつながりを切断する隙間にリアルが浮き上がるのを認めると共に、それ以外の諸状況においても、それぞれ隙間があり、そこにリアルが浮き上がるのを見届ける。つまり、彼にとって隙間一般が問題となるのだ。これを問題視するのが現実界の探偵と呼ぶことができる作家たちである」(作田 2012:12)。その死の直前に刊行された『記憶とリアルのゆくえ』に寄稿した「日本近代文学に見られる自我の放棄（続）」(二〇一三年初出)でも作田は、複数の人物のあいだの隙間、価値のあいだの両立不可能性の隙間、生の光と死の闇とのあいだの隙間、過去から現在に移るあいだの変化による隙間を詳述し、これらの「隙間にリアルが現れる」と論じている(作田 2013→2016:230)。

他者のまなざしのもと「〈怒り〉の陥穽」に囚われていたN・Nが『自我の起原』を目にしたらどう感じただろう、との反実仮想を記したが、複数のまなざしの交錯とずれにより「羞恥」を抱える人間が『生成の社会学をめざして』を読んだとしたらどう感じるだろう。この「残余のラディカリズム」はその人になにを与えるだろう。一九六〇年代の作田は「羞恥の共同態」に救済と連帯の可能性を見出したけれど、ここからどんな解放の契機を引き出すことができるだろう。――しかしそろそろ稿を閉じよう。本稿では「反転のラディカリズム」と「残余のラディカリズム」と呼んでみたが、まなざしの前に置かれた自我という地点から出発し、一九九三年の「自我の社会学」に至るふたりの社会学者の探求がなにを切り開き、なにを切り開きえなかったのか、その可能性と限界について本稿はいくつかのヒントを示しえたかもしれない。だが、彼らのそのあいだ・それ以降の多くの仕事は未検討である。それらをとらえ返す作業は、私たちを含む今後の世代に引き継がれることになる。

文献

真木悠介 一九七七a『現代社会の存立構造』筑摩書房。

―――― 一九七七b『気流の鳴る音――交響するコミューン』筑摩書房。

―――― 一九八一→二〇〇三『時間の比較社会学』(岩波現代文庫版)岩波書店。

―――― 一九九三『自我の起原――愛とエゴイズムの動物社会学』岩波書店。

―――― 一九九四→二〇一二「竈の中の火――『自我の起原』補注」、『定本真木悠介著作集Ⅲ』岩波書店、一九七-二一一。

見田宗介 一九七三→二〇一一「まなざしの地獄――尽きなく生きることの社会学」、『定本見田宗介著作集Ⅵ』岩波書店、一-六六。

―――― 一九八四『宮沢賢治――存在の祭りの中へ』岩波書店。

―――― 二〇〇六『社会学入門――人間と社会の未来』岩波書店。

奥村　隆 二〇一五「〈明晰〉なる反転――見田宗介におけるその拠点と陥穽について」、『現代思想』四三巻一九号、九七-一一三。

作田啓一 一九六七→一九九〇「ノンフィクションの精神」、『仮構の感動――人間学の探求』筑摩書房、一四〇-七。

――― 一九七二『価値の社会学』岩波書店。

――― 一九八〇→二〇一〇『ルソー――市民と個人』白水社。

――― 一九九三『生成の社会学をめざして――価値観と性格』有斐閣。

――― 二〇一二『現実界の探偵――文学と犯罪』白水社。

――― 二〇一三→二〇一六「日本近代文学に見られる自我の放棄（続）――リアルの現れる場所」、亀山佳明編『記憶とリアルのゆくえ――文学社会学の試み』新曜社、二二九‐六三。

いけにえ・憐憫・赦し

作田啓一と「戦後」

「父よ、彼らをお赦しください。自分が何をしているのか知らないのです。」（ルカによる福音書二三章三四節）

1．原罪といけにえ――BC級戦犯のケースから

【1】われらの内なる戦争犯罪者

石垣島ケース

作田啓一は、第二次世界大戦におけるBC級戦犯についていくつかの論考を残している。そのうち、高橋三郎との共著論文「われらの内なる戦争犯罪者――石垣島ケース」は、一九六五年八月に『展望』に発表され、一九六七年刊の『恥の文化再考』に収録されている。

日本政府が無条件受諾したポツダム宣言第一〇条にある「われわれの俘虜を虐待した者を含む一切の戦争犯罪人に対しては、厳重な裁判が加えられるべきものとする」との文言によって、戦後各地で戦犯裁判が行われた。「平和に対する罪」により罰せられたA級戦犯二五名を除くすべての戦犯がBC級戦犯であり、訴因の大部分は敵国俘虜・一般人・原住民の殺害・虐待・虐待致死などの人身に加えられた侵害だとされる（B級は犯罪の命令者、C級はその実行者ということになっていた）。BC級戦犯の数は五一六三名であり、このうち九二〇名が死刑に処せられた。作田らによれば、BC級戦犯への裁判はA級戦犯に比べると著しく粗略であり、人違いなどまったく

無実の人が処刑されたケースもあるがそれはごく少数で、訴因となんらかのかかわりがあって刑を宣せられた、という（作田 1967：79-80）。

戦後二〇年経って、ＢＣ級戦犯に対して「忘却」や「「折に触れて」の想起」という態度が広がっている。だが作田らはこれに「いら立たしさ」を感じる。それは彼らが「戦争犯罪が集合的人格のせいでも劣等な仲間のせいではなく、まさに私自身の中に内在する性質によって生じたとみなす立場」をとるからだ（ibid.: 77）。また、「進歩派」から戦争犯罪に強い罪責感が示されたりもするが、それには「「ほかならぬ私が罪を犯した」という実感がともなっていないように思われる」（ibid.: 76）。「その性質は戦後二十年経ってもあまり変わらず、私自身の中に生き残っているから、もし私が戦争犯罪をかつて犯さなかったように、今も犯していないのは、ただその機会に恵まれなかったためにすぎない」（ibid.: 77）。ＢＣ級戦犯は私だったかもしれない。作田らはこの立場から出発し、「事件がもつ異様な陰惨さが、私たち日本人の「ある深み」を露呈」（ibid.: 80）するという「石垣島ケース」を詳細に再構成する。

石垣島ケースとは、一九四五年四月一五日午前九時ごろ撃墜されて石垣島に降下した米海軍爆撃機の搭乗員三名が、同日夜に石垣島海軍警備隊により斬首・刺突によって虐殺された事件である。裁判は一九四七年一一月から翌年三月まで続けられ、最初の判決では被告四六名のうち四一名が死刑（無罪二名）、再審では一三名が死刑（無罪四名）、ＧＨＱの再々審で死刑が七名、終身刑一名、刑期四〇年が一名、三五年二名、二〇年一名となり、他は無罪となった。死刑判決を受けた七名（ＯＩ司令（大佐）、ＫＩ副長（大尉）、ＭＭ大尉、ＭＥ中尉、ＹＴ少尉、ＴＮ二等兵曹、ＭＦ二等兵曹）は、一九五〇年四月八日に処刑された（ibid.: 94）。

虐殺の経緯

虐殺は次のように行われた。海岸に降下した三名のアメリカ兵は逮捕され、午後四時過ぎまで取り調べを受けた（このときロイド兵曹の態度が悪く、警備隊トップのＯＩ司令は激怒した）。六時ごろＫＩ副長はＯＩ司令から「今夜飛行士を始末しよう」といわれ、ＫＩ副長はＹＭ少尉を呼んで処刑のための穴を掘らせた。ＹＭ少尉が部下のＹＴ少尉に捕虜の処刑を伝えると、彼は「処刑に一役買おうか」といい、ＫＩ副長から許可を得た。七時三〇分ごろ士官室でＯＩ司令が、ＭＭ大尉（別の隊の隊長で中国で斬首の経験がある）とＹＴ少尉が一名ずつ斬る、と述べ、もう一名は誰に斬らせようかと問うと、ＫＩ副長が「兵に突かせましょう」と提案、意見が一致した。八時三〇分ごろＭＭ大尉が到着し、ＯＩ司令が「処刑に加わらないか」と尋ねたところ、ＭＭ大尉は「はい、手本を示しましょう」と答えた。この二時間で「始末」の詳細が「以心伝心でなんとなく決まってしまった」（ibid.: 84-9）。

九時三〇分近く、捕虜が処刑場にトラックで到着し、テボ中尉がＭＭ大尉によって（処刑開始の合図もないまま）斬首され穴に落ちた。次いでタグル兵曹がＹＴ少尉によって斬首されたが、半分から三分の二ほどしか斬り込めず、数人の兵が穴に蹴り込んだ。約三〇分後にロイド兵曹が到着し、柱に縛られた。兵隊たちが拳や棒でロイド兵曹を殴ったのち、ME中尉が「教えられているとおりに一人ずつ突け、下士は誰か模範を示せ」と命令し、まずMF二等兵曹が進み出て刺突した。続いてTN二等兵曹が刺突、ME中尉が「次、次」と命令して兵隊たちは順番に刺突し、七〜八人目にME中尉が模範刺突を行った。刺突は四〇名から五〇名が参加して二〜三〇分続き、新兵が刺突を終えたところでME中尉が中止を命じた。将校下士官は自隊に戻り一一時過ぎにYM少尉が本部に戻ると、処刑場に行かなかったOI司令、KI副長はすでに寝ていたので、副長を起こして処刑終了を報告した（ibid.: 89-94）。

なぜ形式的な取り調べもきちんとした会議もなしに（一〜二日の考慮の期間を置くこともなく）、彼らは捕虜を処刑することに決めたのか。また、刺突のような残酷な方法を付け加えたのか。作田らは他の事例との比較から、ここには切迫した外的要因も異常な敵愾心・復讐心もなかったとし、この神経症的な反応には「内の集団の側」に理由を求めなければならないとして、この警備隊の年齢構成に注目する。OI司令は四八歳で着任したばかり、それまでの司令だったKI副長が二三歳で（他も四〇代と二〇代がジグザグに組織されている）このあいだに厳しい緊張が存在し、とくにOI司令はこの集団の連帯を維持するためのリーダーシップに欠けていて、つねに不安をもっていた。OI司令の性格も無力なものであり、裁判で「あなたは命令したか」と問われてほとんど「ノー」と答え、「自分の意のあるところを察して、部下が思うように運んでくれた」と供述する（ibid.: 96-8）。KI副長は若さと能力に自信をもっており、MM大尉とのあいだに友情もあった（ibid.: 100）。集団内の不安と緊張。

YT少尉の死刑執行人への志願はOI司令には意外なものだったが、若い予備少尉である彼が自らの威信に神経質になり、上にも下にも馬鹿にされたくなかったことが、捕虜を斬ることによって威信を示そうとする焦りにつながったのではないか（ibid.: 100-1）。そして、処刑を決めたOI司令も、刺突を命じたME中尉も、裁判では若い下士官が突いたのは自分が命令したためとは証言しなかった。この事件は被告側が団結していればOI司令が罪を認めて犠牲となるだけで終結するケースだったが、「被告側がほとんど支離滅裂に分裂」しており、だから処刑に関与した若い下士官たちも死刑判決を受けることになった。そして、この「被告団の不統一」こそこの事件を生んだ究極の原因ではないか、と作田らはいう（ibid.: 102）。

警備隊の不統一に神経質だった幹部は、捕虜を逮捕すると同時にその処刑によって連帯を維持し士気を高揚させようと考えたのではないか。外集団のメンバーの処刑が、緊張を含む内集団の連帯意識高揚の手段になったと感じられる。集団内の強い緊張がなかったら、あるいは緊張をそのままに耐えていく自信と勇気が幹部（とくに司令）にあったら、本件は起こらなかったのではないか。「人びとはなんとなくあせっていたようである」（ibid.: 103）。

日本人の「原罪」

作田らはアメリカ南部での黒人リンチについてのH・キャントリルの分析を引き、群衆の破壊的な行動は無意識の死の本能が顕在化するといった精神分析的な説明ではなく、「集団規範」によって十分に説明できるという。「人びとがひとたび群衆化する時、そこでは日常生活を支配する性別、年齢別、職業別などの区別の意識が否定されて、なにびとも平等であるという集団規範が成立する」。モブのリンチにおいては、リンチの被害者が死亡しているのに死体に同じ加害行動が反復されるというような、誰かが模範を示した行為を他のメンバーがリジッドに再現することへの強制が働く。この「平等性」という特徴が、刺突の場面において、群衆心理によって強化されながら顕在化したのではないか（ibid.: 104-5）。

この事件の内容には合理性も計画性も効果の計算もまるでない。「連帯の弱さが人びとをニューロティックにし、幹部は強迫的に連帯の強化に向かって駆り立てられた。そのために演出される処刑のドラマに立ち会わされたところの、年少者を含む新兵たちは、こころにもなく凶暴なモブの役割を演じてしまった」（ibid.: 106）。ここには「きわ立った独立の行為主体としての能動的な人物は一人として登場しない」。みな「なんとなく」殺人行為に駆り立てられ、「誰も責任の自覚がなく、ずるずるべったりに処刑された」。責任者がいないから裁判において検察は「共同謀議」と推測せざるをえないが、そのような積極的な討論による決定などなく、「事件がずるずると進行していった」（ibid.: 81）。

作田らは、この「決定の不在」がこの事件の陰惨さであるという。「私たちはある種の集団の中に巻き込まれると、誰しも狂人になってしまうようだ」（ibid.: 81）。「私たち日本人は、一人一人の人間としては、決して愚かでも残酷でもない。しかし、ある種の集団に巻き込まれると、私たちはほとんど狂人のように行動する。集団への同調はある場合には私たちの長所となるが、しかしそこから救いがたく愚かな行動も起こってくるのである。集団的愚昧こそ日本人の原罪なのかもしれない」(ibid.: 106)。

【2】「いけにえ」としての死

死の意味づけの四類型

この共著論文の五年前の一九六〇年、作田は「戦犯受刑者の死生観——「世紀の遺書」の分析」を『ソシオロジ』に発表している(一九七二年刊の『価値の社会学』に収録された)。その後彼は同じテーマを再度分析し、一九六四年に「死との和解——戦犯刑歿者の遺文に現われた日本人の責任の論理」として『展望』に発表する(これは『恥の文化再考』に収められた)。

『世紀の遺書』とは、巣鴨遺書編纂会が一九五三年に刊行した戦犯の遺書、遺稿(日記、手記、随筆、詩歌、書簡、伝言を含む)を編んだものである。この段階での戦犯受刑者のうち死没者は一〇六八名だったが、本書には七〇一名によって書かれた文章が収録されており、作田は刑死者、未決中の自殺者六七四名によるものを分析している。「われらの内なる戦争犯罪者」で裁判記録に基づいて石垣島の一ケースを再構成した作田は、これら二論文では戦犯自身の遺文を資料として彼らの「死の意味づけの型」(作田 1972:363)に接近しようとする。しかし、後述するように一九六〇年の論考と一九六四年の論考には重要な相違がある。

一九六〇年の「戦犯受刑者の死生観」は、「戦争から受けた被害について正当に語ることは容易ではない」と書き始められる。なぜなら体験者のすべてが「被害者であると同時に加害者であるから」であり、この矛盾し合う二重の性格が典型的に現れるのは戦争犯罪者である。彼らは日本人以外の人々への「加害」を訴因として裁かれ「加害者として認定された」が、その裁判は旧敵国に一方的になされたものであり「一方的に裁かれた被害者」でもある（ibid.: 363）。だから、「責任と無責任の意識化」（ibid.: 363）に著しい混乱を来すことになり、刑死という究極的で絶対的に他律的な価値剝奪をまえに「その苦痛がなにゆえに受け容れられなければならないか」という「意味の問題」に直面する（ibid.: 364）。彼らはこれにどんな解決を試みたのか。作田は、これを四つの類型に分類する。

第一は「自然死」型であり、刑死という人為的な死を特殊なものではなく自然法則的な避けられない死とみなす認識である。たとえばI陸軍大尉は「咲いた花は散り作られたものが壊れる様に生ある者は死ぬ」、T海軍中尉は「人間一度生を受ければ、一度は地にかえらねばなりません。考え方によりては、人間生れる時、既に死刑の宣告を受けている様なものです」と記す。作田はこの類型において、死は自然の所与として受動的に受け容れられなければならないものと位置づけられており、状況を「普遍主義的」に定義することと、人間としての「属性」による受動的な役割が強調されているとし、タルコット・パーソンズの「型の変数」（pattern variables）により「普遍主義－属性本位」の類型であると整理する（ibid.: 370-1）。

第二は「いけにえ」型であり、刑死を受動的に受け容れる「属性本位」は「自然死」型と共通するが、国民・国家、部下や上官のための死という「個別主義」を強調する類型である。つまり自分の死を「たまたま選ばれた日本人の代表」としての死と受け容れることで、死の苦悩を軽くする（ibid.: 374）。たとえばK炭鉱職員は「日本国民共同の責任の贖罪の為、犠牲となるべく覚悟の臍を決めています」、S陸軍伍長は「日本人の誰かが犠牲にならなければならないのだ、私は員数で処刑されるのだ、とお考えになって御覧なさい。すると不思議に気は軽くなり、口笛でも吹いて死のうという気になりますから」と記す（ibid.: 375）。

ただし、集団責任の代表としての死は軍隊で低い階級にいた者には受け容れがたく、上官の犠牲になるという決心は難しい（M海軍少尉「上官たる中隊長の命令であったけれども……一切の罪を自分で負いました」、O陸軍大尉「命令を受けて行った者が死刑……になっている者が多い。此の原因は、師団長、特に参謀、聯隊長の腰抜けにある」（ibid.: 377））。また、義務を遂行した結果それにふさわしい報酬（名誉など）が期待されたのに、現実に与えられたのは死と汚名だったという点に、この類型の構造自体が内在的な緊張を含んでいるとされる（S憲兵准将「敗戦と同時に幾多の武勲は戦争犯罪となりました」（ibid.: 378））。

第三の類型は「個別主義」と「業績本位」が結びついた「いしずえ」型であり、死は受動的に受け容れるべきものではなく未来の集団目標達成に不可欠なものであり、主体的に選択されたものとする解釈である。たとえばT海軍大尉は「ポツダム宣言を受諾した日本は戦犯者を戦勝国に引渡さなければなりません。〔それが……〕日本存続の要件でありました」、O陸軍法務少将は「僕等が犠牲になることは何かの方面に於て今後日本の為になるのであるからこそ今こそ死すべき時機である」と記す（ibid.: 379）。「いけにえ」型とは「紙一重のところまで接近している」と作田はいうが、未来の集団目標への能動的関与を死の理由としていることが「いしずえ型」の特徴とされる（ibid.: 380）。

最後に作田があげるのは「贖罪型」である。自らの罪を認め、その正当な結果として罰を受け容れることで苦悩を軽減するこの類型は、死を能動的に迎える点で「いしずえ型」と近いが、集団に論理的に先行し、集団がそれに服さなければならない掟によって死の意味が与えられる普遍主義的性格により「自然死」型と近く、「普遍主義」と「業績本位」が結びついたものとされる。K陸軍軍属（朝鮮出身）は「人間的に間違っていた私の行為に就て、私は責任を負って死んで行きます」（ibid.: 387）、S陸軍大尉は「私たち一人一人の行為が如何に国家民族を思う為の至誠より発したものでありましても、それが正義とは相当離反したものとなる事が或は存在するものであるかも分りません」（ibid.: 385）と記す。

作田は六七四の遺文のうち、死を最後まで拒否するか死の意味に懐疑的なもの、死への言及のないもの、短文すぎて内容が精確に理解しえないものなどを「残余」（三三五名）とし、それ以外の三三九名を上記四類型に分類する。その結果は「いけにえ」型が一八一名と顕著に多く、

「自然死」型が九九名、「いしずえ」型が三〇名で、「贖罪」型は二九名で最少だった。残された課題は、これらの型に各人がどれだけコミットしていたかの検討であり、「彼らが語ったことよりも、語ろうとして語り切れなかったこと」に重要な問題が潜んでいる（ibid.: 391）。たとえば先に見たK陸軍軍属は、「友よ弟よ、己れの知恵で己れの思想をもたれよ。今自分は自分の死を前にして自分のものが殆どないのにあきれている」「知識がなんだ、思想がなんだ、少なくとも自分のそれは殆ど他人からの借り物だった」と嘆いているが、型にはまった詠嘆が「語り切れないもの」を残すという例はきわめて多い（ibid.: 392）。

死と和解する論理

この一九六〇年論文と同じデータを分析した四年後の論文「死との和解——戦犯刑歿者の遺文に現れた日本人の責任の論理」には、何点か重要な変更が見られる。まず基本的な問いのありかである。この論文は「戦争がもたらしたかずかずの悲惨の責任は誰が負うべきなのだろうか」という問いで始まり、A級戦犯に共通した「無責任の体系」を析出した丸山眞男の業績に言及したうえで、「戦争犯罪者、とくにBC級戦犯の遺文を資料に、日本人の責任の論理を追求したい」としている（作田 1967: 155）。ただし、この「責任」を問う問題設定は、「戦犯受刑者の死生観」と同じ「死の意味づけ」という問いと結びつけられて、「受刑者が死と和解する論理のタイプ」の分類という類似の文脈に落ち着く（ibid.: 161）。

だがこのタイプ分けが、分類の仕方も叙述の順序や力点も一九六〇年論文と異なっている。第一にとりあげられるのは「贖罪死」である。これは「罪に対する償い」が「純粋な個人責任」だとすれば、考察の出発点に置かれるべきものであり、この類型がきわめて少ないことが確認される。第二に登場するのは、前論文ではなかった「とむらい死」という類型で、すでに亡くなった多数の人々への「とむらい」に死の意味を見出す論理である。すべての生き物は死んでいくが、自分の行為が他者の死を招いた以上、彼らをとむらってあとに従うのはやむをえない、という形の死の受容であり、これは「死者との連帯」を可能にすると作田は論じる。そして、この死者が祖先でも日本人でもなく異国の人々まで含む「普遍主義」を開くとき「とむらい死」は「贖罪死」に近づき、同じ日本人の死者との連帯を志向するとき「とむらい死」は個別主義的な「いけにえ死」に近づくという（ibid.: 161-6）。

第三の類型は「いけにえ死」だが、「集団主義が未来に」向かい「集団やそのメンバーの将来のために、自分を犠牲にする」という一九六〇年論文の「いしずえ」型に近い説明がされたうえで、集団の代表として（あるいは誰かの身代わりとして）自分の命が要求されればあえてそれを拒まない、と記され、「いけにえ」「いしずえ」両型を包摂した類型に拡張されている（ibid.: 167-8）。もっとも多い二一一名と数え直されるこの類型については、次の点が新しく強調されている。ひとつは、下級将校・下士官・兵の場合、命令を受けて実行しただけの自分が犠牲の役割を背負わされるのはあまりにも重い責任だという「いきどおり」がともなっているという指摘である（作田はその典型として「石垣島ケース」をあげる）（ibid.: 168-9）。

もうひとつ、これは「報復裁判」である以上「命令者であろうと実行者であろうと、有罪であろうと無罪であろうと、誰かが責任を負わなければならない、という論理」が働いているという点である。アルカイックな社会では、他氏族の成員から被害を受けた氏族は加害者のいる氏族から「誰かを」犠牲として要求した（それは加害者自身でなくてもよかった）（ibid.: 169）。戦犯はこの「誰か」であって、「犠牲者として集団を代表する者は、将校、下士官、兵のどれでもよく、「無実の罪」でありながら、敵の側に引き渡されてもやむをえない」。だから彼らは「純粋な人身供犠」に自らを喩える場合があった（ibid.: 170）。

そして最後に「自然死」があげられる。「いけにえ死」に次いで数多い「人間はいつかは死ぬのだから、どういう死に方をしてもたいした違いはない」という論理は、一方で「普遍主義」に立っている点で「贖罪死」に接近する。だが、「いけにえ死」と同様に死の原因となった行為にどんな主体的意味も認めないから、「自然死」は「個人的な責任の意識からもっとも遠い距離にある」類型である（ibid.: 171）。

「贖罪死」からの距離

このように、一九六〇年論文がパーソンズの「型の変数」によって類型を導き出し、その四つを論理的に分類することを志向していたのに対して、一九六四年のこの論文で作田は一貫した物差しを論理的に導出するというよりも、「贖罪型」（＝個人責任）を原点にしてそこからの距離を測りながら、より自由に類型を作り直しているように思う。そして、「分類」することよりも、類型間の関係や移行のありさまにより強い関心を払っているように見える。

「贖罪死」とは、戦勝国による戦争裁判がめざした「個人責任と主観責任」による近代的刑法体系が国際社会に適用されたことを意味するものだろう（ibid.: 174）。しかし、戦犯たちのほとんどは「贖罪死」ではない論理を媒介にして死の意味を納得し、「近代的な罪の意識なしに責任を認めて死んだ」。作田はこれがふたつの要因によるとする。ひとつは日本人の共同体志向であり、対内道徳と対外道徳を峻別する価値意識、内集団と外集団のメンバーに対するときで行為の一貫性が欠けても当然だとする「個別主義」である。これは普遍主義的な罪の意識の自覚を妨げ、自分の主義主張よりも所属するグループや閥に基づいて行動するという行動様式をもたらす。第二に、行為の倫理性を規範との合致や人格の表現の程度によって測るのではなく状況への適合と秩序との調和を尊重する「状況倫理」は、「個別主義」と並んで罪の意識を抑制し、個人責任・主観責任の論理は導かれない（ibid.: 175）。

作田は「贖罪死」（個人責任・主観責任）ともっとも対照的なのが「いけにえ死」であり、これは「集団責任」の思想に支えられ、行為の主観的動機は反省しないが、結果には責任を負う「客観責任」を肯定するという。自分が「いけにえ」と信じて死んでいった受刑者たちは、しばしば「みずからの行為に一片の私心もなかったと主張」する。だが他方、この「無責任」の主張こそが、彼らが「いけにえとして制裁を引き受ける」ことを認めた根拠だった。I海兵大尉は「昔から冤罪や自己の主義主張の為に死んでゆく人々の従容たり得し理由も分る」と、「不思議に気が軽い」状態を述べている。「「ノット・ギルティ」と主張するほうが、「ギルティ」とみずから宣告する場合よりも、死を受け容れやすいという彼の見解は、おそらく戦犯刑歿者の大多数の心を代表している」と作田は論じる（ibid.: 177）。

そして、「自然死」と「とむらい死」は、ある意味で「いけにえ死」の変化型である。「いけにえ死」の状況倫理の側面が、個別主義とのバランスを失って深められると「自然死」の観念が現れる。死とその原因の行為がある状況でこの結果を生んだと考えるよりも、もっと大きな秩序、「宿命」や「業」と呼ばれるものに普遍主義的に位置づけるとき、どんな死も「自然」と意味づけられるだろう（ibid.: 178-9）。また、「いけにえ死」の個別主義の側面が、状況倫理とのバランスを失って深められると「とむらい死」に達する。共通の規範よりパーソナルな関係を重視する個別主義によって生活をともにした仲間の死をとむらう心情が生まれ、「仲間との共同事業の果てに、彼らは先にゆき、自分たちはあとからゆく。生き残った協力者には死んでゆく責任がある」という論理が生まれる（ibid.: 181）。そしてこれは、ひとつの規範によって普遍的な権利義務の世界を構想する西欧的なヒューマニズムとは異なって、とむらわなければならない仲間が日本人だけでなく他民族・異邦人に拡散するという経路から、個別主義を超えて普遍主義につながる可能性をもつ（ibid.: 180）。

【3】 原罪といけにえ
BC級戦犯は私たちである

まったく同じ素材をもとにした一九六〇年と一九六四年の論考のあいだには、以上のような認識の相違（あるいは、認識の深まり）がある。これは、「死生観」から「責任の論理」という問いの焦点の移動とともに、作田自身の次の態度変化を反映しているともいえるだろう。

一九六〇年の「戦争受刑者の死生観」は、すでに述べたように、冒頭で戦犯に「被害者であると同時に加害者」という性格規定をした。本論文ではこの二重の（もしかしたら平板かもしれない）規定から始めて、パーソンズの「型の変数」をもとに四つの類型を論理的に導き出し、この物差しによって「死の意味」を分類する、という作業に作田は専心している。

これに対して一九六四年の「死との和解」では、BC級戦犯は「じっさいには加害者であるよりもむしろ被害者であったところのBC級戦犯」と規定し直される（ibid.: 157）。彼らもまたなんらかの責任を感じていたが、それは西洋市民社会の「個人責任プラス主観責任」（ibid.: 156）とは異なっていた。戦争裁判において旧敵国側は近代の倫理的責任だけが唯一の責任のあり方ととらえ、ここから見るとBC級戦犯のほとんどは責任感のない人たちだった。だが、「BC級戦犯はほかならぬ私たちであるから、裁くより前にまず理解しなければならない」。「裁いた側の近代的な倫理的責任の立場と、BC級戦犯すなわち私たちの責任の考え方とが、どの点でくい違い、たがいに理解しあえなかったかを明らかにしなければならない」（ibid.: 157）。

ここで作田は、「責任の論理」を問いの焦点に据えるだけでなく、一九六〇年論文にはなかった「BC級戦犯はほかならぬ私たちである」という立場を表明する。「原因であるところの「罪」は、戦争に巻き込まれたふつうの日本人であれば、おそらく誰であっても犯しそうな「罪」」である（ibid.: 159）。ここで作田は、一定の距離をおいて論理的に導出された物差しで過去の事例を「分類」するという立場から、「ほかならぬ私たち」である戦犯刑歿者を「理解」する立場に進む。そして、これは一九六五年の「われらの内なる戦争犯罪者」と同じ立場といえるだろう。多くの刑歿者の遺文に基づく分析と、一ケースの裁判記録に基づく分析は、BC級戦犯を「われら」ととらえる立場にいることで、距離をとって分類するのとは違う深まりを、同様に見せることになる。

「戦争犯罪者」と「戦犯刑歿者」

だが、一九六四年と一九六五年の論文を並べてみたとき、人はじつに居心地の悪い地点につれていかれることになるだろう。これは距離をとって観察できる「ケース」ではなく、「私たち」のことである。そして、「加害者であると同時に被害者」というやや平板な規定を超えて、この二面性がずっと分厚く詳細に描き重ねられることになる。

「戦争犯罪者」としてのBC級戦犯（＝私たち）は、捕虜を斬首し、集団で次々と刺突した。この処刑には合理的な理由もなく、真剣な討議もなかった。それは、集団内の不安と緊張、連帯の弱さを解決するためのものであり、外部にいけにえを作ってみなが暴力をふるうことで集団の連帯意識を高揚させようとしたものだった。そこには能動的に行為した者はおらず、誰も責任の自覚がないままずるずると行動し、愚かで残酷な行動を行った。個人としては愚かでも残酷でもない日本人が集団になると狂人のように行動する「日本人の原罪」を、戦争犯罪者（＝私たち）は捕虜の虐待・殺害という形で確かに犯した。

「戦犯刑死者」としてのBC級戦犯（＝私たち）は、「いけにえ」として死んだ。集団の代表として誰かが犠牲にならなければならなかったのであり、敵側にとっては加害者のいる集団から誰が犠牲者として選ばれるかはどうでもよかった。とくにBC級戦犯は命令を受けて実行しただけだったという「いきどおり」を抱え、原因は上官の無責任や優柔不断にある場合も多い。そしてある者は自分の死を固有な原因ではなく「宿命」や「業」に位置づける「自然死」として、ある者は「死者との連帯」を日本人から異邦人にまで広げる「とむらい死」として解釈し、「贖罪死」とは異なる理路で普遍主義的責任に近づいている。

BC級戦犯は（私たち日本人が共有する）「原罪」を犯した者であり、（私たち日本人にとって）「いけにえ」として死んだ者である。彼らは「犯罪者」として無責任にも「いけにえ」たち（捕虜たち）を惨殺した。そして彼らは「刑死者」として戦勝国による不合理な裁判によって処刑された。この認識はただ「加害者であり被害者」と表現するよりも、引き裂かれるような、より居心地の悪い両義的な地点に私たちを連れて行くだろう。作田はBC級戦犯は「私たち」である、という。だが、彼らはもちろん「私たち」ではない。すでに捕虜たちを虐殺してしまっており、いけにえとして処刑されてしまっているのだ。取り返しのつかないことはもう起こってしまっている。戦後二〇年の地点にいた作田も現在に生きる私たちも、「原罪」と「いけにえ」が行われたあとに位置している。BC級戦犯は私たちだとしても、私たちは彼らがすでに人を殺し・殺された地点でこれに向き合わねばならない。

「戦後」とは、このような時間であるとも考えることができるだろう。私たちの「原罪」はすでに犯され、私たちの「いけにえ」はすでに屠られた、そのあとの時間。この時間を忘却や「折に触れて」の想起という態度で過ごすこともできるかもしれないが、彼らが「私たち」であると考えるとすれば、この引き裂かれた居心地の悪い問いを抱えて生きるのが「戦後」という時間を生きることになるだろう。少なくとも作田啓一にとっての「戦後」はそのような時間ではなかったか。この問いを抱えて生きるとはどのようなことだろうか。

ラフカディオ・ハーンが見た群衆

一九六四年の「死との和解」はその末尾で、さらに居心地の悪い地点に私たちを連れて行くように思う。「自然死」と「とむらい死」の考察から、「状況倫理と個別主義を極限まで深めてゆく」ことによる責任の論理を描きながら、作田は「これまで使用した分析的用語から離れて」ラフカディオ・ハーンの『心』から「日本人の罪悪感の特徴を直観的にとらえている」とするひとつの事例を引用するのだ（ibid.: 181）。

ハーンは次のような観察を残す。警官を殺して逃走した犯人が捕まり、福岡駅に護送されてきたとき、殺された警官の妻子が待っていた。護送警官が子どもに「ぼっちゃん、これが四年前にお父さんを殺した男です」というと、男の子はすすり泣き、罪人の顔をじっと見る。罪人は突然ひざまずき、砂に頭を打ちつけて「ごめんなさい。……私は罪のために死にます。……だからぼっちゃん……堪忍して下さい」と叫ぶ。子どもは黙って泣き続け、警官が罪人を起こして群衆の間を通そうとする。群衆は道を開くが、まったく突然、群衆全体がすすり泣きを始めた。これを見たハーンは、「憤怒」ではなく「罪に対する大きな悲哀」で満たされた群衆に心を打たれる。犯人と被害者の家族と群衆が「人間の弱さや無力さをおたがいに認め合うこと」によって、「罪をめぐる悲哀感情」を共有し、「一個の共同体と化した」ことに感動する（ibid.: 182-3）。

作田はここから戦犯刑歿者たちに戻って、彼らは無罪と無責任を訴えたが、戦争そのものの罪を承認していたという。「仏教風にいえば共業思想が彼らを死と和解させた」。「なにびとにも罪はないが、なにびとにも罪があるという、恐ろしく平凡な思想以外に、戦争責任を的確に位置づける道はない、と彼らは考えていたかのようである。人間の弱さと無力を認め合う共業の悲哀思想が、西欧ヒューマニズムの贖罪意識を圧倒した」（ibid.: 183）と作田は述べる。

ここで作田は、「死生観」とも「責任の論理」とも違う水準に飛躍して、この論文を結んでいるように見える。ここでは「悲哀」という言葉しか用いられないが、「憐れみ」があり、「赦し」

がある。罪を犯した男に対する憐れみが群衆を支配する。この「群衆」は、ロイド兵曹に次々と刺突した「群衆」と同じなのか違うのかわからない。ただ、「罪」をまえにして、「個人責任・主観責任」＝「贖罪」とはまったく違う態度をとっているように見える。

では、「罪人」でありかつ「いけにえ」となった人々に対してはどうなのだろうか。それが「私たち」であると感じながら、すでに彼らが罪を犯してしまい、すでに屠られており、それをいしずえとして「私たち」の社会が成り立っていることに気づきながら生きるとき、「憐憫」や「赦し」はどのように可能なのか。この唐突な引用は、作田の「戦後」の通奏低音となった課題を指し示しているようにも見える。「原罪」と「いけにえ」に引き裂かれた居心地の悪い地点を、彼はどのように問い、生きていこうとしたのだろうか。

2. いけにえと憐憫——ドストエフスキー・ルソー・ローティ

【1】 ムイシュキンとキリスト

「まことに美しい人間」

作田が「いけにえ」と「憐憫」というテーマをとりあげた論考がいくつかある。そのひとつは一九八四年に『創造の世界』四九・五〇・五一号に掲載され、一九八八年に『ドストエフスキーの世界』に収められた「『白痴』について」である。戦後二〇年を経た一九六〇年代にBC級戦犯について調べ抜いて抽出したこの同じテーマを、およそ二〇年後の一九八〇年代に六〇代となった作田はドストエフスキーの小説という文学上の手がかりからどう考究するのだろうか。

作田にとってドストエフスキーは特別な位置を占める作家であり、たとえば一九八一年の『個人主義の運命――近代小説と社会学』では、ルネ・ジラールの三角形的欲望の理論に依拠しながら、初期の諸作品と『地下生活者の手記』『悪霊』『カラマーゾフの兄弟』を鮮やかに分析している（作田 1981: 36-72）。そこで扱われなかった『白痴』は、彼にとってさらに特別な意味をもつ作品といえるだろう。「『白痴』について」の冒頭、作田はこの作品を一七歳に近づく頃（一九三九年頃か）初めて読んで、「読み終わったあと、天地がひっくり返り、世界が逆立ちしているように見えた」と述べる。「この小説に書かれていることが現実であり、日常の生活が仮構であるかのように思えたのである」。この「逆立ちの感覚」は『悪霊』、『カラマーゾフの兄弟』を続けて読んだときも持続したが、『罪と罰』では現れなかった（作田 1988: 61）。『白痴』の読書は作田にとっていわば「ドストエフスキー体験」をもたらしたものだった。

これはなぜか。作田はドストエフスキーが姪ソーニャにあてた一八六八年一月の手紙で、自分は『白痴』で「非のうちどころのないまことに美しい人間」を描こうとしていると記したのを引用する。主人公ムイシュキンはこの上ない善人として描かれており、「謙虚」であって、それにともなう「静穏」が漂っている。だが謙虚と並ぶ彼のもうひとつの特質は「憐憫」である。作田は「憐憫は矛盾を含む」と指摘する。憐憫は苦しむ他者との同一化によって成立するが、苦しみはどんなものでも死への傾斜を含んでおり、憐憫を経験する人自身の生への傾向と矛盾する。ムイシュキンにとって憐憫はある状況に対する感情の反作用ではなく、全生活・将来の方向を左右する「持続する支配的な観念」であって、彼はいわば「憐憫の化身」である。謙虚と静穏、そして憐憫がドストエフスキーが造形しようとした「まことに美しい人間」であった、と作田は定義する（ibid.: 62-3)。

ではドストエフスキーは「まことに美しい人間」を描くことに成功したのか。彼は同じ姪への手紙で、ねらいの十分の一も表現できなかったといい、「自分の失敗に終わった思いつきをいまだに愛し続けています」と記す。彼はなぜ自分の試みが不成功だと思ったのか。作田はムイシュキンのモデルとして一方にドン・キホーテ、他方にキリストがあったが、ドストエフスキーは創作ノートに「公爵はキリスト」と書いており、彼のキリスト像をムイシュキンを通じて表現する意図をもっていたという。だがムイシュキンは彼の理想のキリスト像からかなりかけ離れてしまった。創作ノートにも記されていたこの作品の結末は、ナスターシャを殺したロゴージンのそばでムイシュキンは彼とともに発狂するという絶望的なカタストロフであり、「この「美しい人間」は社会的には誰をも救うことができず、そして彼もまたもとの白痴に戻る」。美しいムイシュキンは世界を救いえなかった（ibid.: 64-5)。

作田は「結論を先取りすれば」と断りながら、謙虚・静穏・憐憫を属性とする「美しい人間」はふたつの方向に分化する、という。ひとつは「社会の〈いけにえとしての死〉へと向かうキリスト像」、もうひとつは「社会の〈再生のための死〉へと向かうキリスト像」である。ドストエフスキーが『白痴』で実現しえたのは前者であって、〈再生のための死〉へ向かうのが「まことに美しい人間」だとすれば、彼はこれを描くのに次の機会を待つしかなかった（ibid.: 66）。作田は以下このことを、いくつもの迂路を経て論じようとする。

ナスターシャのケース／マリーのケース

ムイシュキンが憐憫を向ける対象、ナスターシャ・フィリッポブナは、少女の頃から妾にされ生涯を台無しにされたと思っており、その屈辱感は「凌辱された被害者のもち続ける傷痕」を表現している。彼女の屈辱感から生じる攻撃は保護者トーツキイや社会に向かうのではなく、むしろ自己自身に向けられて罪悪感となる。彼女は自分が無辜（イノセンス）だと信じてくれる騎士の登場を待ち焦がれていたが、ムイシュキンに出会って彼がその騎士だと知る。しかし彼女はムイシュキンをめぐるライバルである将軍の娘アグラーヤに彼を押しつけ、彼から離れようとする。彼女は罪悪感があまりに深く、幸福になる権利を自分自身で自分から剝奪する（あるいは、屈辱そのものを愛しており、屈辱の消えた状態に入ることが耐え切れない）のだ。ムイシュキンは彼女の苦悩・受難を分かち合う「憐憫」の感情を抱くが、彼女の自己破壊は死に至りかねないので

「死の恐怖」を同時に感じる（ibid.: 67）。

ペテルブルグでナスターシャに会う以前のムイシュキンは、療養のためスイスの田舎にいた。彼はそこで「生と死」をめぐる鋭敏な感覚を育み、村の風景を見渡しながらそれに降り注ぐ日光の光線に自分が融合するようなイメージを繰り返し抱く（ドストエフスキー自身が経験した、銃殺刑直前の政治犯が見た宇宙と一体となるイメージも引用されている）。こうした「〈死と再生〉のあいだで生の感覚をつかんだ人間」としての彼は、社会のなかでどう生きるかを考えるため、山を下り、人々との関係に入っていく（ibid.: 68-72）。

ペテルブルグに現れた彼には人の心との交わり以外にはなんの目的もなく、地位や財産や結婚への欲望が欠落しており、誰も利用しようともせず誰にも執着しない。この「無執着（detachment）」は人々を引きつける。彼にどんな秘密を打ち明けても利用されることはなく、彼のもつ他者の願望や感情を洞察する能力もあって、人々は彼に心を開く。ムイシュキンは自己防衛の能力と自尊心（自己自身への執着）をもたないので、他者の誇りとする特徴（無自覚なものも）を見抜いて評価することができ、人々はムイシュキンという媒介者を通してのみ自分の長所を認められ、自己自身を尊敬できるようになる（ibid.: 72-3）。

こうして人々はムイシュキンのまえで、彼自身が「必ずしも意図していない誘い」によって「〈われ〉を開示してゆく」。だからこの小説はドストエフスキーの作品の特徴であるポリフォニー性をより強くもつことになり、作田は「閉ざされた意識をもって生きることだけが生活であると思っていた私」（一六歳の！）に対して、対話的交流によって「自分の意識が能動的に拡がった」別の世界が開示されたので、その世界の一時的住人として現実の世界を眺めると「世界が逆立ちしているように見えた」のだろう、という（ibid.: 75）。

だが、ムイシュキン自身は他者の心を洞察・了解し、自己の心を他者に開くが、「孤独」である。無執着な異郷人である彼には、人々が付与できるような動機が見当たらず、彼はわけがわからない人物なのだ。そして彼が（ナスターシャを除き誰からも）理解されないのは、「ナスターシャに対する彼の度外れな——と人びとには見える——憐憫」である（ibid.: 76）。作田は、ムイシュキンをナスターシャに向かわせる衝動は自身にも十分に説明できないものであり、それは「超個人的な〈構造〉」に命じられたものではないかという。その構造とは、「無辜でありながら虐げられている者をまず優先させるという反応」という一種の文化的パターンであり、ムイシュキンは反省を経ずに即座の〈構造〉的反応をする（ibid.: 78）。

この反応はナスターシャだけでなく、スイスの田舎で「哀れなマリー」にも向けられていたのだが、その結果は異なるものであった。マリーはフランス人にかどわかされ棄てられた少女で、その後母親や牧師にも迫害される。ムイシュキンは彼女を憐れみ、自分が媒介者となって子どもたちに彼女を愛することを教える。マリーは肺病で死ぬが、「自分の罪が赦されたと思って——もともと彼女には罪はないのだが——しあわせになる」。つまり、ムイシュキンは同情の行動によって彼女を救済しようとし、それに成功した。これに対してナスターシャに対しては、同じ行動がむしろ失敗に終わった（ibid.: 78-9）。スイスの田舎にはムイシュキンを支持する子どもたちの集団があり、すべてが単純だった。ペテルブルグの生活はずっと複雑であり、ナスターシャの性格はマリーと違って能動的で、課せられた運命を自ら選び取るかのように生き始める（ibid.: 79）。だがこうした相違より重要な「本筋」は「迫害者＝共同体、いけにえ＝ナスターシャ、キリスト＝ムイシュキンの三者関係を定義すること」（ibid.: 80）にある。作田はここからいよいよ「いけにえとしての死／再生のための死」についての議論の核心に近づいていく。

共同体からの迫害に無抵抗だった孤児マリーのように、ナスターシャは共同体の一員アグラーヤに決定的な一撃を受け、子どものようになってしまう。共同体から迫害された「いけにえ」であるナスターシャへのムイシュキンの愛について、作田はそれが「同伴者の愛」であるか「救済者の愛」であるかを問う。「同伴者の愛」は「対象の苦悩や不幸を了解し、対象と運命を共にするにとどまる」。これに対して「救済者の愛」は「対象の運命を変え、新しい生活への希望を、つまり信仰をいだかせる」。同伴者は対象と一体化する「受動性」に終始するのに対し、救済者は対象を別の秩序へ向かわせる「能動性」をもつ（ibid.: 80-1）。作田によれば、ムイシュキンはナスターシャの同伴者ではあっても救済者ではない（ibid.: 82）。ドストエフスキーはムイシュキンに「同情（あるいは了解）の能力」を十分すぎるほど与え、逆に「救済の能力」を注意深く剝奪している。これは同情の能力が強すぎるゆえに救済の能力が弱くなっているとも読み取れなくないが、むしろ病弱で人間関係に深くかかわれず教会共同体への所属ももたない彼が他者の救済に必要な賞罰を操作する能力や自己信頼の能力を最初からもたず、この「一切の集団からの分離に伴う〈異郷人〉としての自由」が彼の卓抜した共感能力をもたらしたととらえるべきだろう。「矯正または救済の能力の欠如が、ムイシュキンの非凡な同情の能力の源泉である」(ibid.: 83)。

このようなムイシュキンに作者が割り当てた使命とはなにか。それは、「いけにえであるナスターシャと一体化し、みずからの生をほうむる、という使命であったと私は考える」。ナスターシャはマリーと違って「赦されることを最後まで拒否する人間」である(ibid.: 84)。彼女は赦されることを夢み、白昼夢のなかでムイシュキンのような人物に赦されていると告げられ、事実ムイシュキンと出会って一時的にその夢は現実になった。だが赦されることを拒否してムイシュキンから逃げ出す。他方、ムイシュキンにとって「絶対に赦されないと信じている無辜の存在を生と調和させること」が自身の白昼夢だった。この組み合わせにおいて救済は不可能であり、同時に絶対に離れることができないという運命が予定されている、と作田はいう。「ナスターシャが共同体のいけにえである以上、最後まで彼女の同伴者であり続けるということは、ムイシュキン自身もいけにえになることを意味するのであろうか」(ibid.: 85)。作田はこの問いに答えるために「いけにえ」を理論的に考察する。

「いけにえ」とキリストの死

そもそも「いけにえ」とは供犠の儀礼において殺される動物や人間のことだが、作田は原初的な共同体における犠牲よりも「比較的最近の変化型」である魔女狩りや反ユダヤ主義、アメリカ南部での黒人への白人のリンチ、学級内の「いじめ」現象などの事例に関心をもつ。これら「人間供犠」は、それを生み出す集団の状況、すなわち内部の対立、緊張、分裂、無秩序、それらの予感と無関係ではありえない。作田はこれを「供犠の対立理論」と仮に名づけ、ジラールの『暴力と聖なるもの』から次のロジックを引く。集団の内部の対立し合う下位集団間の「相互暴力」は、下位集団の外部のいけにえに向かう満場一致の「共同暴力」によって抑制される。その抑制により集団は秩序を維持または回復するのであって、相互暴力の危機がふたたび現れるとまたいけにえが選ばれ共同暴力が行使される。作田は、キャントリルによるアメリカ南部での黒人への白人のリンチの分析（「石垣島ケース」論文で参照していた）とこのジラールの理論が完全に符合する、という（ibid.: 86）。

一方、ケネス・バークはヒトラーの反ユダヤ主義イデオロギーを分析し、これを「悪の切り離しによって身の浄化を得るからくり」ととらえた。この供犠理論は、迫害者が自らの内部の悪を投影しやすい誰かを選んでスケープ・ゴートにすると考える「投影理論または分身理論」と呼べるものだが、作田は三者関係のなかで初めてスケープ・ゴート現象が生じることを強調する。二者関係であれば、内部の悪を客体へ投影する「分身現象」が現れるとしても、その客体を攻撃する第三者が現れなければ客体はスケープ・ゴートにはならない。三者がいるとき、Aが自己の悪い分身をCに託すことができ、Bも自己の悪い分身をCに託すことができる。AとBに対立関係があり、これが悪化すると集団の秩序が解体される危険があるとすると、CはAとBの共同の暴力の対象、つまりスケープ・ゴートになる。このように、「分身理論」は「対立理論」のなかに包摂されうる（ibid.: 86-7）。

ここからマリーのケースとナスターシャのケースを考えてみよう。マリーの事例では、ムイシュキンは共同体の外部の人間としてスケープ・ゴートであるマリーと同じカテゴリーに属していたが、共同体の完全な成員でない子どもたちを導き、マリーからいけにえの役割を除去した。この「いけにえの役割の除去」とは一方でマリーに生への希望を与えてマリーを救済することであり、他方で子どもたちを通してスケープ・ゴートを迫害したという「共同体の罪」を除去することである。前者は「被害者の救済」（顕わになっている）、後者は「加害者の救済」（隠されている）であって、マリーのケースは二種類の救済を含んでいるのだ。マリー自身の救済は事態の半面であり、共同体の半成員である子どもたちが「迫害の罪」を認めて浄化される過程によって、ここには「スケープ・ゴートがいなくなる社会のヴィジョン」を見出すことができる、と作田はいう（ibid.: 87-8）。

これに対して、ナスターシャのケースでは「迫害者すなわち共同体の救済の希望が全くない」。被害者ナスターシャも十分に救済されてはいないが、ムイシュキンのおかげで生きてきたことの価値をいくらか認めたはずであり、彼女がまったく救われなかったわけではない。だが、ムイシュキンが彼女の「忠実な同伴者」になったことで、彼は彼女とともに共同体によって排除され、彼もまたいけにえとなった。マリーのケースでは共同体との媒介者となった彼が、ここでは「いけにえの同伴者」となり、迫害者の集団との関係は断絶されてしまって、「その集団の救済への展望が開かれないまま終わってしまう」ことになる。作田は、ドストエフスキーの「まことに美しい人間」を描くのに成功しなかったとする不満は、ナスターシャを救いえなかった点よりも、マリーのケースとは異なって「迫害者集団の再生の希望を描くことができなかった」点にあるのではないか、と推測する（ibid.: 88-9）。

では、「まことに美しい人間」であるキリストの死ではどうなのか。彼もいけにえとして死んだ。ピラトが代表するローマの支配層（A）と古い律法に縛られたイスラエルの民衆（B）の対立のなかで、「どちらにも所属していない無力な一人の〈異邦人〉」である彼（C）がいけにえにされたのだ。だが、その死は彼を迫害した社会に衝撃を与え、「無辜の者を殺してはならないという価値観」を社会のなかに誕生させ、彼の死は「社会の再生（転成）の種子《たね》となった」と作田はいう。「まことに美しい人間」の死は「迫害者の再生のための一粒の麦の死」なのであって、ムイシュキンの死（物語のうえでは発狂）が「いけにえナスターシャのための殉死」だったのとは大きく異なる、というのだ（ibid.: 89）。

作田によればキリストの死は二重の意味をもつ。第一は「無辜でありながら課せられた死を受け容れることにより、共同暴力の悪を顕在化させ、迫害者集団の浄化を促す」という意味、第二は「罪を犯したとみなされる人びとの身代わりとなり、無辜でありながら彼らの罪を償うために死ぬ」という意味である（ibid.: 89）。第二の意味では、人間の罪をとがめる神を前に、罪と罰の平衡を保つためにキリストが身代わりとなって死に、この平衡により秩序が回復する。これは「相互暴力を共同暴力に転換して秩序を回復するという社会法則の実現のための死」であって、共同体の成員の罪はいけにえに投影されるが、キリストの死はほんとうは有罪である共同体の成員を免責して一時的平和をもたらすだけにとどまる。これに対して第一の意味における死は「罪をとがめる神」に従うための死ではなく、「無辜の者を殺してはならないという新しい価値観を社会にもたらすための死」である。つまり、「罰する神の言葉ではなく愛する神の言葉を弘めるための死」である（ibid.: 90）。

作田は、『白痴』を書くにあたってドストエフスキーは、キリストの死というひとつの事実のもつ二重の意味のどちらを選択するかという問題に直面していたのではないか、という。キリストの「復活」は第二の意味、「社会の再生（転成）」を象徴するだろう。他方、この作品にはルネサンス期の画家ハンス・ホルバインが描いた「死んだキリスト」（一五二二年）の十字架から降ろされたばかりのキリストの屍体が二度登場するが、このイメージは「自然法則の貫徹」を物語っており、既存の社会法則が貫徹したと読み替えることもできる。作田によれば前者は「社会の〈再生のための死〉」であり、後者は「社会の〈いけにえとしての死〉」である（ibid.: 91）。ロゴージンによって殺されたナスターシャの屍体を前に「測り知れぬ哀愁」にとらわれながら、ムイシュキンはロゴージンをあやしなだめる。このとき、ドストエフスキーはムイシュキンが〈再生のための死〉から遠く、〈いけにえとしての死〉に近いことを認めざるをえなかったのではないか。ムイシュキンは〈精神的死としての発狂〉に陥る。もし彼がスイスで再度療養して奇跡的に正気に戻ったとすれば（いわばムイシュキンの「復活」）、無辜のいけにえを救うために〈死と再生〉の感覚を携えて戻ってくるだろう。しかし、そうした新しい遍歴に値するほど、この社会での生活は生きるに値するのか。ドストエフスキーはこの作品の末尾でこれに肯定的な答えを出すことはできなかった、と作田は考える。ただ、作家はこの信念を最後の『カラマーゾフの兄弟』まで作品ごとにテストし続け、「この世は生きるに値するという信念は死んではいない」と作田は強調するのだが（ibid.: 92-3）。

このあと作田はさらに複雑な議論を（これまで以上の分量をかけて！）展開するが、ここでは省略せざるをえない。「結び」の節で作田は以上の議論に立ち返ってこう記す。ホルバインの描いたキリストの屍体は、彼の死が社会の〈再生（転成）のための死〉ではなく、社会の〈いけにえとしての死〉にすぎないのではないか、という疑念を生む（ibid.: 136）。〈いけにえとしての死〉は以下のように反復されるだろう。「他者への信頼を失った人びとはみずからの敵意を相手へと投影するので、相互暴力による社会秩序の解体の恐れをいだかざるをえない。相互暴力の危機はいけにえに向かう共同暴力への転換によって一時的に解消される。いけにえにはしばしば無辜の存在が選ばれてきた。無辜の存在はみずからを防衛する力が弱いからである。しかし、共同暴力によって一時的に回復された秩序は再び相互暴力の危機によって脅かされる。こうして、共同暴力が続き、一連の過程は、あたかも自然のリズムの反復のように繰り返される」(ibid.: 135)。

　では、いけにえの死が〈再生（転成）のための死〉となることはいかにして可能なのか。「種《た》子《ね》」を蒔いた人の肉体は滅んでも「種子」は死なない。いけにえとしてのキリストの死もこのようなものだが、種子を蒔いた人は死んでしまうので自分の行為の効果を見届けることはできず、その効果を信じるしかない。「それを信じることができるかどうかは、種子を蒔いた人とそれを植えつけられた人びとから成る集団が、既存の社会法則からどの程度離脱して生活したかにかかっている」(ibid.: 137)。

【2】共苦・コスモポリタン・存在の感情

『白痴』とBC級戦犯

　この『白痴』論にはもちろんBC級戦犯についての言及はない。だが、「いけにえ」と「憐憫」という共通の主題は、一九六〇年代の作田の諸論考の延長上にこの論考を位置づけることに私たちを誘うだろう。「戦争犯罪者」として捕虜などの「いけにえ」を殺害・虐待する「原罪」を犯し、「戦犯刑死者」として集団の代表となって殺された「いけにえ」であるBC級戦犯を「私たち」と考える立場にとって、この論考はどんな認識をもたらすだろうか。

　この論考は「いけにえ」を生む論理をじつに鮮やかにとらえているといえるだろう。「石垣島ケース」の考察でもキャントリルによる黒人リンチの分析が引用されていたが、集団内部の

「相互暴力」が外部にある「いけにえ」に対する満場一致の「共同暴力」を帰結する。石垣島警備隊は（あるいはそれに代表される日本人の「集団」は）集団内の不安と緊張を三人の米兵捕虜への「共同暴力」によって和らげた。あるいは戦後の国際社会はその緊張（潜在的な「相互暴力」）を、BC級戦犯を「いけにえ」とする「共同暴力」によって和らげた。しかし、この「人間供犠」は秩序を一時的に回復するだけであって、「いけにえ」を選び、屠るプロセスは「あたかも自然のリズムの反復のように」繰り返されていく。

BC級戦犯たち自身はもっとも多くが自らの死を「いけにえ死」としてとらえた。私は「たまたま選ばれた日本人の代表」として集団責任をとって死ぬのであり、集団の将来のために犠牲となって死ぬ。ではこれは『白痴』論で区別された「社会の〈いけにえとしての死〉」だったのか、それとも「社会の〈再生のための死〉」だったのか。おそらくこれは「相互暴力」を「共同暴力」に転換して秩序を回復し、「罪を犯したとみなされる人々の身代わり」として「共同体の罪」を償うための死、つまり〈いけにえとしての死〉であっただろう（だからここには無責任な命令者たちに対する「いきどおり」が存在した）。ではこの死は「加害者の救済」を帰結しただろうか。作田によれば〈再生のための死〉は、「共同暴力の悪を顕在化させ、迫害者集団の浄化を促す」ものであり、「無辜の者を殺してはならないという新しい価値観を社会にもたらす」ものであるが、BC級戦犯の死はそのようなものではなかっただろう。マリーのケースではマリー自身が救済されるとともに、子どもたちは「迫害の罪」を認めて浄化・救済された。だがBC級戦犯のケースで「原罪」を犯した集団（捕虜という「いけにえ」を屠り、BC級戦犯という「いけにえ」を屠った）は、その加害の罪を認め、新しい価値観を得た（「愛の神の言葉を弘めた」）ようには見えない。

一九六四年論文の末尾で作田はハーンの観察を引きながら、「人間の弱さや無力さ」を認め合い「罪をめぐる悲哀感情」（つまり「憐憫」）を共有する群衆に「西欧ヒューマニズム」（＝「贖罪」の論理）とは別の可能性を見出していた。だが、『白痴』におけるムイシュキンの「憐憫」は、「社会の〈再生のための死〉」となることはできなかったといえるだろう。「憐憫の化身」であった彼は、ナスターシャに「同伴者の愛」を注いで苦悩や不幸を了解することはできたが、その運命を変え新しい生活への希望をもたらす「救済者の愛」を与えることはできなかった。一切の集団から分離した「無執着」な異郷人であった彼は、その憐憫によって「いけにえ」であるナスターシャと一体化し、彼自身も「いけにえ」となって「社会的に誰をも救うことができず」、「迫害者集団の再生の希望を描くこと」ができなかった。つまり、彼の「憐憫」は無力であった。作田はナスターシャのケースに対してマリーのケースを、ムイシュキンのケースに対してキリストのケースを論じて〈再生のための死〉のヴィジョンに近づこうとする。では、BC級戦犯という「いけにえ」を〈再生のための死〉とするにはどうしたらよかったのだろう。いかなる「憐憫」がそうした力をもつのだろう。

二〇一〇年から二〇一二年にかけて、作田は同人誌『Becoming』に「憐憫」をめぐる三篇の論考を掲載する。「自己愛と憐憫――ルソー、ドストエフスキー、ニーチェ」（正・続）、「「存在の感情」と憐憫」である。一九六〇年代のBC級戦犯論から五〇年近く、一九八四年の『白痴』論から二五年以上が経ち、九〇歳を迎えようとする作田は「憐憫」をどう論じたのか。そこで、いかなる〈再生のための死〉を可能とする「憐憫」の像を導き出すことができたのか。ここではニーチェについて触れた二〇一一年の論考は完全に省き、他の二論文もかなりの内容を省略するが参考となる部分を繋ぎ合わせるような形で、彼の「憐憫」論を検討してみよう。

共苦とコスモポリタン

二〇一〇年の論考「自己愛と憐憫」は、ルソーの「自己愛（amour de soi）」と「憐憫（pitié）」の概念を議論の出発点とする。ルソーは自然状態における人間の基本的性向としてこのふたつをあげた。「自己愛」とは「自己保存の性向」であって、他者に左右されることなく自己の存在に向かってそれを享受する自己充足の感情である「存在の感情（sentiment de l'existence）」がともなう。これとともにルソーが人間の心に生まれつき備わっている性向と考えるのが「憐憫の感情」であり、あらゆる反省に先立つ自然の純粋な働きによって「人間は自分自身の外に出て、苦しんでいる者と一体化しようとする」（作田 2010:3）。頑強な未開人が子どもや病弱の老人から食料を奪わないようにするのが憐憫であり、これがもっぱら自己保存を追求する自己愛を和らげることで種全体の相互保存に貢献し、自己愛は憐憫の感情によって「人類愛」へ向かう、とルソーは考える（ibid.: 4）。

自然状態で人間は孤立の生活を送っていたが、相互作用が頻繁になることで社会状態が出現し、このとき「自己愛」は変化する。自然状態の人間が知らない自他の比較に心を奪われ、他者に立ち勝ろうとする「自尊心（amour-propre）」によって行動することを学ぶのだ。人間は一般の尊敬を得ようと実際の自分と違ったふりをしようとして、在ること（存在）と見えること（外観）が分離していき、自尊心は「虚栄心（vanité）」へと変化する（ibid.: 4）。

では「憐憫」はどうか。作田によれば、ルソーは社会状態への移行において憐憫になにが起きるかほとんど語っていない。作田自身の解釈では、自然状態における憐憫は「他者の苦痛の了解」にとどまり、「他者の苦痛の共有」にはいたらない。「他者の苦痛の共有」には発達した想像力が必要だが、これは社会状態において発達するもので、自然状態での「他者の苦痛の了解」は社会状態ではじめて「他者の苦痛の共有」に発展する。作田は、社会状態において「憐憫は共苦（commisération）の性格を帯びる」と強調する（ibid.: 4-5）。

作田は、ルソーは相互に矛盾する三つの人間像を描いた、という。社会状態の人間は（そのモデルはパリの社交界とされるが）自尊心に駆られて他者に立ち勝ろうとし、中身より外観で評価し合う表層的な人間関係にとらわれる。これに対して、「孤独者」「市民」「コスモポリタン」の三つの人間像は、それぞれ異なる離脱の方向を示す。第一の「孤独者」（『告白』『孤独な散歩者の夢想』など晩年の自伝的作品に登場する）は、自尊心による表層的人間関係への嫌悪の結果、そこから離脱して自己自身や自然、ときには神との交わりのみに生きる「引きこもり人間」で、自然状態における孤立者の社会状態での後継者である（ibid.: 13）。第二の「市民」（『政治経済論』『社会契約論』など政治的著作に登場する）は、アテナイやジュネーヴなどの小さな都市国家の構成員であり、個体と個体の表層的な相互関係にではなく祖国という全体と結合する共同関係に参加する愛国者であって、祖国の全体の利益のため喜んで自己の利益を犠牲にする。全体の利益と個体の利益は合致しないことが多いが、自己の生命と財産を国家にすべて預け、国家は全市民の生命と財産を護るという「社会契約」によってこのふたつは合致する、とルソーは考える。このとき祖国のための「自己犠牲」は祖国を内面化している彼自身の「自己愛」となり、自然人と同様に周囲の他者の視線にとらわれずひたすら自己の望むものを追求できる（ibid.: 14-5）。

しかしルソーは「市民」の対極にある第三の人間像を造形した。ルソー自身は『エミール』で「市民」のための教育と「人間（homme）」のための教育の目的はまったく異なると述べるが、作田はツヴェタン・トドロフ『はかない幸福――ルソー』に倣ってこれを「コスモポリタン」と呼ぶ。市民は自国民を特別扱いし、必要とあらば他の人類を犠牲にしてはばからない「個別主義的志向」の持ち主である。これに対して「人間」あるいは「コスモポリタン」は特定の社会に自分を譲り渡すことはなく、「彼の愛は祖国を超えて人類に及ぶ」。そして、この人類との同一化は「楽しみのゆえ」ではなく「苦しみのゆえ」である。楽しみは羨望を引き起こして他者との同一化の妨げになるが、苦しみは他者との同一化を容易にし、「苦しんでいる同類への憐憫が人間を人類に結びつける」。通常苦しみは身近な他者ほど了解しやすいから憐憫は遠い他者にはなかなか届かないのではないかと考えられるが、これは逆であって、身近な他者ほど利害が絡まってくるためそれだけ純粋な憐憫を感じにくくなる。「苦しんでいる同類が遠くにあればあるほど、その同類の苦しみに私たちは敏感になることができる」。身近な他者の苦しみに純粋な憐憫を感じることもできるが、それは利害関係を括弧に入れ、「人類の普遍的な苦しみ」を彼らのなかに見出しているからである。ルソーが『エミール』で「人間を社会的にするのはその弱さである。私たちの心に人間愛をいだかせるのは、私たち人間に共通の苦しみなのだ」と述べるように、コスモポリタンの核は「憐憫－共苦（commisération）」にある（ibid.: 16）。

「存在の感情」としての憐憫

二年後の論考「「存在の感情」と憐憫」で、作田は「憐憫」をルソーがいう「存在の感情」と結びつけて論じようとする。作田によればルソー自身は「存在の感情」を定義したことはないが、作田はこれを「対他意識に囚われることなく、自己の内面に沈潜することによって到達された生命感」、「時々の状況によって規定される快感ではなくそれらの転変にかかわりなく持続する幸福感」と定義づける（作田 2012: 12）。この「存在」は「深層の生」で外界と浸透し合っており、作田はこれを「溶解体験」と呼んできた。自我の囲いによって隔てられた内部と外部の境界が溶け去るこの体験は、自我を防衛する機能が休止ないし消失している時間に生じ（放心状態がその典型)、ルソーは他者ではなくて物、人ではなくて自然(『孤独な散歩者の夢想』の有名なテクストでは「寄せては返す水面の波」の単調な響き)という「外界」に自己が溶け去る体験を記述している(ibid.: 12-3)。

ルソー自身は「他者への憐憫」を「存在の感情」と結びつけることはなかった。だが憐憫は自己とある種の他者との境界が失われる体験であるとして、作田はこれを「存在の感情の一側面」と位置づけようとする。そして、「自己と他者との境界が失われる体験としての憐憫」の例として、『白痴』の末尾でムイシュキンがナスターシャを殺したロゴージンとともにいて発狂する場面をとりあげる(ibid.: 13)。「ロゴージンは時折、どうかするといきなり大声で、鋭く、取りとめのないことをつぶやきはじめるのだった。叫ぶ声をあげたり笑い出したりした。すると公爵はぶるぶると震える手を差しのべて、そっと彼の頭や髪の毛に触って、それを撫でたり、頬をさすったりするのであった。……なにかまったく新しい感情が、測り知れぬ哀愁をもって、彼の胸を締めつけた。……そして真蒼な、ぴくりとも動かぬロゴージンの顔にその顔をぴったりと押しつけた。涙が彼の目からロゴージンの頬へと流れた。だがおそらく彼はもうそのとき自分の涙と感じる力もなければ、そんなことはもうなんにもわからなかったのかもしれない」。こうしてムイシュキンは発狂する(ibid.: 14)。

作田はこの事例からこう論じる。憐憫が向けられるのは「他者一般」ではなく、「特定のカテゴリーに属する他者」である。そのカテゴリーとは「集団の庇護を失った弱者」であり、「社会的弱者」と呼ばれる人々も含まれる。ではなぜ「存在の感情」の主体はこのカテゴリーの人々に「憐憫」を抱くのか。社会的存在である人間にとってなんらかの集団の庇護は自己を防衛する重要な手段であり、人はなんらかの集団ないしその有力なメンバーとの同一化により自我を形成・補強する。これに対して集団の庇護を失った弱者は、「自我を十分に補強できない者」「集団の蔽いも自我の蔽いも剝ぎ取られ無防備にただそこに在る者」である。人は防衛の壁をなくした存在者に向き合うとき、特別の力に引きつけられる。「この無防備な者の力は、対面する者の自我の蔽いを突き抜け、彼を存在（深層の生）の次元へと引き込むのである」。自我の枠を超え出てゆく「存在の感情に浸る主体」は、「存在の次元の牽引力に応えるべくこの無防備な者の呼び声に感応し、彼のほうへと引き寄せられ、彼と溶け合うのだ」。これが「存在の感情の一側面である憐憫」なのである（ibid.: 14-5）。

エマニュエル・レヴィナスは「絶対的に異なる他者」、つまり非日常的な次元において立ち現れ「特異な牽引力」をもつ他者として「貧者、異邦人、寡婦、孤児」（旧約聖書『出エジプト記』で復讐が禁止されている者とされる）をあげているが、彼らはいずれも集団の庇護を失った特殊なカテゴリーに属し、社会的周辺人であるがゆえに備わる「外部性」をもつ。この欠落（＝日常的世界の外部の体現）により、外界へと溶解する存在の感情の主体は彼らに引きつけられる。これは集団の庇護を求める人が集団の有力者と同一化したがる「牽引力」とは異なって、「社会集団の外に追いやられている弱い他者」に自然に同化するものであり、「日常的世界（枠づけされた自我の営み）」から区別される「存在の次元（自我の解体）」にかかわる感情である、と作田はいう。この次元は「語りえない次元」だが、作田はジャック・ラカンの「現実界」という用語はこの次元を語るのに有効な概念であるといい、「憐憫」をこういいかえる。「憐憫とは象徴的蔽いを剝奪され象徴的世界から洩れ落ちそうになっている他者（「現実的他者」）との同化の感情である。この時主体はみずからも象徴的世界の外＝現実界に身を置き、深層の生を体験するのである」（ibid.: 15-6）。

こうして作田はルソーを経由することで、個別主義的志向をもつ「市民」と普遍主義的志向をもつ「コスモポリタン」を区別し、後者が「人類の普遍的な苦しみ」を見出す「憐憫－共苦」に基礎づけられ、他者との「溶解」による「存在の感情」をともなうことを論じる。さらにドストエフスキーの『白痴』から、この憐憫が「他者一般」ではなく、「集団の庇護を失った弱者」という「特定のカテゴリーに属する他者」に向けられ、「象徴界」から洩れ落ちそうになった他者と同じ「現実界」に身を置くことであると再定義する。おそらくこの試みは、共同体によって屠られた「いけにえ」に「憐憫」を抱くという事態をより明晰にとらえることに成功しているだろう。ではこの憐憫は「社会の〈再生のための死〉」へとつながっていくことができるのだろうか。彼の議論をもう少し辿ってみよう。

【3】 憐憫による連帯

ローティの「憐憫」論

「「存在の感情」と憐憫」の最後のパートで、作田は（「付論の形で」と断りながら）憐憫に基づいて社会の設計を検討する最近の試みとして、リチャード・ローティの「斬新な構想」に言及する（ibid.: 16）。一九八九年の『偶然性・アイロニー・連帯』におけるローティの構想を、作田は「人類社会の設計にまでは至らないが、憐憫にもとづいた人類社会の統合をいつか実現されうるものとして射程の中に収めたユートピア理論」であると評価し、本人にその意図があったかはわからないが「ルソーの思想の継承と発展」だととらえる（ibid.: 17）。作田はこのパートで先にルソーの議論を紹介し、そのあと「対蹠的」なものとしてローティを検討するのだが、ここではまずローティの議論を作田による紹介と『偶然性・アイロニー・連帯』そのものを（作田が言及していない箇所を含めて）引きながら確認することにしよう。

同書の最終章「連帯」をローティは次の事例から始める。「もしあなたがアウシュヴィッツへと列車が通じている時代のユダヤ人だったとすれば、非ユダヤ系の隣人に匿ってもらえる見込みは、ベルギーではなくデンマークかイタリアに住んでいる場合の方が高い」（Rorty 1989 = 2000:395）。この違いはなにに由来するのか。ローティは、通常はデンマーク人・イタリア人の多くは「人間の連帯の感覚」を示し、ベルギー人の多くがそれを欠いていた（「非人間的」だ）と描かれるとし、これは「私たち各人のうちには、他の人間存在のうちにも存在するそれと同一のものと共鳴するなにか――私たちの本質的な人間性――がある」という「伝統的な哲学」による「人間の連帯」のとらえ方だ、とする。しかし、ローティはこのような「人間存在にとって本質的な構成要素」の存在を否定する（ibid.: 395）。行為や態度はそのときの歴史の動きや制度の揺らぎに由来する「偶然性」によるのであって、「歴史や制度を超えた何かを求めないようにしよう」と彼は強く主張する（ibid.: 396）。

ローティは道徳的義務を「われわれ－意図（we-intentions）」から分析したウィルフレッド・セラーズを参照しながら、「われわれ人間存在の一員」という観念は力をもちえないと主張するのであって、「われわれ」の力は「彼ら」と対比される「比較」に基づくのである（ibid.: 397-8）。先の例のデンマーク人やイタリア人がリスクを冒してもユダヤの隣人を匿おうとした理由はそのユダヤ人が「同じミラノ人仲間」「同じ組合や職業の仲間」「同じように幼児をかかえる親」だからであり、ベルギー人にとって隣人はそうした記述にあてはまらなかった（ibid.: 398）。たとえばアメリカの大都市に住む若い黒人たちの希望喪失や悲惨に現代アメリカのリベラルがとる態度は、「同胞の人間存在」だからではなく「私たちと同胞のアメリカ人」が希望なしに生きることは許せないというものだろう、とローティは考える（ibid.: 399）。

「私たちの連帯の感覚が最も強くなるのは、連帯がその人たちに向けて表明される人びとが「われわれの一員」と考えられるときである」。この「われわれ」は人類よりも小さく、「それよりもローカルなもの」を意味する（ibid.: 399）。カントは私たちが誰かに義務を感じるのは同じ

「ミラノ人仲間」や「アメリカ人仲間」だからではなく、彼ないし彼女が「理性的な存在者」だからだと論じるが、ローティによればこれは薄弱で説得力のない理由である（ibid.: 399-400）。「連帯という感情は必然的に、どのような類似性や非類似性が私たちにとって顕著なものと感じられるかということにかかわっており、何が顕著なものとして感じられるかは、歴史的に偶然的な終極の語彙のはたらきに依存している」。こう述べて、ローティは「普遍主義的な態度」を自らと相容れないものとする（ibid.: 400）。

だがローティはこうも述べる。「私の立場は、私たちがいだく「われわれ」の感覚を、これまで「彼ら」とみなされてきた人びとに拡張しようとする試みと相容れないものではない」（ibid.: 400-1）。「リベラル」（彼によれば「他の何にもまして残酷であることを恐れる者たち」）に特徴的なこの主張は、深淵な哲学にではなく「歴史的な偶然性」に基づくものだ（ibid.: 401）。少しあとの箇所でローティは、「われわれ」という感覚を拡張していく方向性は次のような過去の一連の出来事（つまりは「偶然性」）によって設定され、さらに先まで推し進めていくことができる、という。「「われわれ」に包含される者たちが、まず隣の洞穴に住む家族に拡がり、ついで川向こうの部族に、さらに山を越えた部族連合に、海を隔てた信仰をもたない者たちに（そして、おそらくは最後に、私たちの汚れ仕事をこれまでずっとやってきた下働きの人びとにまで）拡がってきたという出来事の連鎖である」。私たちは「なおも直感的に「われわれ」というよりも「彼ら」と見なしている」周辺化されてきた人々を視野に入れ、「彼らとの類似性」を察知するよう試みるべきなのだ（ibid.: 407）。

ルソー vs. ローティ

作田は以上の議論をずっと簡潔かつ的確に追うが、ローティの立場をこう整理する。ローティは、憐憫は学習されるものではなく最初から人類に与えられているとするが、それが人間の努力によって「近いところから遠いところへ及んでゆく」としている。そして、憐憫を基礎とした社会的統合で到達した最大の範囲は、ローティによれば「国民国家」である（作田 2012: 17）。作田はこれを、ルソーの憐憫による社会のヴィジョンと対比する。

すでに「自己愛と憐憫」で見たように、ルソーは憐憫を自己愛とともに自然状態の人間に与えられているものととらえた。それは人間と動物の境界を越えて苦境にある生き物にも向けられ、同類に向けられたときは〈我々〉に限定されずに「人類愛」となる潜在性をもつのであって、憐憫は「〈我々〉は〈彼ら〉ではない」という集団所属意識を超えて発動するところから始まった。だが、この人類愛は（実態としての集団を基盤としないから）実践する力が不足しており、これにエネルギーを与えるには憐憫の範囲を「人類から祖国へと圧縮する必要」があった。これが「祖国愛」であり、「〈我々〉と〈彼ら〉を区別し、〈我々〉だけに仁愛（benevolence）や憐憫を向ける個別主義（particularism）の立場」をとる。つまり、「普遍主義（universalism）」による仁愛や憐憫が行為として発動する実効性をもつには「個別主義」から力を借りねばならず、「本来は集団所属とはかかわりのない仁愛や憐憫が何らかの集団所属に依存するという進化のコース」を辿ることになるのだ（ibid.: 18）。この段階では、出発点にあった「自然の憐憫」は十分作用しなくなり、憐憫は国家の壁を越えて広がれなくなる。すでに見た「市民」はこうした「祖国愛」をもつ人間であり、普遍主義的憐憫は少数の「コスモポリタン」の魂にしか存在しえなくなる（ibid.: 19）。

　こうして、作田によればルソーは憐憫が「普遍主義」から出発して「個別主義」へと限定されたと考えた。これに対して、ローティが考えた「憐憫の進化のコース」はルソーと逆で、「個別主義から普遍主義に近づいてゆく」ものだ。そして、「近い将来において普遍主義に到達する見込みはない。というより、私見ではローティの理論に従う限り、普遍主義に到達することは不可能である」と作田はいう。なぜなら〈我々〉は他者との類似性の発見による同一化によるもので、類似性のより小さい〈彼ら〉を前提としない〈我々〉は理論上ありえず、憐憫はつねに「ローカル」な範囲にとどまるからだ（ibid.: 19）。最初は周辺にいた〈彼ら〉（たとえばユダヤの隣人）との類似性をいかに見出すかというと、それは「具体的な属性の共有の認知」、広い意味では「共通の集団所属」による（作田は、黒人の若者を同じ「アメリカ人」として憐れむという例をローティがあげたことを強調する）。ルソーの考えでは憐憫は「遠くへの愛（人類愛）」から出発して「近くへの愛（祖国愛）」へと局所化されるのに対し、ローティの考えでは「近くへの愛（隣の家族への愛）」から出発して「遠くへの愛（ネーションへの愛）」に向かう。そしてローティの「遠くへの愛」はネーションの範囲にとどまり、「人類への愛」へのめどは（希望はあるかもしれないが）立たない（ibid.: 22-3）。

このように対比したあと、作田は憐憫は「遠くから近くへ」のコースを辿るとするルソーの説に与したい、と言明する。なぜか。先に述べたように、ユダヤ教に現れている残酷さ回避の掟は「集団の庇護を失ったカテゴリーに入る人々（貧者、異邦人、寡婦、孤児）」にまず適用されており、この人々は集団の庇護を受けている「普通の人」から見れば遠いところに位置する人々だからだ。どの集団からも同一化を拒絶されている「疎遠な存在（ストレンジャー）」こそが強い憐憫の対象となりやすかったのであり、「同一の集団所属にかかわりのない疎遠な他者への憐憫」は、近い他者へのそれよりも利害関係がないので「純粋さの点では勝る」とさえいえる、と作田は主張する（ibid.: 23）。

ローティが憐憫の「普遍主義的傾向」という主張に強く反発するのは、これを支える「カントの理性主義」が気に入らないためだ、と作田は推測する。カントは憐憫や仁愛が人を動かすことを認めたが、彼が重要視したのは偶発的状況に支配される「感情」ではなく、普遍主義的に妥当する「理性」に支えられた「道徳的義務」であった。これに対してルソーのいう憐憫は、普遍主義的に適用範囲が拡散する傾向をもつが、「感情的に直接与えられたもの」であって、「反省を経た道徳的義務に規定されたもの」ではない。ルソーもカントもともに憐憫の広がりについて「個別主義」に対する「普遍主義」の優位を説くが、それぞれの「普遍主義」の根ざす領域が異なり、ラカンの用語を借りればカントの普遍主義は「象徴界」に根ざしており、ルソーの普遍主義は「現実界」に根ざしている（ibid.: 24）。

ここから作田はローティの「斬新さ」を評価する。ヘーゲルにしろハーバーマスにしろ、成員の情緒的一体感は共同体を閉ざすものとされ、倫理的熟慮こそ普遍的な社会の形成に通じると説かれることが多かった。ところがローティは「理性」よりも「感情」が公的領域の統合により貢献すると説いた。「憐憫の感情あるいは残酷さ回避の感情を基礎として社会的統合の可能性を追求するというローティの議論は極めて斬新である」（ibid.: 25）。つまり、作田はルソーの「普遍主義」の立場からローティの「個別主義」を批判し、カントの「理性主義」に対してルソー＝ローティの「感情」による社会構想を高く評価するのだ。

苦痛をめぐる類似性

だが、以上の作田のローティ評価は、ローティ自身のテクストを読むとある見落としがあり、それを補綴することで新たな議論の展開が可能になるように思う。『偶然性・アイロニー・連帯』に戻ろう。

先に、ローティが最終章「連帯」で、「われわれ」の感覚を周辺的だった「彼ら」に拡大する方向性を論じ（Rorty 1989＝2000: 400）、「彼らとの類似性」を察知するよう試みるべきだと論じた（ibid.: 407）のを見た。これを作田は「近くへの愛」から「遠くへの愛」というルートと理解したのだが、ローティはこのふたつの引用のあいだの箇所で次のように論じる。私が提起する見方は、「道徳的な進歩」と称される事態があるということ、そしてその進歩が現実に「より広範な人間の連帯」へと向かっていることを肯定するものである。しかし、その連帯は「あらゆる人間存在のうちにある自己の核心、人間の本質」を承認することによるものではない。むしろ連帯とは、「伝統的な差異（種族、宗教、人種、習慣、その他の違い）」を、「苦痛や辱めという点での類似性」と比較すればさほど重要ではないと考えてゆく能力によるものであり、この意味で「私たちとはかなり違った人びとを「われわれ」の範囲のなかに包含されるものと考えてゆく能力」によるものである。このために重要なのは、哲学的・宗教的な論考よりも、小説やエスノグラフィによって「さまざまな苦痛や辱めをそれぞれの細部に立ち入って描くこと」であり（オーウェルやナボコフのように）、これが近代の知識人が道徳的な進歩のためにしてきた主な貢献なのだ（ibid.: 401）。

この箇所でローティが参照を指示する第四章「私的なアイロニーとリベラルな希望」を見てみよう。ここで彼は「リベラルな形而上学者」と「リベラルなアイロニスト」を区別する。「アイロニスト」とは自身の行為や信念を根拠づける「終極の語彙」をつねに疑い続ける者（ibid.: 154）のことだが、リベラルの目標に役立つのは「屈辱をもたらすのは何か」という問いに答える「再記述」だけと考える。リベラルな形而上学者は「なぜ私は屈辱を与えることを避けるべきなのか」という問いに答えようとし、ある「共通の人間的本質」を論拠としようとする（カントを想定すればよいだろう）。リベラルなアイロニストはただ他者を辱めるのを避けるチャンスが再記述によって拡大されてほしいと願うだけであり、「誰もが辱めを受けやすいことの認知が、必要とされる唯一の社会的紐帯である」と考える。形而上学者は人間存在を特徴づける道徳を「より大きな共有する力――たとえば合理性、神、真理、歴史」との関係だととらえるが（ibid.: 186-7）、アイロニストは「自分を種に属する他の者たちと一つにするのは共通の言語ではなく、苦痛を受けやすいこと、とくに、人間が動物と共有しない特別な種類の苦痛――屈辱を受けやすいということだけ」と考えるのだ（ibid.: 189）。リベラルな形而上学者にとっては他者の苦しみを気遣う「理由・理性」を発見すること、「道徳の動機づけ」が重要だが、リベラルなアイロニストにとって重要なのは「苦しみが生ずるときに確実にそれに気づく」ことであり、他者に加えられる辱めを思い描く自らの能力、「想像を介して同一化する技量」であるだろう（ibid.: 189-90）。

最終章「連帯」の末尾近くでローティはこう述べる。「私たちはいま私たちがいるところから出発する以外にない」。私たちは「われわれ」以外に憐憫をもつことができないという地点から始めなければならない。この「エスノセントリズムの呪い」は「人類」や「すべての理性的な存在者」といった最大限の集団をもち出せば解けるものではなく、「そのような集団に自らを同一化しうる人は誰もいない」。この呪いを解くのはむしろ、「われわれ」を拡張し、いっそう「多様性に富むエトノス」を創造する「われらリベラルたち」のエスノセントリズムであって、「エスノセントリズムに疑いをいだくところまで到達した人びとからなる「われわれ」である」。ローティは「「人間性そのもの」との同一化としての人間の連帯」は、「哲学者が発明したもの」であって不可能だ、と重ねて主張する。彼がこれと区別する「自己懐疑としての人間の連帯」は、他者の苦痛や辱めを察知する自身の感性を疑い、現在の制度がそうした苦痛や辱めに対応しえているかどうかを疑い、可能なオルタナティブへの関心をもつことからなり、多くの人々が次のふたつの問いを区別できるようになった人間の歴史のエポックを示すという。つまり、「われわれが信じ欲していることをあなたは信じ欲しますか」という問いと「苦しいのですね」（"Aren't you suffering?"）という問いの区別であり、「あなたと私は同一の終極の語彙を共有しているかどうか」という問いと「あなたは苦痛をこうむっているのかどうか」という問いの区別である（ibid.: 410-2）。

以上の（作田が触れていない）議論において、ローティはどこまでも類似性を共有できる「われわれ」というローカルな範囲に憐憫を限定し、「人類一般」を決して立ち上げない。だから作田がいうように、「普遍主義」ではなく「個別主義」の側にい続けているといえるだろう。しかし、「われわれ」の範囲＝「類似性／非類似性」の境界は変化しうるものであると主張し、周辺的だった「彼ら」を包含可能であるとする。作田はこれを「近くへの愛」から「遠くへの愛」へという進化のルートととらえたが、ローティがここで述べているのはそのようなルートではない。それは「伝統的な差異（所属する宗教や人種など）」や「信じ欲するもの」を共有するという「類似性」と、「苦痛や辱めを受けている（あるいは受けうる）」という「類似性」を区別し、前者より後者を重要とみなすようになる、というルートである。ユダヤの隣人は「同じミラノ人仲間」「同じ職業の仲間」だから「われわれ」とされるのではなく、「私と同様に苦痛や辱めを受けている(受けうる)」という類似性から「われわれ」とされるのだ。この「われわれ」は人間性そのものと同一化する「理性」に支えられるものではない。「苦しいのですね」と問い、苦痛を感じる能力に支えられるのだ。

「われわれ性」と「外部性」

ここで「われわれ」は、「所属集団」とは異なった、「苦痛をめぐる類似性」によるものに置きかえられる。だが、「本質的な人間性」による同一化は不可能なものとして拒絶される。ここまでを見たとき、ローティの立場は作田自身の憐憫のとらえ方ときわめて近いところにあるように思われる。二〇一〇年の「自己愛と憐憫」によれば、ルソーは憐憫を「自然状態」における人間の生まれながらの性向と考え、「人類愛」へと向かうものと考えた。個別主義的な「市民」とは異なって、普遍主義的な「人類愛」をもちうる「コスモポリタン」は「人類の普遍的な苦しみ」を見出して、「祖国を超えて人類に及ぶ」憐憫を抱く。これに対して二〇一一年の「「存在の感情」と憐憫」で作田はルソーがいう「存在の感情」と憐憫を関係づけ、ドストエフスキーの『白痴』のムイシュキンによるロゴージンへの憐憫に言及したあと、こう述べる。憐憫が向けられるのは「他者一般」ではなく「特定のカテゴリーに属する他者」であり、そのカテゴリーとは貧者、異邦人、寡婦、孤児などの「集団の庇護を失った弱者」である。これはレヴィナスによれば「絶対的に異なる他者」であり、集団の庇護を失った「外部性」によって「存在の感情」を抱く人々を牽引する。

ローティは「人類愛」や「人間の本質性」に基づく同一化、「人間一般」(あるいは「他者一般」)への憐憫を不可能なものとして否定する。それはカントのように「理性」に根拠を求めるものでも、ルソーのように「感情」に駆動されたものでも、そうである。私たちが憐憫を抱きうるのは「類似性」をもつ「われわれ」に対してのみであり、憐憫は「ローカル」な感情なのだ。だが、その「類似性」は同じ集団所属によるものではなく、苦痛や辱めを受けている(受けうる)という「類似性」へと変化しうる。たとえば貧者、異邦人、寡婦、孤児はこの「類似性」の線引きによって、「われわれの一員」となりうるのだ。レヴィナスはこれを「絶対的に異なる他者」と述べたが、ローティはこれを「われわれの一員」になりうる者と呼ぶ。なるほど作田のいうように、ローティは「普遍主義」を徹底的に拒否するが、「集団所属」とは異なる「類似性」への境界変更を構想し、それとはまったく異なる「われわれ」「ローカル」の可能性を論じている。レヴィナス=作田は他者の「外部性」によって「存在の感情」が生じると考えるが、ローティは「苦しいのですね」と問いかける他者の「われわれ性」によって憐憫の可能性が開かれると考える。「集団の庇護」を失った他者を前にして「存在の感情」を覚えることと、「苦しいのですね」と問い他者の苦痛や辱めを感受することは、ほぼ同じことなのではないだろうか。その他者を「絶対的な他者」と呼ぶか「われわれの一員」と呼ぶかは、言葉づかいの違いだけのようにも思われる。

そしてその相違は、憐憫をめぐる「普遍主義」をどう考えるかという点を焦点とするだろう。おそらくローティも作田も、「すべての理性的な存在者」といったカント的な「人類」や「人間一般」に基づく「普遍主義」にはともに否定的であるだろう。ローティを評価するさいの作田は、ローティが「普遍主義」を拒否した点を批判し、ルソーが「普遍主義」を「感情」によって根拠づけたことに賛同した。だがいま見たように、ドストエフスキーを経由した作田は、憐憫が「他者一般」ではなく「特定の他者」に対するものだという。

ここで作田の一九六〇年と一九六四年のBC級戦犯をめぐる論考を振り返ってみよう。作田は一九六〇年論文でBC級戦犯による死の意味づけについて、「普遍主義－属性本位」による「自然死」型、「個別主義－属性本位」による「いけにえ」型、「個別主義－業績本位」による「いしずえ」型、「普遍主義－業績本位」による「贖罪」型を区別した。これに対して、一九六四年論文では西欧型の責任意識（＝「普遍主義」）である「贖罪」型を原点として、「個別主義」と「状況倫理」が結びついた「いけにえ」型がもっとも多いと論じたうえで、その状況倫理が個別主義とのバランスを失って深められると「自然死」型に、個別主義が状況倫理とのバランスを失って深められると「とむらい」死（一九六〇年論文にはなかった類型）に達すると論じる。そしてこの「とむらい」が生活をともにした仲間、日本人から他民族・異邦人を含め死んでいった者全体へと広がるとき、「個別主義を超えて普遍主義につながる可能性」をもつとした。ここには、ある規範によって普遍的な権利義務の世界を構想する西欧型のヒューマニズム（あるいは「普遍主義」）とは異なって、「個別主義」を経由することで「普遍主義」へと接近するルートが見出せる。カント的な「理性」による「普遍主義」に基礎づけられた責任の概念ではなく、「人間の弱さと無力さ」を共有することによる「類似性」に基づいた憐憫の感情が（「われわれ性」が）ここにあるといえるだろう。

作田もローティも、個別主義と普遍主義の境界を引き直す。通常の個別主義が「集団所属」に基準を見出すとするならば、作田は集団の庇護を失った「外部性」をもつ〈他者〉に憐憫を見出し、ローティは「苦痛をめぐる類似性」をもつ「われわれ」に憐憫を見出す。おそらくこれは「無辜」でありながら「いけにえ」となった存在に対する「連帯」を可能にするものだろう。作田がドストエフスキーから引き出した「社会の〈再生のための死〉」の条件は、「加害者の救済」「迫害者集団の浄化」であり、「無辜のものを殺してはならないという新しい価値観」を社会（すなわち迫害者の共同体）にもたらすことだった。そして、「いけにえ」によってその種子を植えつけられた集団が「既存の社会法則からどの程度離脱して生活したか」がその試金石となる。「いけにえ」が屠られたという事実に向き合うことにより、集団の庇護を失った「外部性」をもつ〈他者〉とつながり、「集団所属」とは異なる「苦痛をめぐる類似性」によって新しい「連帯」をつくることができたとしたら、それは「加害者」「迫害者」の社会を新しい価値のもとで再生することになるかもしれない。

だが、ＢＣ級戦犯は「いけにえ」（戦犯刑歿者）であるとともに、彼ら自身が「迫害者」（戦争犯罪者）でもあった。憐憫によって迫害者（罪人）としての彼らは救われるのだろうか。「迫害者」かつ「いけにえ」だった彼らの死は、どのようにしたら共同体の救済がなされる〈再生のための死〉となりうるのか。素朴に考えて、迫害者は「憐憫」が向けられる〈他者〉ではなく、「憐憫」によって連帯する「われわれ」の外部にいるように見える。ＢＣ級戦犯は「いけにえ」であって、「憐憫」を向けることはもちろんできる。だが、彼らは「原罪」を犯した者たちであって、「憐憫」を向けられるべき「いけにえ」を虐殺した者なのだ。彼らが（そして彼らを）生み出した「共同体」は、いかにして再生され、いかにして救済されるのだろうか。

次節では、ここで見た「憐憫」論の直前に展開された作田の「赦し」論を検討したい。

3. 赦しと〈他者〉——「共同体の外部」へ

【1】「純粋な赦し」の不可能性

デリダの「赦し」論

一九九〇年代、フランスの知識人のあいだで「赦し」をめぐる議論が盛んに行われた。フランスでは一九六四年に「時効なし」の法律が制定され、戦時中ユダヤ人の強制移送にかかわった責任者たちの裁判が次々と行われたが、一九九六年に裁判が開始されたモーリス・パポンのケースもその一例である。当時八六歳だったパポンは第二次大戦後パリ警視総監や予算大臣を務めた政治家だが、ヴィシー政権下の一九四二～四四年にジロンド県でユダヤ人約一五〇〇人をドイツ当局に引き渡したという「人道に反する罪」で一九八三年に起訴され、一九九八年に禁固一〇年の判決が下ったが、控訴審前に逃走、九九年にスイスで逮捕された。

一九七〇年西ドイツのブラント首相がワルシャワのゲットー記念碑を訪れてユダヤ系ポーランド人に対して謝罪し、一九八五年にはワイツゼッカー大統領が議会で加害責任を表明した演説がヨーロッパで大きな反響を引き起こした。また「赦し」がなければ解決不可能なコソボ紛争が一九九八～九九年に起こり、南アフリカでは一九九六年にネルソン・マンデラの主導のもと「真実と和解」委員会が設置されて、デズモンド・ツツ大主教が委員長としてアパルトヘイトについての調査結果を公表した。こうした背景のもと繰り広げられた「赦し」についての議論の中心には哲学者ジャック・デリダがおり、一九九九年の「世紀と赦し」、同年の『言葉にのって』に掲載された「正義と赦し」などの論考を残している。彼は一九九七年から九九年に社会科学高等研究院で「偽証と赦し」をめぐるセミネールを行っており、その第一回の原稿は『赦すこと——赦し得ぬものと時効にかかり得ぬもの』として死後の二〇一二年に刊行されている。

作田啓一はこれに呼応して、二〇〇七年に「純粋な赦しを巡って」、二〇〇八年には「報復・正義・赦し」を『Becoming』に発表している（前二段落は二〇〇七年論文の冒頭部にいくつかの事実を補足したものである（作田 2007:25-6））。作田は以上の動きに「二〇世紀中葉で起きた大規模の人権侵害」（ibid.: 25）という「赦しえない罪」への「不変の告発」と、「赦しえない罪をも赦そうとする意志の表明」を聴き取って、デリダの「赦し」論を検討することで「赦し」の問題系に近づこうとする（ibid.: 26）。「二〇世紀中葉」の日本の戦争犯罪を一九六〇年代に論じた彼が、四〇年以上後の「赦し」論でなにを抽出することになったのだろうか。ここではまず作田の二〇〇七年論文と、そこで参照されているデリダの論考「世紀と赦し」を見てみたい。

作田は、デリダの「純粋な赦し」という概念が「誇張法（hyperbole）」の適用の産物だ、という。誇張法とは「対象の属性を思考可能な範囲まで広げたあと、それらを懐疑により捨象してゆき、究極の、あるいは純粋な対象に到達する方法」であり、「遮蔽物を消去して、対象の隠された本質を明るみに出す方法」である（ibid.: 26）。デリダによれば、「赦し（pardon）」は「免除（excuse）」、「遺憾（regret）」、「特赦（amnistie）」、「時効（perscription）」などと混同されるが、これらのいくつかは「法律（droit）」に属している。だが、赦しは法律と異質であって法律には還元できない。赦しは慣習においても制度化されているが、「制度に還元できない部分」を残しており、この部分が「純粋な赦し」である。赦しの行為は制度化されない限り広がることはなく社会的効力もないが、これらの制度の底に横たわり動かしているものとして「純粋な赦しのリアリティ」がある（ibid.: 27）。

「純粋な赦し」は制度化された赦しとは異なり、「赦す者と赦される者」の二人に限られるものであり、この両者は集団的カテゴリーの一員や代表者ではない「純粋な個人」である（ibid.: 27）。これをデリダは「特異性（singularité）」（あるいは「独異性」「単独性」）と呼ぶが、「赦しは特異性と特異性とのあいだで起こる」（ibid.: 28）。デリダの「世紀と赦し」を引くならば、赦しは罪人と犠牲者という「二つの独異性」にかかわらなければならず、第三者が介入するやいなや（特赦・和解・補償ならまだ語りうるとしても）「純粋な赦し」は語ることができなくなる。「真実と和解」委員会の前で、拷問を行った警官に夫を殺害された女性が「委員会や政府のようなものに赦すことはできない。私だけが、場合によっては、赦すことができるだろう」と語ったように（Derrida 1999 = 2000: 98）、「誰かになんらかの赦す資格があるとすれば、それはただ犠牲者だけであり、第三者的な制度ではない」（ibid.: 99）。いや絶対的な犠牲者は彼女の夫であり、「死んだ犠牲者はつねに不在」であって、「死んだ犠牲者の名において赦す権利が誰にあるのか？」とデリダは問いかける（ibid.: 99）。

作田はデリダのいう「純粋な赦し」が「無条件の赦し」であることを強調する。「それは加害者の側の悔悛とそれにもとづく赦しの請願を条件としない」。この条件での赦しは「一種の交換」になってしまうのであって、純粋な赦しは無条件という意味で「贈与」に近い。赦しは加害者側の釈明とも無関係である。釈明の余地がまったくなく悔悛の意も表さない加害者を、「それにもかかわらず赦す」（作田 2007：28）。デリダを引けば、悔悛や赦しの要請によって加害者は「罪人よりはよい者」に変化しており、「罪人それ自体」ではなくなっている（Derrida 1999＝2000：93-4）。ここでは罪人の悔悟や変化と赦しが交換されることになり（ibid.：99）、これは「純粋な赦し」ではない。「赦しはただ赦しえないもののみを赦す。赦すことができるのは、赦さなくてはならないであろうのは、赦しが――そのようなものがあるとして――あるには、ただ赦しえないものがあるところだけである。要するに、赦しは、不可能なものそのものとしておのれを予告しなくてはならない」（ibid.：92）。

いいかえれば、悔悛も赦しの要請もしない加害者と被害者のあいだには「過誤の性質について」合意もなく、罪人は犠牲者にとって「理解不可能」な存在である（作田 2007：28）。作田はデリダをそのまま引用し、赦しはこの「理解不可能なものの夜に、しかし明晰に、没入していく」（ibid.：29；Derrida 1999＝2000：102）、という。作田はこうした加害者を「訳の分からない怪物のような他者」と表現するが、こうした罪人を「理解」するときには交換のプロセスが始まるのであって、これはもはや「純粋な赦し」ではなくなるだろう（作田　2007：29）。だから、「純粋な赦し」は狂気のなかにいなければ不可能なものである。では、デリダはどうしてこのように「不可能な」概念を提案するのだろうか（ibid.：30）。

「純粋な赦し」と「絶対的正義」

デリダは、次のように記す。われわれの赦しの観念は「絶対的な準拠の極、つまり無条件的純粋性を奪われるやいなや」たちまち崩壊してしまうが、にもかかわらずそれは諸条件の次元、悔悟や変化、法律、政治、生活など異質なものと切り離されては存在しえない。「無条件性の極と条件性の極は、絶対的に異質であり、相互に還元不可能」でなくてはならないが、同時に「それらは分離できない」（Derrida 1999 = 2000:99）。これを作田は（デリダのテクストには以下の表現は見当たらないが）こう解釈する。純粋な赦しは条件性の極へ向かうことによってのみ社会的に実現されるが、赦しが条件性の極に傾いてしまいもはや赦しとはいえないものとなってしまう場合がある。これを見分ける役割を果たすのが「純粋な赦し」の概念であり、これに照らし合わせることによって「赦しでないもの」に逸脱している場合を見分けられる（作田 2007:30）。

作田によれば、デリダはとくに「法律 = 権利（droit）」で規定されている赦しと純粋な赦しが異質なものだと主張する。繰り返しになるが、赦しえないものを赦す純粋な赦しと制度化・法制化された赦しは互いに還元不可能である。だが、赦しはつねに法的なものと「対立関係」にあるわけではなく、デリダにとって赦しと「法（loi）」はむしろ「対応関係」にある。その例として、先にあげたパポン裁判に適用された一九六四年の「人道に反する罪には時効はない」という法律を見ればよい。法律は「時効」という概念をもつが、「時効にかかりえない」という概念は「無条件的なもの」、非歴史的な永遠性、ある種の「法の彼岸」であって、ここに示されたのが「法律」と区別される「法」である（ibid.: 32）。通常の「法律 = 権利」は時効を認め、一定の時間経過を条件に「赦せ」と命ずる。ところが「法」は「人道に反する罪」に対しては時効を認めず、これを断じて「赦してはならない」と告げる。これは「無条件性」の共有において「純粋な赦し」と対応する。「普通の赦し」（つまり条件的赦し）と時効を支える「法律＝権利」は条件性において対応する。対して「純粋な赦し」は無条件に「赦せ」といい、「時効にかかりえない」ものを支える「法」は無条件に「赦すな」といって逆方向の通告をするが、無条件性によって同じ側にある（ibid.: 33）。

作田は、デリダは両者の対応を当然とみなしていて、なぜ対応しながら「逆説的」であるかを説明していないとし、これを論じるのにアンリ・ベルクソンの「絶対的正義」の概念を参照する（この概念はデリダの念頭にもちろんあった、と断りながら）。ベルクソンは「国民さらには人類の生存のために何の罪もない人間が苦痛を耐え忍ばなければならないとしたら？」という問いを設定し、そのときわれわれはこう叫ぶという。「そういうことがあってはならぬ、そんなことが赦されるくらいなら、むしろ地球が破裂すればよいのだ！」これが「絶対的正義」の叫びである。相対的正義はなにかとなにかを秤にかけてより重い方を選択するが、絶対的正義は「無辜の人間の苦痛と万人の幸福とを秤にかけることを拒絶する立場」であり、無条件であることを主張する。「何かよいことを実現するという条件で無辜の人間に苦痛を加えることを絶対に赦してはならない」。この絶対に「赦せない」という声と、自分を苦しめた者をも「赦す」という声は同じ調子であって、「同じ層から発せられる声」であると作田はいう（ibid.: 34）。

このふたつの声の関係について作田はこう「私見」を述べる。正義はつねに公平を志向するが、公平の声は両当事者とは別の「第三者」以外に発せられる場所をもたない。ベルクソンのいう「そういうことがあってはならぬ」と叫ぶ者は被害者でも加害者でもなく、「第三の審級に属する者」である。その人物は相対的正義の場合のような精度の高い秤を用いるわけではないが、無辜の人の人権は万人の福祉よりいつも重いことを表示する秤を用いている。この第三者は公平をめざすかぎり、不当な苦痛を負わされている被害者に対して「加害者を赦せ」とは（公平に反するから）決していえない。第三者が発することができるのは、加害者に対する「「赦せない」という裁きの声」だけである。作田はこのような理由で、第三者が介入しない象限での「赦す」という声（「純粋な赦し」）が第三者の介入する象限では「赦せない」という声（「絶対的正義」）となって現れる、とする。そしてこのふたつの声の関係を、デリダは「赦すことができないもの、不可能なものを赦す」という形でとらえた、と解釈する（ibid.: 35）。「純粋な赦しを探求する被害者の立場」と「絶対的正義を要求する第三者の立場」（ibid.: 37）は、無条件性を共有しながら逆側にある。

罪の共有者としての融合

このデリダの赦し概念に対して、ウラジーミル・ジェンケレヴィッチ、エドガール・モラン、ポール・リクールらが反論を繰り広げた。作田はそれを詳細に検討するが、要約すればその焦点は「無条件の赦し」の概念を承認しないという点にあり、彼らは赦しには加害者の変化あるいはその可能性という条件が不可欠だと主張する。つまり、悔悛の態度、赦しの請願、更正の誓約などによって「加害者が別の人間になるという条件」のもとでのみ赦しが可能になるとする。しかしデリダは、これは加害者の変化と赦しの「一種の交換」であって、交換は等価を条件とするので、これは無条件な赦しではないとする（ibid.: 39-40）。

このことを作田は次のように考える。等価交換あるいは均衡を求めるのは「象徴的世界」を生きる人間の本性だが、デリダは誇張法を用いて「均衡を求めるという人間的条件を超えるところまで赦しとは何かを探求してゆき、ついに純粋な赦しの概念に到達」した。その到達点は「象徴的世界の彼方、ラカンの用語を借りれば現実界」である。純粋な赦しは不可能だ、というのは象徴的世界のなかでのことであり、この世界では純粋の赦しは狂気である。だが、「象徴的世界での普通の赦し」は「現実界での純粋な赦し」が実効性のある形をとって現れ出たものであって、「人間には到達することができない純粋な赦しではあっても、この源泉から出てくる力とヴィジョンなしには、象徴的世界の中での普通の赦しも現れることはない」（ibid.: 41）。作田はこのように、「純粋な赦し」と「絶対的正義」をラカンがいう「現実界」に見出し、この世界に源泉をもつ力とヴィジョンが象徴的世界での「普通の赦し」と「法律＝権利」をはじめて可能にすると考えるのだ。

純粋な赦しは不可能であるから、その範例をデリダがあげることはない。作田はその範例としてまたしても『白痴』の最終場面、ムイシュキンがロゴージンに向き合い、「ロゴージンを赦す」シーンに言及する（ibid.: 41）。これは遠くから見れば「人間と人間との一般的な対面の場面」だが、近寄ってみれば「デリダの言う特異性の担い手としての個人と個人との対面」である。彼らはなんらかの「集団的カテゴリーの一員または代表者」ではなく、「ギラギラするほどの特異性の光を放つ個人同士」として向かい合っており、「純粋な赦しはこのようなあいだでのみ発生する」。作田は人間と人間を隔てるのは「人間を集団的カテゴリーの一員に分類する象徴の作用」であり、この象徴化から洩れ落ちるのが「特異性を担う個人」であるという。「人間が特異であればあるほど、それだけ彼／彼女らのあいだの壁は薄く、あるいは低くなる」、そしてそのあいだの「相互浸透」が容易になる。『白痴』の最終場面では「特異者のあいだにおいてだけ可能な自他の融合」が起こり、「象徴的世界の中では不可能なことがここでは可能となっている」。このときロゴージンに続いてムイシュキンも狂気に陥ろうとしており、「純粋な赦しは狂気においてでなければ不可能であることを、ドストエフスキーのこのテキストは描写している」と作田は解釈する（ibid.: 43）。

そして作田は、この自他の融合は「苦悩している犠牲者が有罪者の苦悩に共感すること」から生じる、と考える（ibid.: 43-4）。ドストエフスキーにおいては「苦悩の共有」が「赦し」の前提あるいは契機とされる。これはどうしてか。作田はドストエフスキーの作品にしばしば登場する「万物の調和に参加していると感じる神秘家」という存在に注目し、こう説明する。神秘家は自分自身を含めた人間がこの調和から脱落し、不和や反目から苦悩が生じるということを経験しており、この「楽園喪失」による共通の苦悩が前提となって「被害者の加害者への赦し」が生まれる（ibid.: 44-5）。つまり、「調和に満ちた楽園のヴィジョン」をもっている者は、それと照合して普通の世界における不和や反目を発見して苦悩し、「楽園のいささかでもの回復」を希求して「赦し」をめざす、というのだ（ibid.: 46）。

以上のあまりにも圧縮されていまひとつ腑に落ちない説明を、作田は「赦しの専門的な研究者たち」の議論によって補強しようとする（彼はウィスコンシン大学のJ・ノースらの赦し研究（つまりは「普通の赦し」を対象とした研究）を引く）。研究者たちは赦しのプロセスをモデル化するが、そのなかに被害者が「加害者もその行為によって苦しんでいることを認め、同情（compassion, empathy）や憐憫（pity）を加害者に対していだく」という契機がある。被害者も苦悩しているから、この同情や憐憫は「苦悩の共有」「共苦」を意味するが、さらにモデル作成者たちはこれに先立つ段階として「被害者の側にいる自分もまた神の前では罪人《つみびと》であるという認識」があることをあげる。つまり、「罪の共有者として被害者が加害者に向かう時、同情や憐憫が生じる」。この罪の意識は「楽園からの追放者としての苦悩の別名」であり、それを共有するかぎり「被害者は加害者と同類なのだ」（ibid.: 47）。

被害者が加害者と、犠牲者が迫害者と「同じ罪びと」であると認識し、苦悩を共有する。このことが「自他の融合」を可能にし、「可能な限りの純粋な赦し」を可能にする。作田は、このモデルは被害者がキリスト教徒であることを前提としているが（ibid.: 47）、苦悩の共有には「原罪」のようなキリスト教的観念は必ずしも必要ではなく、「ヴィジョンとしての調和状態」からの（ぼんやりしたものでも）「脱落の意識」があれば十分である、という。仏教のコスモロジーでも、宗教的コスモロジーなしでも、「ヴィジョンとしての調和状態→そこからの脱落としての共有される苦悩→その苦悩からの脱却としての不和や反目のない状態への希求→赦しの行為」という過程は成立しうる（ibid.: 48）。われわれは調和から脱落した同じ罪びとである。この認識が苦悩の共有を生み、自他の融合を生み、「赦し」を生む。

【2】「報復」から「〈他者〉からの正義」へ

血讐／賠償／刑罰

翌二〇〇八年の『Becoming』二二号で、作田は「正義」と「赦し」の問題を再度とりあげる。「報復・正義・赦し」と題されたこの論考で、作田は「正義の裁き」を人間の本能的な攻撃性が昇華したものととらえ、その原初形態である「制度化された報復（復讐）」から「正義の裁き」にいたる刑事的制裁の進化の跡を論じる。この進化の過程において、どのようにして「正義の理念」が「赦し」へと開かれていくことになるのだろうか（作田　2008: 3）。

作田はまず「攻撃性」を人間の本能としてとらえる見方を検討するが、これについては一点だけ触れよう。「攻撃性」は外的刺激によって発動される。自然状態にもそのような外的刺激は存在するが、相互作用の密度が自然状態より高度である「象徴的世界」においてはそれがより多量に氾濫しているだろう。街路上での偶然の接触や自分以外の誰かに発せられた言葉さえ自分への攻撃と受け取られることがあり、これに対して自己を防衛しようとする攻撃が「報復」である(ibid.: 6)。作田はここから出発して、「報復」がいかに「刑罰」へと進化し、「攻撃性」が「正義の理念」へと通路づけられるかを見ていこうとする(ibid.: 8)。

古くから人間の報復行動がもっとも大規模かつ広い範囲で見られるのは「血讐(血の復讐)」と呼ばれる形態であり、家族・親族の一員が他の家族・親族の一員によって殺害されたとき、殺害という方法で報復する慣行である。被害者集団は通常加害者をねらうが、加害者当人の代りに加害者集団に属する誰かをねらう場合もある(個人ではなく集団が責任を追及される)。この場合も一人が殺されれば一人を、二人が殺されれば二人を殺すという「衡平性」が維持されており、反撃の対象が被害者の人数を上回るのは例外的である。のちに王制のもとで「目には目を、歯には歯を」という「同害報復(タリオ)法」が成立するが、原初的段階でもすでに「衡平の原則」が大ざっぱな形だが姿を現していた(ibid.: 8-9)。

この衡平性は部分的には自然のメカニズムによる。被害者の防衛のために生じた流血の報復はその目的を超えて遂行されると不快感や嫌悪感を引き起こし、遺族は報復に多大なエネルギーと時間を犠牲にすることにもなるから、日常生活を維持するには報復はある限界を超えないだろう(ibid.: 9)。しかし自然のメカニズムによる均等化は大ざっぱなもので、被害者側の反撃が加害者側の反撃を誘発して両者の応酬がいつまでも繰り返される場合もある。攻撃と反撃の循環を断ち、両者のバランスの大ざっぱさを規制するには「自然のメカニズムを超える共同体の調整装置」が必要である。作田は、ここで「自然のメカニズムに身を任せる両当事者の外部の第三者すなわち共同体」が登場することになるという。これによって以前に比べれば完全に近い「衡平の原則」を実現することができる（ibid.: 10）。

この規制はどうして生じたのか。諸家族・諸親族を含む部族の統合、部族連合の広域共同体としての統合が強まると、諸家族・諸親族間の攻撃への反撃が過剰にならないようにする方策が講じられるようになる。過剰な反撃は部族・部族連合の共同体としての力を弱め、他の共同体につけこまれる恐れがあるため、内部の抗争による物質的・精神的な傷を小さくしようとするのだ。こうして、部族・部族連合という（家族・親族を超えた）共同体の首長が反撃は攻撃に等しい程度でなければならないとする規制を行うようになり、その制度化の一形態が「タリオの法」だった（ibid.: 10-1）。作田はこれを、反撃しようとする自我が自我を抜け出し自他の被害・加害のバランスを判定する第三者の立場に立つ段階であるとし、この「第三者」が「自我理想」であって「正義」はこれに帰属するという（ibid.: 12）。そして、血讐の慣行を維持しながら、加害者－被害者間の紛争に公権力が介入して無制限な血讐を規制するタリオ法は「血讐と刑罰の移行段階」にあるとする（ibid.: 13）。

この移行において血讐にはさまざまな制限（復讐者・被復讐者の範囲が縮小され、裁判所の許可が必要になり、加害者が安全を保障される避難所が設けられ、「寡婦、孤児、旅行者、外国人、宗教家」への復讐が禁じられる、など）が加えられていくが、なかでも重要なのは流血が賠償金に代えられる制限である。当初は賠償金を受け取って復讐を断念することが恥辱とみなされたが、流血か賠償金かを被害者が選択する段階に移り、流血に代わる賠償金の受納が義務化される段階にいたる（ibid.: 13）。こうした血讐の制限は「同じ集団の成員の生命を濫費したくないという集団意識の表れ」だと作田は考える。そして、集団成員の生命価値の上昇は、「賠償制度」とともに、もうひとつの制度、「刑罰」を準備する（ibid.: 14）。

賠償制度から刑罰制度への移行においては、それまで賠償の対象となっていた窃盗、強盗、放火、傷害、殺人、謀殺などが、「不可贖罪」とされていく。つまり集団成員の生命価値の尊重によって、普通の成員への攻撃が不可贖罪のリストに加えられるのである。賠償制度の段階においても共同体は諸血縁集団の争いに介入する「第三者としての審級」に達していたが（衡平の原則により、被害者に賠償金を受け取ることで血讐を断念する義務を課す）、刑罰制度において「第三者としての共同体」の役割はもう一段高まるといえるだろう（ibid.: 15）。賠償制度では、被害の回復は被害者－加害者間の賠償金の受納を通して行われ、第三者である共同体は両者間の取引がスムーズに行われるよう介入するにとどまった。これに対して刑罰制度では、共同体（国民共同体ないしそれを組織する国家）が被害の回復をもはや被害者側に委ねることに甘んじなくなり、共同体自身は直接被害を受けていないにもかかわらず、成員への加害に対して（まるで被害者であるかのように）反作用する（ibid.: 16）。「不可贖罪」とは加害者－被害者間の取引を禁ずることを意味し、苦痛を加えた加害者に苦痛を返すという刑事的反作用はある面では「血讐の再現」であって、刑罰は「被害者をみずからと同一化した第三者」（つまり共同体）が行う復讐と見なすこともできる（ibid.: 17）。

「第三者」から「第四者」へ

こうして、血讐→同害報復（タリオ）法→賠償→刑罰という刑事的制裁の諸段階を通じて、衡平の関係は加害者（攻撃者）－被害者（反撃者）の両当事者の視点で維持されていたのが、「第三者の視点」によって維持される段階へと移行し、両当事者の私的利害関係による汚染から次第に離脱する。そして「衡平は個々の具体的な状況を超越した理念ないし原則と化する」に至り、象徴的世界の一角を占めて「正義」と呼ばれ、それを保障するものが「法」とされる（ibid.: 18）。作田は「衡平の原則」を、攻撃に対して防衛のために反撃する装置を備えつけている人間が象徴界においてこれを規範（ルール）化したものととらえ、これが緻密に適用されるにいたったとき「象徴的世界から相対的には独立する象徴界の審級」に達しているとする。「衡平の原則」としての「正義」は国民共同体と強く結びつき、「共同体の名において」制定された「法律＝権利（droit）」となるのだ（ibid.: 19）。

ところが、「世界は滅ぶとも、正義は行われしめよ」という古いことわざのように、共同体の善（福祉）と正義が両立しない場合正義を優先させるべきと主張する「共同体を超える正義」がある。二〇〇七年論文でも引かれたベルクソンがいう「絶対的正義」がそれであり、共同体の福祉のためにひとりの無辜の人が苦悩を引き受けなければならないとしたら「そんなことが許されてはならない」と叫ぶのが絶対的正義の声である。作田によれば、この正義は「衡平の正義（相対的正義）」とは異質である。「というのは、絶対的正義とは衡平の正義をつかさどる第三者＝共同体そのものを裁く正義だからである」。この正義の声は「第三者＝共同体の外に身を置く者、いわば第四者の立場から発せられる」（ibid.: 19）。もちろんこの正義も、共同体の福祉と犠牲になる無辜の者を秤にかけているから「衡平の原則」に従っているといえなくはないが、これは「第三者が準拠する」衡平の原則（相対的正義）に対して、「第三者を超える立場にある者が準拠する衡平の原則」である（ibid.: 20）。

作田はこれを次のように整理する。共同体と深く結びついた正義も、両当事者の利害関係による汚染から離脱し「象徴界のレベル」に到達していた。しかし、「いまや共同体の内部にあって発展してきた正義が、その母胎である共同体そのものを裁く正義へと移行したのだ」。この正義の住まう象徴界は、共同体から完全に分離した「共同体の外部に位置する象徴界」である。作田はこの「絶対的正義」を「衡平の正義」と区別して、「〈他者〉からの正義」と名づける。この他者とは共同体の外部にいる〈他者〉であり、「〈他者〉からの正義」とはこうした〈他者〉の呼びかけに応えようとする正義である（レヴィナスやデリダの正義の理説は「〈他者〉からの正義」として位置づけられると作田は主張する)。あるいはこの〈他者〉は、「共同体の必要のために酬われることのない苦痛をこうむらされる無辜な存在者一般」のことである。この〈他者〉は殺されても代わりに復讐してくれる血縁者のいない「殺され損の人々(ホモ・サケル)」であり、レヴィナスが〈他者〉として例示する「貧者、寡婦、孤児」もこれに当たる(ibid.: 20)。また、内線や戦争で共同体の庇護を失った「難民」もこのカテゴリーに近く、ナチス・ドイツによって強制的に収容され殺害されたユダヤ人も、ナチス・ドイツにとっては「〈他者〉の巨大な群れ」であった(ibid.: 21)。

〈他者〉からの正義

「〈他者〉からの正義はどの社会においても法律=権利(droit)の形で書き込まれることはない」(ibid.: 21)。この種の正義はデリダのいう「法(loi)」であって、ときに「共同体の善の優位と両立する形」で法律=権利のなかに取り込まれることがあるが(たとえば一九六四年七月ジョンソン政権のもとでの公民権法の制定による黒人の公民権の承認)、ときに「現存の共同体の優位との両立に甘んじようとせず、既存の共同体を破壊して新たな共同体の実現をめざす革命運動への起爆剤」となる。そして「この新しい共同体もまた新しい〈他者〉を産み出したことは、よく知られている通りである」(ibid.: 21-2)。ここで作田は、動物段階の攻撃性から出発し、血讐に始まる刑事的制裁の進化を経て、「〈他者〉による正義」にいたるまでの過程を「昇華の過程」と総括する（ibid.: 22）。

この「攻撃性の昇華の極限である〈他者〉からの正義」は「攻撃性の否定としての赦し」とひとつになる。作田は二〇〇七年の前稿で到達した結論を「共同体を超えた正義の観点を導入して再説する」と断りながら、「赦し」を次のように定義する。「赦しとは、何らかの事情で共同体の成員性の資格からはみ出した、あるいはそれを欠く〈他者〉への愛の作用である。人はこの成員性の資格からはみ出している、あるいはそれを欠く限りにおいて、彼／彼女はデリダの言う特異な個人すなわち〈他者〉なのだ」（ibid.: 22）。

この〈他者〉は、成員と成員間および成員と共同体間の「衡平を求める正義」の視角からは見えにくいものであり、「〈他者〉からの正義」という理念を通してはじめて鮮烈なイメージをもって視野に入ってくることになる。「赦し」とは「ほかでもない〈他者〉」に向けられるものであり、「赦すことが困難な――デリダによれば「不可能な」――〈他者〉への赦し」のみが「純粋な赦し」である。「純粋な赦しは加害者に対して無条件に向けられるものでなければならない。無条件とは相手が赦されるべき条件を備えているかどうかを問わない、ということである。つまり、相手が共同体の普通の成員としての資格を備えているかどうかにかかわりなく、相手を赦す、ということにほかならない」（ibid.: 22）。「共同体の成員」ではない、つまり「共同体の外」にいる〈他者〉（それは「加害者」、「罪人」である）を無条件に赦す。この「純粋な赦し」の無条件性は、作田によれば、「〈他者〉からの正義という理念」を通して出てくるものである（ibid.:

22-3)。「それゆえ、衡平の正義ではなく〈他者〉からの正義が、純粋な赦しへの道を拓くのである」(ibid.: 23)。

最後に作田はラカンの用語を用いて本稿をまとめようとする。作田によれば「赦し」は「リアルな欲望」であり、ラカンのいう「現実界」に属する。これに対して「〈他者〉からの正義」という理念は「象徴的なものの一種」であり、この象徴的なものが赦しという欲望に向かって開かれていると考えられる。ラカンは「欲望は象徴的なものを通して実現される」と各所で語っているが、これは「現実界は時として象徴界とひとつになる」ということであり、「時として」とは「昇華が起こった場合」を意味する。「赦し」への欲望(現実界)が「〈他者〉からの正義」(象徴界)を通して実現される。二〇〇七年と二〇〇八年の論考は「赦し」と「正義の裁き」という相反する要求がどうして同一物の両面なのかという問いに答えようとしたが、これはラカンの「現実界と象徴界の合一」という命題によって導かれたものだった、と記して、作田はこの凝縮された短い論考を結んでいる(ibid.: 23)。

【3】〈再生のための死〉への可能性

共同体外部の〈他者〉との連帯

以上の作田による二篇の「赦し」論をどのように読めばよいのだろうか。たとえばこれを、BC級戦犯たちが読んだと想像したら、どうだろうか。捕虜たちを「いけにえ」として虐殺し、集団の代表という「いけにえ」として処刑された彼らはこれをどう読むだろう。

二〇〇七年の「純粋な赦しを巡って」で、作田はデリダに従って「制度化された赦し」と「純粋な赦し」を峻別する。「制度化された赦し」「普通の赦し」は共同体が制定した「法律＝権利」の枠内にあり、第三者がこれに介入することができる。それは加害者の釈明・悔悛・請願・変化と被害者の赦しを「交換」するものであり、条件的な赦しである。これと対応するのが「相対的正義」であって、被害者と加害者とは別の「第三者」が「公平」を志向して秤量し、「法律＝権利」に基づいてときに「時効」を宣告する。これは等価交換あるいは均衡を求める「象徴界」での赦し・正義であり、「共同体」の内部に位置づけられる。

これに対して「純粋な赦し」は、赦しえないものをそれにもかかわらず赦すという「贈与」に近い無条件な赦しである。それは「公平」を志向する「第三者」や制度によるのではなくて、犠牲者（赦す者）と罪人（赦される者）という二者のあいだに限定されるものであり、そこでは人間と人間を隔てる「集団的カテゴリーの一員・代表者」という象徴の作用は脱落して「特異性」を担う「純粋な個人」同士が対面する。これと対応するのが「絶対的正義」（「法」）であって、無辜の人間の苦痛を他のなにとも秤にかけることを拒絶して「赦せない」と叫ぶ「第三者の声」である。「純粋な赦し」と「絶対的正義」は「均衡」という条件に支配される「象徴界」ではなく「現実界」に見出され、ここでは苦悩している犠牲者が有罪者の苦悩に共感し、犠牲者（被害者）自身が迫害者（加害者）と「同じ罪びと」、「罪の共有者」であると認識することによって

「自他の融合」が生じることになるだろう。

ここで作田は、「共同体」の内部の原則をふたつの方向で突き破ろうとしているように思う。共同体は「交換」と「公平」によって営まれ、「第三者」の審級がこの原則を「相対的正義」による「法律＝権利」としていたが、「絶対的正義」は公平を志向する「第三者」そのものを拒絶し、「純粋な赦し」は「交換」とは異なる無条件な「贈与」に近づいていく。また共同体の内部では、人は「集団の一員」や「集団の代表者」として象徴界をまとって出会うことになるが、「純粋な赦し」ではこうしたカテゴリーを剝ぎ取られて「特異性」と「特異性」として出会い、同じ苦悩している者、同じ罪人として融合することになる。一方で共同体が依拠する「第三者」の審級よりもいわば上に超越し、他方で集団所属を剝ぎ取って純粋な個人として浸透する「共同体の外部」がここで示されている。

このふたつの方向は、二〇〇八年の「報復・正義・赦し」でも共通するだろう。本論で作田は「報復」から「正義」への進化を論ずるが、加害者を（あるいは殺された者と同じ数の加害者集団の成員を）殺す「血讐」でも存在していた「衡平の原則」が、タリオ法、賠償制度、刑罰制度と移行するなかで両当事者の外部の「第三者としての審級」（つまり共同体）によって厳密に制御されるようになり、共同体の名において制定された「正義」となる。だがこの「衡平の正義（相対的正義）」とは異なる、共同体のために無辜の者が苦悩を引き受けることを許せないとする「絶対的正義」があり、これは「第三者＝共同体」の外に身を置く「第四者」の立場から発せられる

「共同体を裁く正義」である（≒超越）。作田はこれを、共同体の外部にいる〈他者〉の呼びかけに応えようとする「〈他者〉からの正義」だとする。そして「〈他者〉からの正義」から拓かれる「純粋な赦し」とは、共同体の成員性という条件を問わずに加害者・罪人を赦すことであり、「共同体の成員性の資格」からはみ出しそれを欠く〈他者〉への「愛の作用」であって、「現実界」に位置する（≒浸透）。

BC級戦犯は「共同体」の内部にいて、「集団の一員」として罪を犯した。彼らは〇〇司令、〇〇大尉、〇〇二等兵曹として××中尉、××兵曹らの処刑を決定し、斬首し、刺突した。この「いけにえ」を屠る行為は（この二論考では直接論じられないが）集団内部の不安と緊張（あるいは「相互暴力」）を「共同暴力」に転化することで和らげるものであった。そして彼らは「集団の代表」として、「衡平の原則」による「相対的正義」によって裁き（「報復裁判」）を受け、加害者集団の誰かに報復する「血讐」ともいえる形で処刑された。作田はBC級戦犯に見られる「日本人の原罪」を「ある種の集団の中に巻き込まれると、誰しも狂人になってしまう」集団的愚昧だと性格づけたが、彼らが「いけにえ」を虐殺したのも、彼ら自身が「いけにえ」とされ処刑されたのも、「集団所属」と「共同体」の論理による。

作田はふたつの「赦し」論において、これとは異なる社会の論理を呈示する。「衡平の原則」と異なる「絶対的正義」は、一方で彼らを「無辜の者」を殺害したものとして「赦すな」とどこまでも叫び続けるだろう。だが他方、「共同体の外」にあるこの「第四者」の審級は、彼らが

（けっして「無辜」ではないが）「集団の代表者」として苦悩を引き受けなければならないことに対して「そんなことは許されてはならない」と叫ぶことだろう。彼らは「共同体の必要のために酬われることのない苦痛をこうむらされる」存在者であり、裁判によって「共同体の一員」としての資格を剥奪された〈他者〉となっている。この〈他者〉からの呼びかけ（「戦犯刑歿者遺文」とはそのようなものだったろう）に応じる正義があるとしたら、同じ次元からの「赦すな！」という声と同時に、彼らを「赦す！」と叫ぶだろう。

　このような社会のヴィジョンは、「赦し」論の数年後に記された「憐憫」論でも繰り返されているといえるだろう。作田はルソーが自然状態において人間に備わっているとした「憐憫」が、社会状態では「他者の苦痛の共有」＝「共苦」の性格を帯びるとし、共通の「弱さ」と「苦しみ」が人を社会的にするという。ルソーはこれが「人類愛」にまで向かうとしたが、作田は「憐憫」と「存在の感情」の関係を論じ、ドストエフスキーを参照したうえで、「憐憫」が向けられるのは「他者一般」ではなく「集団の庇護を失った弱者」というカテゴリーに属する他者であるという。「集団の庇護」は自己を防衛する手段であるが、「集団の蔽い」を剝ぎ取られた無防備な者、レヴィナスがいう「絶対的に異なる他者」はその「外部性」によって「存在」の次元で人を強く牽引する。作田はローティを批判して、「集団の庇護を失ったカテゴリー」に入る「同一の集団所属にかかわりのない疎遠な他者」こそが「集団の庇護を受けている「普通の人」」の憐憫の対象となりやすかったというが、ローティもまた「集団所属」や「属性の共有」の類似性による「われわれ」を「苦痛や辱めという点での類似性」による「われわれ」へと境界を引き直すことを主張しており、これは「外部性」をもつ「絶対的に異なる他者」を「われわれ」に組み込むこととほぼ等しい。

「共同体の外部」にある弱き〈他者〉との連帯。「集団所属」「集団の庇護」を剝ぎ取られた苦悩する〈他者〉との連帯。「赦し」と「憐憫」をなかだちにするこうした社会の構想は、一九六四年の論考の末尾で作田が参照した、ラフカディオ・ハーンが見た群衆の「人間の弱さや無力さ」を認め合う姿を、概念的に鍛え直したものともいえるだろう。そして、それと同じ時期に作田が展開した別の考察とも近接する。それは、「羞恥」による連帯である。

一九六四年・六七年発表の二論考をもとにした「恥と羞恥」（『価値の社会学』に収録）で作田は、「所属集団」の視線への劣位の感覚である「恥」と区別して、「所属集団」と「準拠集団」からの両立しないふたつの視線の交錯が「羞恥」を生む、と論じていた（作田 1972: 299）。「その際、人は自分が何であるかがわからなくなってしまう」（ibid.: 300）。しかしこの「羞恥」は人を所属集団への埋没的つながりから解放し、救済する（ibid.: 303）。太宰治はすべての所属集団を剝ぎ取られた「自我の徹底的な孤立性」のなかで、「秘密が外部から見すかされているかもしれないという羞恥」を感じ（ibid.: 321）、その主人公たちはどの集団にも所属できず、「集団所属から生まれ、どの所属を選ぶかを決定する主体」としての近代的自我からかけ離れた「無」であり「nobody」だった（ibid.: 324）。作田はこの「集団的な「有」」をひきずっていない人間、拠点をもたない人間」による「自虐の底から他者への愛が祈りとして出てくる」ような「一種特有のやさしさ」が、「集団的エゴイズム」に対決する拠点となり「羞恥の共同体」を可能にするという(ibid.: 327, 329)。「自分の内部の劣等な部分が八方から透視されている人間、集団という甲羅の一切が剝奪され、有としての自己を主張しうる根拠を失った人間、そういう人間同志の連帯は、集団の砦を越えた連帯だからである」(ibid.: 330)。

赦し・憐憫・羞恥。集団所属が「いけにえ」を生むのに対して、集団を剝ぎ取られ「共同体の外部」に置かれた人々が「純粋な赦し」や「苦痛の共有」や「nobodyである羞恥」によって連帯する。「いけにえ」を屠ったあと、その迫害者である共同体がこのような社会へと移行できたなら、その死は「社会の〈再生のための死〉」となりうるだろう。おそらくこの作田のヴィジョンは、〈再生〉がめざしうるひとつのゴールを示しているように思う。

取り返しのつかない時間

だが私たちはそのゴールとはほど遠いところにいる。作田は「われらの内なる戦争犯罪者」で、「その性質は戦後二十年経ってもあまり変わらず、私自身の中に生き残っている」と述べていた。戦後七〇年経ったいまもそれは変わっていないのではないだろうか。そうだとすれば、BC級戦犯という「いけにえ」は〈いままでのところ〉〈再生のための死〉にはなりえず、〈いけにえとしての死〉でしかなかった、といわざるをえないのではないか。

作田は『白痴』論で、「社会の〈いけにえとしての死〉」を「罪を犯したとみなされる人びとの身代わりとなり、無辜でありながら彼らの罪を償うために死ぬ」ことととらえた。これによって罪と罰の平衡が達せられ共同体の秩序が回復するが、この死はほんとうは有罪である共同体の成員を免責し、一時的平和をもたらすにとどまる。これに対して「社会の〈再生のための死〉」は「無辜でありながら死を受け容れることにより、共同暴力の悪を顕在化し、迫害者集団の浄化を促す」。その集団がいかなる「悪」をなしたかを直視し、新しい価値観によって迫害者の共同体を救済する。しかしこれは大きな困難を孕むだろう。

二〇年後の作田も七〇年後の私たちも、おそらく「いけにえ」としてのBC級戦犯に「憐憫」を向けることはできる。「石垣島ケース」に見られるように、日本人の集団内部の「相互暴力」や上官の無責任や優柔不断によって「共同暴力」の実行者となり、集団の代表として犠牲者に選ばれた彼らが、集団の庇護を剝ぎ取られて「共同体の外部」において処刑されたことを、私たちは想像することができる。苦痛や辱め（さらにはいきどおり）に苛まれた彼らに「苦しいのですね」と問いかけ、このはるか外部に（空間的にも時間的にも）いる他者を「私たち」の一員と考えて、そこから私たちがいまいる「集団所属」と異なる連帯の契機とするということ、そして彼らを「いけにえ」とした「集団の愚昧」という「日本人の原罪」に向き合うことは、おそらく可能なことだろう。

だが、BC級戦犯は「いけにえ」を屠った迫害者だった。なんとなく決めた処刑によってテボ中尉を斬首し、タグル兵曹を斬首のうえ穴に蹴り込み、ロイド兵曹を刺突して殺害した。彼らを「赦す」ことはできるだろうか。あるいは処刑を決定した責任者であるはずのOI司令、KI副長は処刑場にも行かず無責任に眠っており、戦犯裁判で部下を守るための証言さえできなかった。彼らを「赦す」ことはできるだろうか。「戦犯刑歿者」としての彼らに「憐憫」を向けようと彼らの姿を注視した瞬間に、「戦争犯罪者」としての姿がいやおうなく目に入ってくる。さきほども述べたように、このときおそらく「憐憫」が生まれるのと同じ「存在の次元」から、「赦すな」という叫びが聞こえてくるのではないだろうか。集団の庇護を剝ぎ取られて殺された彼らは、そもそも他者から集団の庇護を剝ぎ取り「共同体の外部」において虐殺した。同じ次元からのふたつの声に、私たちは引き裂かれる。

そしてもちろん私たちに彼らを「赦す」資格などない。彼らを「赦す」ことができるのは誰か。「純粋な赦し」を論じたデリダは、赦しは罪人と犠牲者というふたつの「特異性」のあいだにしか発生せず、「赦す資格があるとすれば、それはただ犠牲者だけ」と論じていた。そして、「死んだ犠牲者はつねに不在」である。石垣島警備隊に殺されたテボ中尉もタグル兵曹もロイド兵曹ももういない。OI司令とKI副長の命令によってロイド兵曹を刺突し、戦犯として処刑されたTN二等兵曹もMF二等兵曹ももういない。つまり、BC級戦犯を「赦す」資格がある「犠牲者＝いけにえ」も、無責任な上官を「赦す」資格がある「犠牲者＝いけにえ」もすでに「不在」であって、「赦す資格」をもつ人は誰もいないのだ。

デリダの死後二〇一二年に刊行された『赦すこと』を読んでみると、「世紀と赦し」と重複しない箇所でデリダは「取り返しのつかないこと」という言葉を何度も強調する。「過去は過ぎ去ってしまったのであり、出来事は起きてしまったのであり、過ちは起きてしまった」。そしてこの出来事は「過ぎ去ることのない過ぎ去った存在」である（Derrida 2012=2015: 35）。取り返しのつかないことが起きてしまい、「犠牲者」はもう戻ってこない。「人は決してある犠牲者の名において赦すなどということを、とりわけその犠牲者が赦しの場面から根源的に不在であるとしたら、たとえばその犠牲者が死んでいるとしたら、すべきではないだろう」（ibid.: 42）。「赦す資格」をもつ人（「いけにえ」）は彼／彼女を迫害した人々が気づいたときにはもう遠くに行ってしまっていて、誰も赦し主とはなりえない「取り返しのつかない」時間。この時間において、「誰が誰を赦すのか？」（ibid.: 15）

たとえばイエスが十字架の上で殺されたあとの時間もそのようなものだっただろう。ヨハネによる福音書一三章三四節以下には次のようにある。「「あなたがたに新しい掟を与える。互いに愛し合いなさい。わたしがあなたがたを愛したように、あなたがたも互いに愛し合いなさい。互いに愛し合うならば、それによってあなたがたがわたしの弟子であることを、皆が知るようになる。」シモン・ペトロがイエスに言った。「主よ、どこへ行かれるのですか。」イエスが答えられた。「わたしの行く所に、あなたは今ついて来ることはできないが、後でついて来ることになる。」ペトロは言った。「主よ、なぜついて行けないのですか。あなたのためなら命を捨てます。」

イエスは答えられた。「わたしのために命を捨てると言うのか。はっきり言っておく。鶏が鳴くまでに、あなたは三度わたしのことを知らないと言うだろう。」」弟子たちは「起きていろ」といわれたゲッセマネの園で全員が眠りに落ちてしまっており、そこでイエスは捕縛される。引き立てられたイエスのことをペトロは三度否認し、そのとき鶏が鳴く。その後、イエスは磔刑に処せられる。自分が裏切り、その結果「いけにえ」とされた人はもういない。私を「赦す資格」をもつ人は遠くに行ってしまって、取り返しがつかない。ペトロたちはこのような時間を生きていかなければならない。

このときできることはなにか。作田は『白痴』論で「いけにえとしてのキリストの死」について、種子《たね》を蒔いた人は死んでしまうので自分の行為の効果を見届けることはできず、その効果を信じるしかない、と論じていた。「それを信じることができるかどうかは、種子を蒔いた人とそれを植えつけられた人びとから成る集団が、既存の社会法則からどの程度離脱して生活したかにかかっている」。ペトロたちは既存の社会法則〔あるいは「所属集団」〕から離脱して「苦しみや辱め」を受ける人とつながる新しい生活を始め、イエスの言葉を〔あるいは「愛する神の言葉」を〕弘めることになり、彼の死は「社会の〈再生のための死〉」となった。ではBC級戦犯という「いけにえ」に種子を蒔かれた「私たち」はどうなのか。「赦し主」が去ったあとの「取り返しのつかない」長い時間を、どのように生きてきたのだろうか。

私たちはＢＣ級戦犯である

戦後二〇年経った一九六五年、作田啓一はＢＣ級戦犯に対する「忘却」や「「折に触れて」の想起」という態度に「いら立たしさ」を感じていた。戦後七〇年以上たった現在、端的にいって私たちを支配しているのは彼らに対する完全な「忘却」という態度だろう。私自身、作田の論考を読むまでＢＣ級戦犯についてほとんどのことを知らなかった。そして、作田啓一という社会学者がＢＣ級戦犯を「われら」ととらえた視点の延長上にある（と私には確かに思われる）論考を一九八〇年代、さらに二〇〇〇年代に残していること、この社会学者がそのようにして「戦後」という長い時間を生きてきたことを私はまったく知らなかった。

デリダは『赦すこと』の冒頭近くで、「赦し」と「贈与」との関係を論じながら、次の「数年間のセミネールを割く必要があるだろう英語の尋常ならざる単語」に言及する。英語で「赦すこと」は「to forgive」であり、「忘れること」は「to forget」である。このふたつの語には「to give（与えること）」と「to get（奪うこと、得ること）」が含まれ（！）、対立措定される。「赦すことは忘れることではないのであり、これはまた別の底なしの問題である」（Derrida 2012=2015: 11）。与えることとしての「赦し」と、奪うこととしての「忘却」。不可能なことを無条件でなそうとする「赦し」と、その機会をなしくずしに失わせる「忘却」は、おそらくまったく正反対の位置にあるのだろう。

二〇一六年三月に逝去した作田が、私がこの文章を書いている二〇一八年の現在を見たら、おそらく別の「いら立たしさ」を覚えることだろう。私たちはなにも変わっていないではないか。集団の庇護を求める自我は、ときとして集団に巻き込まれて責任の自覚がないままずるずると愚かな行動をとる。集団内部の緊張と不安を和らげるために、誰かを「いけにえ」として選び、「相互暴力」を満場一致の「共同暴力」に作りかえて彼／彼女を迫害しようとする。その「いけにえ」は有罪者でありかつ犠牲者であるという引き裂かれた立場に晒され、集団を構成する無責任な人々に対して「いきどおり」を抱きながらある場合は命を絶たれ、ある場合は遠い場所に去る。そして「いけにえ」＝「赦し主」がいなくなった「取り返しのつかない」時間に置き去りにされた人々は、「赦し」が不可能であることにようやく気づいて、自らの愚かさにうろたえる。しかししばらくするとそれを忘却する。

このようなケースが、いまもこの社会のありとあらゆる「集団」で起きているのではないか。だとしたら、一九六五年に作田が「日本人の原罪」と呼んだものはおそらくなにも変わっていない。ＢＣ級戦犯を生んだ性質は「戦後七〇年経ってもあまり変わらず、私たち自身の中に生き残って」おり、その意味で「私たち」はＢＣ級戦犯である。作田がいうように、戦争犯罪という過去の「取り返しのつかない」罪を「ほかならぬ私が犯した」かもしれない、というだけではない。現在も（これからも）私たち自身がそれと同じ性質によって「いけにえ」を生み出し続け、「取り返しのつかない」ことをし続けているかもしれないのだ。

私たちはどうすればよいのか。この節で述べた「共同体」「集団所属」の論理とそれを剝ぎ取られた〈他者〉との連帯の論理についての探求を、私たち自身の課題として引き継ぐことがそのひとつなのだろう。ただその出発点に、私たちが「自分もまた罪人である認識」をもつ、ということがあるように思う。私たちはBC級戦犯と同じ罪を犯している罪びとかもしれない。私たちはそれぞれ弱く、誰もこの「原罪」から自由ではない。みなが同様に罪を負っていると認める、この苦く、居心地の悪い地点から始めるしかないのではないか。

戦後七〇年にわたってこの「いけにえ」に対して「忘却」の態度をとってきたのだとしたら、私たちが作り続けている（あるいは私たち自身がそうなるかもしれない）現在の（そしてこれからの）「いけにえ」を「忘却」で遇してはならない。作田啓一がその晩年に「赦し」と「憐憫」を論じて導いたヴィジョンは、私たちに〈いけにえとしての死〉を〈再生のための死〉に変える手がかりを与えてくれるものだろう。だが、「種子を蒔いた人」はもういない。それが〈再生〉につながるかどうかは、それを植えつけられた人々が自らの集団の「原罪」とどう向き合い、それからいかに離脱して生活できるかにかかっている。

文献

Derrida, J., 1999, "Le siècle et le pardon", *Le monde des debats*, decembre 1999.＝二〇〇〇（鵜飼哲訳）「世紀と赦し」、『現代思想』二八巻一三号、八九－一〇九。

——— 2012, *Pardonner: L'impardonnable et l'imprescriptible*, Éditions Galilée.＝二〇一五（守中高明訳）『赦すこと——赦し得ぬものと時効にかかり得ぬもの』、未來社。

Rorty, R., 1989, *Contingency, Irony and Solidarity*, Cambridge University Press.＝二〇〇〇（齋藤純一・山岡龍一・大川正彦訳）『偶然性・アイロニー・連帯――リベラル・ユートピアの可能性』、岩波書店。

作田啓一 一九六七『恥の文化再考』、筑摩書房。

―――― 一九七二『価値の社会学』、岩波書店。

―――― 一九八一『個人主義の運命――近代小説と社会学』、岩波書店。

―――― 一九八八『ドストエフスキーの世界』、筑摩書房。

―――― 二〇〇七「純粋な赦しを巡って」、『Becoming』二一号、二五-五〇。

―――― 二〇〇八「報復・正義・赦し」、『Becoming』二二号、三-二三。

―――― 二〇一〇「自己愛と憐憫――ルソー、ドストエフスキー、ニーチェ」、『Becoming』二六号、三-四〇。

―――― 二〇一二「「存在の感情」と憐憫」、『Becoming』二九号、三-二五。

別れの文化

吉田民人・大村英昭・井上俊における
「死の社会学」

1. はじめに――『別れの文化』

『別れの文化』という小さな本がある。「生と死の宗教社会学」と副題がつけられたこの本は、「現代における宗教の役割研究会」（通称「コルモス」）の研究会議における「基調講義」を集めた第一部と、関係する研究者の論考を集めた第二部からなる。宗教学者の西谷啓治を初代会長として一九七一年に始められたこの研究会は、二〇一三年の本書刊行時の会長・大村英昭によれば「学者と宗教〝現場〟を担う実践者の交流サロンにしたい」というねらいで、それまで五九回の会議を重ねてきたという（大村・井上編 2013:3）。

本書の第一部には五つの「基調講義」が収録されているが、語り手は大村英昭（第四章）、井上俊（第一・二・五章）、吉田民人（第三章）の三人である。編者で宗教社会学者・僧侶の大村、共編者の井上とともに、理論社会学者として著名な吉田の名があることは予想外かもしれない。彼らの講義はどれも「死」を話題の軸としている。このテーマをめぐってなにを語るかは、それぞれの社会学者の発想の核にあるものを指し示すようにも思われる。

たとえば吉田民人は、その講義の冒頭、ある時期から年に一回ほど大学の講義で学生に投げかけているという次の質問を紹介する。——君たちは、最愛の子どもを三歳ぐらいで交通事故で死なせ、その後一月ほど経って自身が末期がんの宣告を受け余命二か月だと医師に告げられた、とする。このとき君たちはどのような意味の世界を生きるだろうか（吉田 2013:47）。ナイーブともいえるこの仮想の質問は、講義記録を見ると明らかに吉田の実存から発せられたものである。そして大村も井上も、これと類似の状況を想定し、それに正面から向き合いながら「死」を論じている。この問いに社会学はどう答えるのだろうか。

ここでは彼らの講義記録をてがかりに、京都大学出身という共通点をもち、生年も一九三一年（吉田）、一九三八年（井上）、一九四二年（大村）と近いこの三人の社会学者が展開した議論を丁寧に辿ってみたい。以下、本書以外の仕事にも触れながら、三人の声が響き合うシンポジウムが何回か開かれたかのように想像しながら論を組み立ててみよう。そうすることで、同じ「死」というテーマをめぐる社会学者たちの感受性の違いとともに、社会学が人間というものを理解するいくつもの視点を抽出することができるのではないかと考える。

2. 絶対所与性と相対所与性——吉田民人における「人間解放」と「幸福」

【1】 父の死をめぐって

ある家族の物語

吉田民人による基調講義は、二〇〇二年一二月二六日に第四九回コルモス研究会議（於京都国際ホテル）でなされた。この日の会議の総合テーマは「宗教アレルギーを超えて――宗教教育の可能性を問う」だったが、吉田の講義タイトルは「父の死をめぐって――宗教アレルギーの自己消滅」となっている。当時七一歳の吉田は、自分が「典型的な宗教アレルギー」だったと語り始めながら、それが父にがんの告知をしたのが決定的転機となって快復の方向に向かっている（先述の年一回の学生への質問が始められたのはこの経験以後のこととされる）といい（ibid.: 47）、講義の前半はきわめて個人的な家族の物語にあてられている。

吉田の父・吉田留次郎は長く毎日新聞に勤め、定年後『中外日報』という宗教新聞の社長・編集者として活躍した「ずっと親鸞で、一生宗教的な感性で」生きた人間だった。吉田自身は「徹底した科学主義者」として絶対に宗教を認めない立場で、研究者になって以降「宗教と科学の激突」が家庭内で繰り返されていた（ibid.: 48）。その背景には吉田の父と母に対するイメージの相違もあり、仮に自分が犯罪者になって帰ってきたら母は「押し入れに隠れろ」といい、父は「自首しろ」というに違いないという感覚をもっていた。父は研究者として自分がいい仕事をする限りは愛してくれるだろうが、そういう価値がなくなったら見捨てられるのではないか、対して母については「私自身がいる限り私を愛してくれるであろう」と感じており、母とは深く結ばれていたが父とは感情の上で違和感があった。約二〇年前、その父が余命一か月の末期がんだと医師から告げられた（ibid.: 49）。

この事実を父に伝えるかどうか。母、吉田と三人の妹、そのパートナーが家族会議を開いたが、長女と僧職であるその夫だけが告知を主張し、他は告知することで父が落胆するのを心配して伝えるべきでないと主張した。だが結局告知することになり、吉田は「おれは嫌だぞ。プロに任せる」と長女の夫に告知の役割を押し付けた。その後父がいる京都に向かう新幹線のなかで吉田は心変わりをし、血のつながりのない長女の夫に宣告させるのは残酷ではないかと考えて、「おれががんの宣告をする」と覚悟を決める。告知のあとどんな対話をしていいかわからず（このとき吉田は、告知後の医師は「話す能力がない」から告知をしたがらないのだと痛切に感じたという）、慰めの言葉や父の生涯を称えるありとあらゆる想定問答集を用意したが、どれも説得力がないように感じていた（ibid.: 52-3）。

父の枕元に行き、病状を説明して慰めの言葉を伝えたが、父は黙ってなにも応答しない。そこで吉田は、新幹線のなかで軽い気持ちで用意していた「お父さんがいなくなったら本気になって宗教に取り組むよ」という言葉を口にした。すると父はグッと身を起こしたように「ほんとか」といい、吉田が「本当だよ」というと、父は「もう何にも思い残すことはない」といった。その瞬間「僕はガーッと涙が出ました」。吉田は父の願いが、自分の死と息子の仏教へのコミットを引き換えて悔いがないと思うほどだったと初めて知り、「ドドッと泣いて、父子一体感を」味わい、「お父さん、がんになってよかったね」といった。そして、あと一月生きるはずだった父は約一週間で逝去した。吉田はこれを、父は満足してそれ以上この世に生きる必要がないと思ったのだと受け止めた、という（ibid.: 54-5）。

それ以後、吉田は東京で「南無の会」に参加するようになる。禅仏教の松原泰道が象徴的リーダーだったこの会は、一週間に一回説法の会を原宿の「ナム」という喫茶店で行っていて、吉田は毎週水曜の東大の教授会のあとこれに参加し、少数で残っての談話に加わったり、講演会の道案内をもつボランティアを行ったりもして、「東大を辞めたら出家すると本気で考えた時期もあった」。だが、研究者の姿勢を結局は捨て切れず（彼によれば「宗教アレルギーが完治」せず）、吉田は「次には仏教に学問的に飛び付いた」という（ibid.: 55-7）。

宗教的シンボリズムの構造

講義後半で、吉田は宗教をどう見るかについての研究者・認識者としての議論を展開する。彼は「宗教アレルギー」という問題は「宗教的シンボリズムを人々が受け入れ難い状況になってきた」ことと考えられるとし、宗教的シンボリズムを「宗教的な言説の世界」（「感覚的なものもあるわけですけれども、細かいことは省きまして」、「話の都合上、言葉という形に限定させていただきますけれども」と断りながら）としたうえで、そのどこを人々が受け入れがたく感じるようになったかを構造分析しようとする。そして、宗教的シンボリズムの全体を理論的に整理できる枠組みとして、「言葉の使い方」「正と負の所与性」「そこからの救済」という三つの問題を論じていく（ibid.: 62-3）。

第一の「言葉の使い方」の問題について、吉田は国際高等研究所での中川久定との幸福をめぐる共同研究に触れながら、「幸福（well-being）」について自然言語では文化によって独特の言葉が使われており、学問的にユニバーサルな議論をしようとするときに、歴史的重みをもった自然言語ではなく、ニュートラルな学問言語によって共有可能なものに到達できるよう、言葉の壁を突破しなくてはならないとする（ibid.: 63）。そして、そのニュートラルな言葉づかいとして、「絶対所与性」と「相対所与性」の対を選び取る。

人間はなんらかの所与性の下で生きている。そのうち「変えることのできない所与性」を「絶対所与性」、そうでない所与性を「相対所与性」と呼ぼう。たとえばがんを治るものと思い「相対所与性」として治療に励む人もいるし、受け入れるしかない「絶対所与性」として受け入れる人もいる。同じ所与性を絶対化するか、相対化するかによって解決策は大きく異なる。また所与性には、プラスに評価される「正の所与性」とマイナスに評価される「負の所与性」がある（ibid.: 64）。負の所与性はそれぞれの宗教文化で「罪」や「原罪」という言葉で形づけられたり、「業」や「霊障」や「祟り」という言葉で形づけられたりすることがあるが、ニュートラルな言葉でいえば「負の所与性、特に負の絶対所与性から脱却するプログラム」が「救済」と呼ばれるものである（ibid.: 65）。

ここから、吉田は「宗教的シンボリズム」の根源には二極構造がある、と主張する。一方で宗教は、「形を与えることができない、現代の最も先鋭的な人間の苦しみ、広い意味での苦しみにまず形を与える」。形がわからない苦しみは直視されず、人はそれを忘れ逃避するが、宗教文化が言語で形にすることで初めて「救済への強烈な願望」が出てくることになり、それからいかに脱出するかという「救済のプログラム」が発揮される。たとえば苦を「先祖の祟り」という形態で措定することによって、「先祖崇拝」をするという救いの形態が登場する。また、苦しみにも救済にも「経験的世界」で考えられているか「超経験的世界」で考えられているか、という区別がある。そして、受け入れるしかない「絶対苦」と乗り越えることができる「相対苦」がある(ibid.: 66-8)。

吉田は「研究者」としてはいろいろな可能性が考えられるが、「一個の実存」として受け入れられる宗教は、「絶対的な所与性をいかにして脱却するかにかかって」いると述べる。それに対して、科学は「相対的な所与性を現実を変えることによって克服する」。後者の典型が近代社会の成立であり、ヨーロッパ流の「人間解放」という言葉である。前者は、日本人がもっともなじみのある言葉でいえば「解脱」である。「人間解放」は相対所与性の克服という方向に傾斜し、「解脱」は絶対所与性を受け入れるという方向に傾斜する。だが、「少なくとも私たちは、絶対所与と相対所与にかかわって生きている」のであって、相対所与には科学がコミットしてきたが、「必ず人間にとっては絶対所与性」が残るのであり、これをどう受容するかという問題はおそらく科学によっては解決できない。「その意味で宗教的な問題は永久に残ると思います」と述べて、吉田はこの講義を結んでいる（ibid.: 69）。

【2】「自然学的存在論」と「人間解放」ある社会学徒の原認識

この記録は、吉田民人という「一個の実存」と「研究者」としての存在の連続性と断絶を強い緊張感をもって伝えるように思う。「父の死」という代替不可能な経験を語る吉田と、それを「宗教的シンボリズム」という「ニュートラルな言葉」で語る吉田は、地続きであるとともに、厳しく切り分けられている。たとえば、吉田が父と経験した「父子一体感」や「涙」は、後半の議論では「感覚的なものはあるわけですけれども……省きまして」、「言葉という形に限定」される。だが、自身の固有の経験をレファレンスにすることなしには、後半の普遍的理論が展開されることはありえないだろう。

そして、吉田はここで、「絶対所与性」と「相対所与性」という対概念を導き出す。人がいつか死ぬこと、出会った人と人が必ず別れることは「受け入れるしかない所与性」であるが、いつどのように死ぬか、どんなわけでいつ別れることになるかは「変えることができる所与性」であるかもしれない。私はこれを読んで、アメリカの神学者ラインホルド・ニーバーに帰せられる、よく知られた祈りの言葉を思い出す。「主よ、変えられないものを受け入れる心の静けさと、変えられるものを変える勇気と、その両者を見分ける英知を与え給え」。人間存在がもつこの二重性を考えることは、吉田が講義冒頭で述べた仮想の質問に答えるために重要な作業であるだろう。

吉田はこの対概念にいくつかの論考で言及している。ここでは、一九七八年に発表された「ある社会学徒の原認識――〈背後仮説〉の明示的定式化」を大幅に省略した形で、一九九八年に発表された「比較幸福学の一つの研究プログラム」をより詳細に検討してみたい。四〇代半ばの吉田が「父の死」の経験以前の時期に自らの研究者としての立場を包括的に論じた前者と、基調講義の数年前に六〇代半ばの吉田が研究プログラムの枠組みとして記した後者（基調講義では「共同研究」として言及されていた）を対比することで、彼が人間存在の「絶対所与性」と「相対所与性」をどう考え、その立場がいかに変化したかを理解できるだろう。

「ある社会学徒の原認識」は、日本評論社刊の「社会科学への招待」シリーズの一冊、吉田編の『社会学』という「入門的学習書」（!!、表紙より）に「総論」として収められた論考である（その後『主体性と所有構造の理論』に収録された）。本論は「私自身の社会学徒としてのアイデンティティ」を見定める自己省察の記録として記されたものだが、「人間存在をめぐる私自身の背後仮説を明示的に定式化する作業」となったと吉田はいう（吉田 1978→1990: 111）。彼はいかなる背後仮説・前提によって「人間存在」をとらえていたというのか。彼の「人間存在の位置づけ」は、「アリストテレス哲学の「形相」概念を科学化した」ともいえる「〈情報〉概念」を踏まえた「自然学的存在論」に立脚するものとされる（ibid.: 111-2）。これはどのようなものなのか。

資源・情報・自己組織性

吉田はアリストテレスがいう「質料」と「形相」という対概念を次のように甦らせようとする。まず、生命以前の存在は「〈物質－エネルギー〉」（〈質料〉）とその時間的・空間的、定性的・定量的パタンである「〈広義の情報〉」（〈形相〉）の無媒介的結合体とされる（水でも岩石でもよいが、素材とパタンの組み合わせからなるだろう）。これに対して、生命以後の自然では、形相表示・形相制御を固有の機能とする質料・形相体（たとえば四種類のヌクレオチド（質料）とその配列パタン（形相）からなる核酸、つまりDNA）が分化して、それが他の質料・形相体（たとえばアミノ酸（質料）とその配列パタン（形相）からなるタンパク質）のパタンを表示・制御する（つまり、タンパク質の形状の設計図が遺伝情報として分化する）。吉田は、「タンパク質と核酸の分化」から「物心二元論」にいたる生物的・人間的存在の二契機のうち、すぐれて質料的な質料・形相体を「〈資源〉」、すぐれて形相的・パタン表示的な質料・形相体の形相を「〈メタ形相〉ないし〈狭義の情報〉」と名づける（単純化すると、ある物体の素材は「質料＝資源」、形状は「形相＝広義の情報」、その設計図は「メタ形相＝狭義の情報」と考えればよい）。そして、サルトルの「現象学的存在論」の用語を転用しながら、情報によって自らを表示・制御することのない存在を「〈即自存在〉」、情報によって自らを表示・制御する存在を「〈対自存在〉」と名づける（ibid.: 112-3）。

対自存在においては、「情報空間」（対自的契機）が「資源空間」（即自的契機）を表示・制御する。吉田は、対自的契機（情報、メタ形相）の進化が対自存在の存在様式にとって決定的な意義を有すると考え、次のふたつの分類を行う。まず〈情報形態〉が、①生得情報（核酸、ホルモン、フェロモン、生得的リリーサー、無条件反射信号など）か、②習得的シグナル情報（習得的リリーサー、感覚・知覚、運動・動作信号など）か、③シンボル情報（心像、内言語、映像、外言語など）か。次に〈情報選択〉が、①自然選択か、②事後主体選択（現実に試行錯誤をしたあとの問題解決）か、③事前主体選択（仮想的に試行錯誤することによる問題解決）か。この進化段階をクロスさせると九つのタイプが区分できることになる。このうち、〈生得情報の創発・貯蔵（形態①）と自然選択（選択①）〉による自己媒介と〈習得情報の創発・貯蔵（形態②③）と主体選択（選択②③）〉による自己媒介の分類は、「前主体的な対自存在」と「主体的な対自存在」の区別にあたる。そして、「〈主体存在〉」の進化の頂点に位置する「人間存在」は、〈シンボル（ことに言語）情報の創発（すなわち自由発想）（形態③）とその（ことに）主体選択（選択②③）〉を特徴とし、「現象学的存在論」でいう「投企」（＝〈自由発想（形態③）と（事前）主体選択（選択③）による自己媒介〉）を行いうる主体存在を、吉田は「〈自由存在〉」と名づける（ibid.: 113-4）。

さらに吉田は、メタ形相＝情報による自己媒介はシステム論のタームでは〈自己組織化〉であって、「対自的存在様式」とは〈自己組織性〉にほかならないと述べる。自己組織系とは、資源空間が情報空間によって選択・構成され、情報空間が資源空間の与件性・要件性による選択メカニズムによって規定される資源・情報の相互媒介の系である（ibid.: 116）。そのひとつである人間存在は、物理＝化学的および生得情報的所与性という「変容不能な所与性」と結びつくともに、習得情報ことに言語情報的所与性に起因する要件性と与件性という「変容可能性」と結びついている（「ハイデッガー流にいえば被投的投企」）（ibid.: 118-9）。

また、自己組織系の定常的形成・創造・廃滅を論じるなかで、吉田は自己組織系の発展に「〈所与としての法則性〉」と「〈変容しうるものとしての法則性〉」があると強調する。即自存在の法則（つまり物理＝化学的法則）、対自存在の一般法則（自己組織系の自己形成・発展の一般法則）が〈所与としての法則性〉であるならば、対自存在の個別法則すなわち「遺伝的制御から文化的制御にいたる各種進化段階の〈構造情報による制御〉の直接・間接の効果に起因する法則性」は〈変容しうるものとしての法則性〉であって、〈法則〉というよりむしろ〈規則〉である。さらに、〈変容しうるものとしての法則性〉は生得的法則性と習得的法則性に二分され、前者は〈所与としての法則性〉に接近せざるをえない（ibid.: 121-2）。

そして吉田は、「個人主観的または共同主観的に変革不能・変更不能とされる限りでの所与性」を「〈絶対所与性〉」、「変革可能・変更可能とみなされるままでのそれ」を「〈相対所与性〉」と名づける。自己組織系の定常的形成過程は「貯蔵情報」の個体間・世代間伝達を必要とするが、人間の場合は〈社会化と社会統制〉がこれにあたる。これに対して、〈自由発想と主体選択〉が情報空間の変革機能を担い、この二組のメカニズムの相互連関が枢要な課題となる。この〈自由発想〉というシンボル性の情報創発は、チョムスキーの言語理論が解明しようとした生得的な「言語能力」に支えられる。人間は他の動物と比べて生得的プログラムから解放されており（あるいは生得的プログラムが相対的に貧困であり）、「習得的プログラムの生得的な創発機構」を具備しているが、習得的プログラムの自由な創発の無限可能性を保障するのが「文の無限の生成を可能にする生得的な〈言語能力〉」である（ibid.: 122-3）。つまり、習得的シンボル情報による自由発想の創発（それが〈自由存在〉の特徴だったが）が、自己組織系の「所与としての法則性」を「変革しうるものとしての法則性」に変え、「絶対所与性」を「相対所与性」に変える、というのだ。

以上の凝縮された叙述は、乱暴に要約するならば「対自的存在」＝「自己組織系」を形成する二要素のうち「質料」（物質－エネルギー）を制御する「形相」（情報）に、情報のうちでも習得的シンボル情報による「自由発想」と「主体選択」に、「絶対所与性」を「相対所与性」に変える契機を見出しているといえるだろう。「人間存在」は「自由発想」と「主体選択」によって〈自由存在〉たりえ、「所与としての法則性」を「変革しうるものとしての法則性」に変えることができる。このあと吉田は、「弁証法・疎外・物象化」を「分析的理性」によって解釈し直し、「主体性の布置の構造」として「所有」の理論を構想しようと濃密な議論を展開するが、ここでは省略せざるをえない。急いで本論の最終節に移ろう。

「人間解放」の社会学構想

この節は「人間存在の解放」（！）と題され、前半には「人間解放への視角」（！）という見出しが付されている。その冒頭には次のじつに実存的な（あるいはナイーブな）問いが記される。

「最高の進化段階にある対自存在、すなわち自由存在としての人間の個体と社会にとって、究極の価値とはいったい何であろうか。人間存在は、いかなる究極の価値を目差して……その個体的・社会的〈自己組織化〉を営々とつづけるのであろうか」（ibid.: 155）。

これに吉田はこう答える。社会学的機能理論は〈機能的要件〉（ないし〈欲求〉）に価値の究極的根拠を求める「自然主義」に自覚的・無自覚的にコミットしており、その具体的内実は根拠が問われないこともしばしばである。だが〈機能的要件〉とは対自存在の自己組織性の選択基準であり、その内実は「一定の遺伝情報によって決定されたほぼ絶対所与的なもの」と「一定の文化情報によって規定される相対所与的なもの」に二分される。仮に、いわゆる科学主義が相対所与的機能的要件を無反省に絶対所与化しているとするならば、批判社会学の立場からの道具的理性批判は妥当なものであって、前提とされている「〈福祉〉の内容そのもの」を批判しなければならない。ではその根拠をどこに求めればよいか。吉田は、〈自由存在〉という人間の存在様式そのものに価値の究極的根拠を求めてはどうかと提案する。つまり、「〈自由で主体的な対自的存在様式の完成〉、あるいは〈自由発想＝主体選択的な自己組織性の完遂〉」自体に究極の価値を置こう、というのだ。吉田はこれを、自身の「自然学的存在論」から導かれる「徹底した自然主義的価値論」と呼ぶ（ibid.: 155-6）。

自由存在が〈自由発想＝主体選択的な自己組織性〉を完遂するにはどうすればよいか。吉田は四つの抑圧からの解放が必要だという。まず、〈本源的抑圧からの解放〉。人間の個体としての存在は生物進化により〈自由発想＝主体選択〉型の制御機構を与えられているが、人間社会はまだ自由な制御機構を獲得していない。たとえば社会的資源処理の総過程を意識的・計画的に制御することはできておらず、共同体としての「自由で主体的な対自的存在様式」を確立するという「即自存在化的抑圧からの解放」が必要である（ibid.: 157）。

この本源的解放を前提として、三つの人間解放の地平が切り拓かれる。第一は〈文化的抑圧からの解放〉。人間存在の自由発想は個人または社会の「相対所与的な貯蔵情報」から解放されなければならない。文化情報は生物歴史的には遺伝情報から人間を自由にするが、その文化情報が社会歴史的に人間を抑圧することになる。この「既成情報空間の〈自明性〉」「貯蔵情報による抑圧」からの解放は、批判社会学の「相対所与性の絶対所与化」批判や「現象学的エポケー」とも重なる。第二は〈社会的抑圧からの解放〉。人間存在の主体選択は一切の社会的強制から解放されて自律的でなければならず、「権力」や「非所有」からの解放が要請される。第三は〈資源的抑圧からの解放〉。人間存在は情報選択の自由度を低下させる一切の資源の稀少性、あるいは「無所有」から解放されねばならない（ibid.: 157-8）。

吉田はここで、以上の人間解放の地平が「相乗的」とはかぎらずしばしば「相克的」であり、とくに〈資源的抑圧からの解放〉と〈本源的、文化的、社会的抑圧からの解放〉との相克－相乗関係は「解放問題の原点ないし根本テーマ」である、と強調する。前者は人間存在にかぎらずすべての対自存在＝自己組織系一般に要請されるものであり（その原形は栄養素・食物・生活物資の不足〉、後者は自由発想＝主体選択系（つまり人間存在）に独自のものであって、この四つの「人間存在の根元的な〈機能的要件〉」のうち資源的解放にプライオリティを与える立場と本源的、文化的、社会的解放にプライオリティを与える立場にしばしば二極分解する。前者を吉田は「狭義の要件論」と呼び、社会学的機能理論はこれのみを展開してきたといえるかもしれないと述べる（ibid.: 159)。

最後の「社会学的アイデンティティ」と名づけられたパートで、吉田は以上の議論に対応する「知」を四象限に位置づける。まず、資源的解放を志向する知を〈制御知〉、本源的、文化的、社会的解放を志向する知を〈狭義の解放知〉と名づける（さらに制御知と狭義の解放知との止揚を〈広義の解放知〉ないし〈真の解放知〉と名づけるが、その内実は展開されていない）。次いでこれを「理性知」と「感性知」という二分とクロスすると、制御知×理性知＝第Ⅰ象限、狭義の解放知×理性知＝第Ⅱ象限、狭義の解放知×感性知＝第Ⅲ象限、制御知×感性知＝第Ⅳ象限の四つが導かれる。第Ⅰ象限の中核には「自然科学、社会科学を含めて近代科学の技術知とそれを支える理論知」が位置し、この「理性的制御知すなわち道具的理性」なしには資源的抑圧からの人類の解放はありえない（ibid.: 160)。第Ⅱ象限の代表的な知の形態には本源的および社会的解放を志向する〈所有構造批判〉と、文化的解放を志向する〈自明性批判〉がある。前者は人間存在の〈即自存在化〉（自己媒介性の欠如）としての〈疎外〉、後者は人間存在の〈即自存在視〉（自己媒介性の忘失）としての〈物象化〉を批判する。機能主義者は資源的解放を、シンボリック相互作用論・

現象学的社会学・エスノメソドロジーなどの〈意味学派〉は文化的解放をその解放関心の通奏低音とするが、狭義の解放知は「自らの知が資源的な抑圧・解放にもたらすであろう波及効果」に十分に鋭敏でなければならない、と吉田は重ねて強調する（ibid.: 161）。

第Ⅳ・第Ⅲ象限はそれぞれ第Ⅰ・第Ⅱ象限の「感性的対応物」であり、逆に第Ⅰ・第Ⅱ象限が第Ⅳ・第Ⅲ象限の「理性的対応物」である。たとえば初期マルクスは、「わがものにする（Aneignung）」に「見る、聞く、嗅ぐ、味わう、感ずる」ことを含めて、「コミューン主義、すなわち私的な所有の止揚とは、すべての人間的な感覚や感性の解放である」と述べていた。吉田は真木悠介の『人間解放の理論のために』（一九七一年）や『気流の鳴る音』（一九七七年）に示された「柔軟で豊かな感性のただ中で生きられる鋭い理性」に触れながら、「理性知と感性知との統合」は「制御知と狭義の解放知との統合」と並んで、「あるべき社会学的アイデンティティの一つの大きな課題」であると述べる。「社会学者のアイデンティティ」は資源的／社会的／文化的の解放関心と、理性知志向／感性知志向／理性＝感性知統合志向の知の様態が多様に結びついて形成され、日常生活世界を生きる人々の違和と共感を「純化・モデル化」したものであるとして、本論は結ばれる（ibid.: 161-3）。

【3】「幸福」の研究プログラム

比較幸福学の理論枠組み

この「人間解放」の社会学構想を、たとえば同じ一九七〇年代の真木悠介によるそれと比較する、といった試みも心惹かれるものがあるが、ここでは二〇〇二年の吉田自身の問いかけに戻ることにしよう。仮に愛する子どもを不慮の事故で失い、自らが近い将来の死の宣告を受けたとしたら、人はどのような意味世界を生きることができるのか。吉田は基調講義でこの問題に「絶対所与性」と「相対所与性」という言葉を与えた。これに対して、父の死以前に書かれた一九七八年の本論は、同じ言葉を使いながらも以上に略述したような「人間解放」を志向している。ここでは〈自由存在〉の実現が「究極の価値」として特筆されており、おそらく二〇〇二年に語られたような問題の圏域にはまだ踏み込んでいないように見える。

端的にいって、この論考で明快に描き分けられたのは「絶対所与性」と見えたものを「相対所与化」する解放（資源的解放＝制御知）と、「相対所与性」を「絶対所与化」することからの解放（文化的解放＝狭義の解放知）であるだろう。吉田自身、本論冒頭で、背後仮説を明示化することの作業を通して「私の学問的アイデンティティは、制御知から解放知へと一つの自己変革を促された」と述べている（ibid.: 111）。だが「相対所与化」不可能な「絶対所与性」（子どもを一か月前に亡くしたという事実、私が二か月後に死ぬという事実のような）については触れられていない（一切、といってよい）。基調講義の末尾で述べられたように、「人間解放」という理念は「相対所与性の克服」に傾斜する。本論はそれを吉田独自の「分析的理性」と「自然的存在論」に依拠してつきつめたものといえるだろう。しかし「絶対所与性」自体はその射程に入らない。また、同じ本論冒頭で彼自身が「私の不幸な資質」に由来する対自化されていない「メタ背後仮説」として認めている、「感性知に対する理性知の優位」(ibid.: 111) もまた、本論を読み終えて誰もが感じるものではないかと思う。

この四〇代の「原認識」を開陳する作業から、二〇年を経て書かれた一九九八年の「比較幸福学の一つの研究プログラム」まではどれほどの距離があるのだろう。これを次に検討したい。この論考は中川久定編の国際高等研究所報告書『比較幸福学』に掲載され、吉田の死後出版された『社会情報学とその展開』に収められた。そして、六〇代半ばに著した「幸福」をめぐるこの論考でも、吉田は「絶対所与性」と「相対所与性」に何か所かで言及する。

稿の冒頭、吉田は「使用言語の問題」という項を置き、基調講義でも触れた「言葉の使い方」を論じる。吉田によれば、本論で対象とする「幸福観」とは、物理・化学的世界の秩序を支配する物理・化学法則でも、生物科学的世界の秩序を支える遺伝情報・プログラムでもなく、人文社会科学的世界を維持する言語情報や言語的プログラム、つまり「シンボル性プログラムの具体的事例」である。言語には先所与的秩序を記述・理解する第一タイプの使用(近代科学など)、先所与的秩序を制御・支配する第二タイプの使用(科学的技術など)、先所与的秩序にない人間的世界独自の秩序を構想・実現するための第三タイプの使用(倫理や慣習、法律や制度など)があるが、

「幸福観ないし幸福プログラム」は「言語による世界制作」あるいは「言語による世界の指令的（実践的）構成」を担う第三タイプの言語使用が核になる（吉田 1998→2013: 185-7）。二〇〇二年講義で「宗教」がシンボリズムの問題とされたのと同様、ここで「幸福」は言語＝シンボル性プログラムの問題として措定される。

これをどのように研究すればよいのか。吉田は、研究対象となる人々（当事者）が使用する言語（自然言語）を「当事者言語ないし資料言語」と呼ぶが、幸福観を抽象化・一般化・普遍化し比較するためにはこれと区別された認識主体に独自の「研究者言語ないし理論言語」（基調講義でいう「ニュートラルな学問言語」）が必要だという（ibid.: 187）。そして、「幸福」を「一定の当事者が受容する人間存在の望ましい在り方（well-being of human being）」と定義して、これは「人間存在の望ましい在り方についての一定の無自覚的＝前言語的ないし自覚的＝言語的な観念」すなわち「一定の幸福観」に支えられる、とする（ibid.: 188）。吉田がいう「比較幸福学」には、当事者の幸福観と幸福状態のあり方を研究者が記述・理解・説明する「記述的幸福学」と、あるべき幸福状態・幸福観を研究者が提唱する「規範的幸福学」があるが（ibid.: 188-9）、吉田はここで「当事者言語　対　研究者言語」と「当事者視点　対　研究者視点」のふたつを区別し、規範的幸福学は第一義的に研究者視点であるしかないのに対し、記述的幸福学は「徹底して当事者視点に立脚しなければならない」という。つまり幸福の一般理論や異文化比較は、「当事者視点」の「幸福」に内在しながら、「研究者言語」を使用してそれを記述しなければならない、というのだ

(ibid.: 191)。

そこで必要となるのは、なんらかの「比較幸福学の理論枠組み」である。吉田は、人々の幸福（幸福状態とそれを支える幸福観）は「生物種としてのヒトという人間存在が有する通文化的(cross-cultural)で歴史貫通的(transhistorical)な何らかの特性に由来」する「普遍的枠組」に位置づけられるとし、次の命題が通文化的・歴史貫通的に妥当すると仮定する。すなわち、人間の行動類型には、(1)一定の欲求充足それ自体が意味を有する「完結的(consummatory)行動」、(2)一定の目標達成のための手段的行動の連鎖が意味を有する「目的的(purposive)行動」、(3)一定の当為ないし規範への志向が意味を有する「規範的(normative)行動」、(4)他者との相互関与とそれに媒介される自己への関与が意味を有するような「自他関与的(self-other concerned)行動」の四タイプがあり、これによって人間のすべての行動類型を網羅することができる。だから、これら四タイプの行動の動機づけ・過程・結果が「人間存在の幸福に直結している」、とする仮定である(ibid.: 192)。

吉田は「幸福観」と「幸福状態」（あわせて「幸福」）を分析する一般枠組みの構築を比較幸福学の「第一テーマ」、それがマクロ的・ミクロ的な諸要因によってどう規定されているかを解明する知識社会学をその「第二テーマ」とするが、より多くの紙幅が割かれる「第一テーマ」を丁寧に見てみよう。吉田は「幸福」を分析する一般枠組みに、以下の四つがあるとする。「幸福の基盤(Basis of happiness)」、「幸福の領域(Domain of happiness)」、「幸福の様式(Mode of happiness)」、「幸福の満足域（Satisfaction range of happiness)」である（ibid.: 194-6)。ここに、先の行動の四類型に基づく「仮定」がどう活かされるのだろうか。

幸福の基盤・領域・様式

第一の「幸福の基盤」とは、幸福が人間の「生（life)」全体のどのような特質・在り方に求められるか（たとえば「生きがい」や「QOL」はそれに近い）、という要因であり（ibid.: 194-5)、吉田はそれを先にあげた四つの行動類型から直接導出する。第一に、「完結的行動」に対応して「楽しむ喜び」（簡潔には「享受（Enjoyment)」）という幸福基盤。これは人間の生全体にかかわって、健康という生命それ自体の享受、物的な豊かさ（物的生物的）、社交の楽しみ（社会的）、精神的な享受（精神的）などの形で具現化される。第二に、「目的的行動」に対応して「成し遂げる喜び」（「達成（Achievement)」)。これも人間的生の全体に及び、病の克服、ベンチャー企業の成功、権力や名誉の獲得、作品や研究の完成などが典型例とされる。第三に、「規範的行動」に対応して「自らを律する喜び」（「規律（Discipline)」)。日常的な生活規律、政治的使命や天職意識、宗教的戒律などがその例とされる（ibid.: 197-8)。

以上の「完結的・目的的・規範的行動」に（あるいはフロイトの「イド・自我・超自我」、ヴェーバーの「感情的・目的合理的・価値合理的行為」に）対応する三つの基盤は数行ずつの記述で扱われるが、第四の「自他関与的行動」に対応する幸福基盤には二頁弱の多くの紙幅があてられる。

これは「愛し愛される喜び」、精確には「相互の他者受容とそれを通じての相互の自己受容」、簡潔には「自他受容（Self-other acceptance）」と表現される幸福基盤であり、より詳細には三つの視点が必要とされると吉田はいう。第一は「受容の対象」という視点であり、⑴具体的な現実的・仮想的な個的主体との現実的・仮想的な自他受容（友情や恋愛など）、⑵具体的な現実的・仮想的な集合的主体との現実的・仮想的な自他受容（共同体を受容し、共同体に受容されるなど）、⑶神や仏など人格的・非人格的な絶対者・超越的な自他受容（帰依や救済）、の三つの形態が区別される。第二の「受容の自他的性格」という視点からは、⑴他者を受容すること、⑵他者に受容されること、⑶他者を受容し他者に受容されることを通して自己が自己に受容されること、という三つの形態がある。そして第三の「受容の根拠」には、⑴存在するということそれ自体にもとづく受容（「存在論的受容（Ontological acceptance）」）と、⑵存在することそれ自体ではなく存在者が有する一定の価値ゆえの受容（「価値論的受容（Valuational acceptance）」）の両極がある（吉田の母と父へのイメージの相違を思い出せばよい）。吉田によれば、多くの恋愛は「価値論的受容」であり（そうなのだろうか?!）、神や仏など絶対者・超越者による受容は一般的に「存在論的受容」である。また、罪びとの救済や悪人正機などの「反価値論的受容」は宗教的逆説として「究極の存在論的受容へといたる通路ないし誘い」とされる（ibid.: 198-200）。

第二の「幸福の領域」に移ろう。これは、幸福基盤が人間存在のどの層・領域に位置するかという視点であり、「物的生物的な生活領域」、「社会的な生活領域」、「精神的な生活領域」に三分される。吉田はこれを「享受・達成・規律」の幸福基盤と三分類と組み合わせて、①物的生物的享受（健康、長寿、富など）、②物的生物的達成（身体的能力の開発など）、③物的生物的規律（衣食住にかかわる生活規律など）、④社会的享受（家族の団欒や社交の楽しみなど）、⑤社会的達成（事業の成功や立身出世など）、⑥社会的規律（政治的イデオロギーへの忠誠など）、⑦精神的享受（音楽や絵画の鑑賞など）、⑧精神的達成（芸術作品や学問的業績など）、⑨精神的規律（宗教的戒律など）、へと分析的に細分する（ibid.: 200）。

こうして「幸福基盤×幸福領域」の九類型が示された。だが、興味深いことに、幸福基盤の最後に詳しく扱われた「自他受容」は、この分析的クロス表には登場しない。吉田は「自他関与的行動」を「すべての人間行動に通底する基底的な行動類型」であると強調するのだが（ibid.: 197）、「幸福基盤」の説明では他と不釣り合いな長さで記述することになり、逆に「幸福領域」とのクロスではこれを扱うことができない。強引かもしれないが、吉田の「父の死」の経験を振り返るならば、父の生涯の数々の達成や、その宗教的享受と規律による「幸福」をこの表は位置づけることができるだろう。だが、吉田が「お父さんがいなくなったら本気になって宗教に取り組むよ」といって父と涙した「父子一体感」（まさに「自他受容」だが）は、この分析マトリックスには場所が与えられないことになる。

そして、第三の「幸福の様式」をめぐる叙述においては、四つの行動類型のような「普遍的枠組」に基づいて（あるいはそれらを組み合わせて）分析枠組みを設定するという試み自体が放棄される。吉田は「四つに大別される幸福基盤」や「三つに大別される幸福領域」と異なって「幸福様式」は文化によって規定され、これは先に述べた三つの「言語使用法にたけた人間存在に独自な創造能力を多彩に発揮」しており（「幸福追求のための、各文化のいわば腕の見せ処」）「じつに多様」だとして、一三もの論点（！）を羅列するのだ（ibid.: 201-2）。そのままあげるなら、⑴変革志向／解釈志向、⑵無自覚的＝前言語的／自覚的＝言語的、⑶自己決定・自己選択／自己無化・自己放下、⑷過去志向／現在志向／未来志向、⑸貨幣で購入できる／貨幣で購入できない、⑹多角性・重層性／一徹性・単層性、⑺柔軟性／一貫性、⑻外在性＝不安定性／内在性＝安定性、⑼躍動性／静寂性、⑽幸運・不運などの偶然的要因とりわけ不条理なそれを位置づけ、それに対処する信念体系の存在、⑾仏教的な自他関与の在り様、⑿「慣れ」による幸福状態の無化ないしマンネリズム化、⒀幸福を肯定的・否定的に評価し差異化する規範主義的様式。このリストを見ると、「研究者言語」による分析は「当事者視点」の多様さに圧倒されてしまい、普遍的枠組を構築する試みは破綻しているようにも感じられるだろう。

ここから一連の重なり合う項目群を抽出してみよう。まず、⑴の「変革志向」の幸福観は人間存在の所与性を克服して幸福を追求する「企投的な幸福様式」であり、近代の科学技術、工業化・情報化が可能にした物的生産的な豊かさの実現という幸福と不可分である。対して「解釈志向」の幸福観は人間存在の所与性を受容しその意味を解釈し直して幸福になる「被投的な幸福様式」であって、宗教的幸福観に特徴的な幸福観である。吉田は、「現実変革型」と「現実解釈型」のふたつの幸福様式は幸福阻害的な所与性に対処する方法として「人類に普遍的な、永遠に支持者を失うことのない二大幸福観」だと評価する（ibid.: 202）。これは(3)幸福問題における「自己決定・自己選択」と「自己無化・自己放下」と重なるだろう。一方に当事者の自己決定・自己選択を重視する欧米個人主義的・近代主義的な幸福様式があり、他方に一切の計らいを捨てることを通じて涅槃を見出す仏教的な幸福様式がある。この背後には「主体性」（「人間存在にとって望ましい選択様式」と定義される）を「自己決定（自律性）と相対所与性の克服（解放）」に求める近代主義的理念と、「共同決定（共律性）と絶対所与性の受容（解脱）」に求める非近代主義的理念のあいだの「主体性観」ないし「主体性意識」の文化的異和が存在する、と吉田はいう（ibid.: 203）。これらの項目からは、〈変革志向＝自己決定・自己選択＝相対所与性の克服（解放）〉と〈解釈志向＝自己無化・自己放下＝絶対所与性の受容（解脱）〉が対置されているように見える。

少しあとの(8)にあげられる「外在的＝不安定的な幸福」は当事者に制御困難な外在的要因に依存することの多い幸福様式であり、享受型・達成型・世俗的自他受容型の幸福基盤は一般に不安定だとされる。これに対し「内在的＝安定的な幸福」は享受・達成・世俗的自他受容に比べて当事者に制御しやすい内在的要因に依存する幸福様式で、規律型と宗教的自他受容型の幸福基盤は一般に安定しやすい。吉田によれば、信仰の安定性は富や事業や恋愛に比べれば主として内在的要因に支えられ、不運や不慮の災難・災害の影響を蒙りにくい。また(10)では、「偶然的要因、とりわけ不条理なそれ」を位置づける信念体系が幸福様式に大きな役割を果たすことが指摘され

（この項目は対概念化がなされない）、吉田は、仏教思想の根幹をなす「無常」や「無常観・無常感」は幸福状態の不安定性・偶然的要因への対処として人類文化が生み出したもっとも代表的な幸福様式である、と評価する（ibid.: 206）。

禅仏教の自他分節プログラム

そして⑾で吉田は、仏教的とりわけ禅仏教的な自他関与を「人類の宗教思想が到達したきわめてユニークな幸福様式」として、他とは明らかに不釣り合いな詳細さで記述する。吉田によれば仏教思想の「空」の論理的構造は次の骨格をもつ。「迷い」の世界の中核には各文化固有の「自他分節プログラム」に制約・拘束された日常的な自他分節＝「執着の常自己」がある。禅仏教の第一ステップはこれを脱却して、自他分節のない「無自己」（無我）へ移行することであり、これが「空」（「仏の悟り」（長尾雅人））の世界である。第二ステップは「無自己」が再び自他分節して「自在の仮自己」へと移行し、いかなる存在者をも自在に自己とみなし、かつそれを仮設的・仮構的な自己だと意識している世界（「菩薩の悟り」（長尾））である。そして第三ステップでは、「自在の仮自己」が新たな「執着の常自己」へと変質・転落しないようにたえず「無自己」へと回帰する。ここで「空」や「絶対無」はそれ自体としては「無自己」だが、「執着の常自己」からすれば「脱自己」、「自在の仮自己」からすれば「未自己」であって、「脱自己＝無自己＝未自己」の三位一体とされる（ibid.: 207）。

こうして、禅仏教の自他分節プログラムの核心をなす「無相の自己」とは「脱＝未＝無自己」と「自在の仮自己」を往還する（あるいはこの往還する自己意識の二肢を統一・一体化する）ものである、と吉田は主張する。「執着の常自己」と対置される「自在の仮自己」の自在性と仮構性が「無自己」（無我）へのたえざる回帰によって保証されるのであり、「迷い」の世界が日常生活の「執着の常自己」を生きる世界であるならば、「悟り」の世界とは「無相の自己」を生きる世界にほかならない。吉田はこの「自他分節プログラム」への解釈の背後には「ポスト分子生物学の新存在論にもとづく私の自己理論」が控えており、抗原抗体反応による遺伝情報レベルの自他分節プログラム（「有機的身体＝有機体的自己」）、身体図式による感覚運動情報レベルの自他分節プログラム（「感覚運動的＝現象学的自己」）、言語情報レベルのプログラムによる自己現象（「言語的身体＝制度的自己」）の三層の自他分節のうち、禅仏教の教義は「自他分節を制御する文化的プログラム」（つまり、言語使用の第三タイプによるもの）と解釈されるという。そして「無相の自己」はいかなる存在者にも自己包絡せず（「無自己」）、いかなる存在者にも自在かつ仮設的・仮構的に自己包絡しうる（「自在の仮自己」）から、「いかなる幸福状態・不幸状態をもわがものとし、かつ、いかなる幸福状態・不幸状態にも執着しないという独特の幸福様式」を実現するもので、吉田は「無常」と並んで宗教思想が編み出した独自の幸福様式だと評価する（ibid.: 208-9）。

この禅仏教による「幸福様式」をめぐる記述は（私自身は仏教について十分な知識も経験ももっていないが）、吉田が自らの「分析的理性」を最大限の鮮やかさで発揮した成果であると感じられる。各仏教者によって生きられる「当事者視点」（たとえば「悟り」）を、「自他分節」という普遍的な「研究者言語」を創造し、分析する。これによって、この経験をニュートラルに共有でき、たとえば他の宗教の「幸福様式」（あるいは宗教以外がもたらす「幸福」）との同一枠組みによる比較や理論的検討が可能になるだろう。だが、これに疑問をもつ人も多いことだろう。この「普遍的研究者言語」は「生きられる当事者視点」を把握しつくしているのだろうか。「言語」による分析枠組み（「理性知」？）は、「経験」の多様さや豊饒さ（「感性知」？）には届かず、それを位置づけた瞬間にその内実をいくぶんか痩せさせてしまっているのではないか。たとえば、「自他分節プログラム」が三層に分かれるというが、禅仏教者によって経験される自他分節は「言語情報レベルのプログラム」の水準でとらえきれるものなのだろうか（端的にいって、「身体図式による感覚運動情報レベルの自他分節」の水準は無関係なのか）。

第四の「幸福の満足域」はごく簡潔に要約できる。一般に満足域には実現可能性に制約されて決まる「現実主義的な満足域」と、実現可能性と無関係に決定される「脱現実主義的な満足域」がある（ibid.: 210）。幸福をめぐる満足域も同様だが、生の現状に応じて「上方または下方へと無自覚的に調整される」ことが少なくなく、柔軟な幸福観ではこの調整が「自覚的・意図的」になされる。たとえば、満足域の下方調整は不幸状態の幸福状態への主観的転化（「知足」）のために利用され（「現実解釈型の幸福様式」の一例）、満足域の恒常的な上方調整は生の現状への自足・甘えを克服させて飛躍や現実変革に駆り立てる「達成型の幸福基盤」にポジティブな機能をもつ。

「成功を鼓舞する上方調整」と「失敗を癒す下方調整」の組み合わせは達成型の幸福基盤に広く見られる幸福様式であるが、日本の学歴社会における「事前の加熱（warming up）と事後の冷却（cooling out）」は調整が長期間にわたる事例として興味深い、と吉田は指摘する（ibid.: 211）。

「変革志向」から「解釈志向」へ

こうして、当事者が生きる幸福観・幸福状態の具体的事例は、「四つの幸福基盤」「三つの幸福領域」「多様な幸福様式」「幸福の一定の満足域」の四系統の幸福要因をさまざまに編成したものととらえることができる（ibid.: 211-2、傍点は引用者）。以上の「記述的・規範的な比較幸福学」の理論枠組みを展開し終えた吉田は、最終節で「比較幸福学の第二テーマ」である「幸福をめぐる知識社会学的解明」のプランを短く展開するが、ここでは一点だけ触れよう。本論末尾に吉田は「幸福を阻害する抑圧からの解放、という視点」という項を立て、ミクロの臨床的課題とマクロの政策論的課題があるとしながら、「「抑圧からの解放」という現実変革型の幸福様式」を前提とした課題を次のように指摘する。人間存在に加えられる抑圧は「資源的抑圧」、「社会的抑圧」、「文化的抑圧」に分節できる。「資源的抑圧」からの解放をめざす努力として人口問題、食糧問題、医療問題、地球環境問題などが、「社会的抑圧」からの解放をめざす努力として権力問題、公正問題、差別問題、人種問題などが、「文化的抑圧」からの解放をめざす努力として自明化された文化の見直し、異文化共生、一部の欧米文化中心主義の再考などがある。これらの課題は現代の物理・化学的諸科学、生物的諸科学、人文社会諸科学が挑戦するテーマであり、近代科学の発展によって強化された「変革志向の幸福様式」の地球規模での浸透を如実に物語るものである（ibid.: 215）。ここで吉田は、二〇年前の「原認識」論文における「人間解放」への関心を繰り返しているといってよい。

だがこの科学主義的な「変革志向型幸福様式」の制度化は、「解釈志向的幸福様式」の再検討・再評価・復権を要請している、と吉田は付記する（ibid.: 215）。この両者を橋渡ししうる「解釈志向の幸福様式の一般的構造分析」と、これに基づく「変革志向の幸福様式と解釈志向の幸福様式のそれとの共存ないし統合」が比較幸福学の現代的課題である、というのだ。これは、医療の現場の例では「治癒の可能性すなわち「相対所与性の克服」を前提にしたCure」と「治療の不能性すなわち「絶対所与性の受容」を前提としたCare」の関連として見られるだろう。「「変容可能な相対所与性」と「受容するしかない絶対所与性」との相克にみちた人間的世界それ自体の構造が、被投的に投企する人間存在に、変革志向型にも解釈志向型にも過度に偏しないバランスのとれた幸福観を要請している」と吉田は指摘する。それには、近代科学との激突しないような「世俗主義的・非宗教的な解釈志向の幸福様式」の追求か、既成宗教の教義の近代科学との激突を回避しうる読み替えの進行か、近代科学と激突する現実解釈をあくまで「仮構」と知りつつ信じる新たな信仰形態のもとでの科学と宗教との共存の実現か、さまざまな形が想定されるだろう。そして、「解釈志向の幸福様式」への傾斜とともに、宗教的生を特徴づける「自他受容」型と「規律」型の幸福基盤への傾斜もまた現代社会の諸問題と深く結びついている（ibid.: 216）。

最後に吉田は「宗教的幸福観」への期待を記して稿を結ぶ。宗教的幸福観は「自他受容」と「規律」という幸福基盤、「解釈志向」の幸福様式への傾斜によって「人類先進社会の寵児ともいうべき科学主義的幸福観の独走」に一定の歯止めをかけることが期待される。それは、近代科学技術の発達という条件に促された幸福観が「享受」と「達成」からなる幸福基盤と「変革志向」の幸福様式へと傾斜しているからにほかならない（ibid.: 216-7）。

以上のように一九九八年の吉田は、一九七八年論文での「人間解放」への関心の圏域を踏み越えて、その外に足場を求めているといっていいだろう。「制御知」から「解放知」への突破が四〇代半ばの彼の冒険だったとすれば、「享受と達成」から「自他受容と規律」へ、「変革志向」から「解釈志向」へ、「相対所与性の克服」から「絶対所与性の受容」への傾斜を六〇代の吉田は冒険的に試みる。これは（明らかに僭越な表現だが）、「徹底した科学主義者」だった彼が、「本気になって宗教に取り組むよ」と伝えた父との約束を（おそらく「徹底した科学主義者」であり続けたまま）全力で果たした到達点というべきものだろう。

だが、彼自身が一九七八年に「私の不幸な資質」と認めた「理性知の優位」（つまり「科学主義者」であり続けたこと）は、やはり多くのものを彼の「分析的理性」から遠ざけたといわざるをえないと思う。彼は「形相」「情報」という概念をできるかぎり拡張し、「シンボル性プログラム」「言語的プログラム」として「宗教」や「幸福」を記述しようとする。それは他にはないきわめて明快な分析を可能にしたように思う。しかし、それで「絶対所与性」に直面する人間が経験する「意味の世界」に到達できたのだろうか（いやそれはそもそも「意味」という水準で理解できる世界なのか）。あるいは、グッと身を起こした父とガーッと涙を流した子の「父子一体感」という「幸福」をとらえることができたのだろうか（これらのオノマトペは「言語的シンボリズム」からはこぼれ落ちる事態を表現しているではないか）。たとえば言語は（とくに「研究者言語」「理論言語」は、厳密に定義すればするほど）こうした経験を、いつもいくらか痩せた姿で再現することになるのではないだろうか。

ここで私は吉田の師・作田啓一（吉田は一九九〇年の『情報と自己組織性の理論』の扉に、「恩師　作田啓一先生に捧ぐ」と記している（吉田 1990:i））が一九九三年に刊行した『生成の社会学をめざして』にある、次の言葉を思い出す。「体験は生成（devenir）の世界の中で生起する。この経験を知性の言葉で語ろうとすると、人はその経験をとらえそこなう。知性の言葉は分割（division）の論理に従うからである」（作田 1993:30）。「分割の論理」は「定着の論理」ともいえ、物質界をとらえるのにもっともふさわしい。だが、感情の世界は定着の論理でとらえることは難しく、「生きているということはそういう感情の流れの中を漂うことにほかならない」（ibid.: 31）。「経験は動くものである。動くものとは正体不明のものであり、これを動かないものに還元して説明する時、人は安心できるのであり、そしてこの安心が科学の名において正当化される」（ibid.: 45）。

そこからさらに私は、吉田が「原認識」論文の末尾に記した真木悠介の一九七〇年代の仕事、『気流の鳴る音』における、〈トナール〉と〈ナワール〉という対概念を思い出す。〈トナール〉は言語・概念化によって世界を作り、世界を理解・説明することを可能にするが、これによる「ことばのカプセル」は「自我のとりで」であると同時に「牢獄」でもある。これに対して、〈ナワール〉はこのカプセルを取り囲む「大海」であり、「存在の地の部分」、「他者や自然や宇宙に通底し「まじり合う」われわれ自身の根源」である（真木 1977: 52-5）。真木によれば、〈トナール〉は「統合された意味づけ、位置づけの体系への要求」に答える説明体系への盲信であり、「明晰」の罠」である。〈ナワール〉はこれを突き崩し相対化することで「明晰さ」の限界を知り、「真の〈明晰〉」に到達することを可能にする（ibid.: 78-80）。

つねに動き分割不可能な経験を、知性の言葉で徹底的に分割し、説明する。言語・概念によって世界を理解し、統合された意味づけ・位置づけの「明晰」な体系を構築する。吉田民人は「徹底した科学主義者」としてこの態度を誠実に貫いた。そして「近代科学」が得意とする「相対所与性の克服」から「宗教」が得意とする「絶対所与性の受容」にまで、「知性の言葉」による分析の範囲を拡張しようと格闘し、彼にしかできない成果をあげた。もちろんここで検討したのは彼の知的冒険のごく限られた一部にすぎない。だが、彼は作田が論じた動くことをやめない「生成の世界」を、真木が論じた〈ナワール〉の水準での〈明晰〉を、とらえることができたのだろうか。私には、ここで検討した二論考と二〇〇二年の基調講義は、彼の「分析的理性」の非類なき性能と達成とともに、「死を前にしてどのような世界を生きうるか」という自身の問いかけに届かない無念のようなものを示しているようにも感じられる。

3. はかなさ・鎮め・ダンディズム
——大村英昭における「もう一つの精神史」

【1】しあわせとはかなさ
「幸福」と「仕合わせ」

二〇〇二年の「コルモス研究会議」での吉田民人の基調講義は宗教学者・山折哲雄が司会し、大村英昭がコメンテーターを務めた。それからちょうど四年後、二〇〇六年一二月二六日に開催された第五三回研究会では吉田が司会とコメントを担当し（まるで答礼であるかのように）、大村が基調講義を行っている。「ポスト・ヒューマニズム期の祈りと供養」と題するこの講義で、まったくの偶然だろうが、大村は「幸福」について語ることから話を始めている。

大村は講義冒頭で、自らが社会学者であり、同時に三〇余年にわたり浄土真宗本願寺派の末寺（園龍寺）の住職を務めてきたと自己紹介し、この経験から「現場なき教養」と「教養なき現場」が共依存するような状態であることへの問題意識を抱くようになったと述べる。冷凍保存された教義を「現場」の人々の苦しみに対してどのように解凍し、口に合うように提供できるか、これが「プロの僧侶」として門徒との接触のなかで痛切に感じてきたことであり、「社会学者」としても近年強く思うことである。大村は在職していた関西学院大学のCOEプログラム「人類の幸福に資する社会調査の世界的拠点形成」を紹介して、「幸福とはなにか」を根本的に考え直すことが求められているといい、これを「臨床社会学」＝現場に役立つことを語り得る社会学という立場から論じようとする（大村 2013：82）。

大村は「幸福」を言葉の問題から（吉田と同様に？）検討し始める。同COEプログラムでは「幸福」の英訳に「happiness」ではなく「well-being」を使ったが、このふたつの言葉の意味は異なる。happyやhappinessはもともとhappeningに近い言葉遣いで、間がよい、時がよい、巡り合わせがよいことを意味し、フランス語のbonheur（よい時＝幸福）もそうだ。これに対してwell-beingは「福祉」と近くなって生活上のことを意味し、なんとなく生活臭が出てくる。そしてこれは日本語の「幸せ」という言葉にも重なる。広辞苑では「しあわせ」に「仕合せ」という漢字があてられていて、「めぐりあわせ、機会、なりゆき」という意味が記され、そのあとに「幸福、幸運、幸い」とあって、最後の意味に「幸せ」という字があてられる。ここから大村は、洋の東西を問わず昔の「しあわせ」という言葉には「ある種の偶然性とある種のはかなさ」が含まれていると論じる（ibid.：82-6）。

「社会学が人の幸せを本当に語り得るのか」（ibid.：87）。「幸福」という翻訳語（あるいはwellbeingという英語）では「仕合わせ」がもっていたはかなさを論じることができない。ここで大村は、日本仏教が育んだのは「世のはかなさに対する感受性」、とくに「縁《えにし》のはかなさをいとおしむ」ことだと述べる。「四〇億年なら四〇億年かかって、今の世界のこの風景、あるいは命の姿がこうやってある。四〇億年の長さの中で、一瞬だけ、タンポポの花と私がある時を共にできる」。このすぐ過ぎ去っていってしまう出会いはほんとうにはかなく、はかないと思うほどいとおしくなる。こうした「はかなさに由来するいとおしさ」が大切ではないか、これが「現場の坊さん」として葬儀や人の死に立ち会ってきた経験から導かれた結論だと大村は述べる（ibid.: 87-8）。

ポスト・ヒューマニズム期の「拡散宗教」

大村はここから、講義タイトルの「ポスト・ヒューマニズム期の祈りと供養」に話題を転換する。彼はデイヴィッド・リースマン『孤独な群衆』の人口増加率曲線（いわゆるロジスティック曲線）を引用しながら、プレ・モダン／モダン／ポスト・モダンをプレ・ヒューマニズム期／ヒューマニズム期／ポスト・ヒューマニズム期と解釈替えし、ヒューマニズム期とポスト・ヒューマニズム期の違いは科学の発展に依拠した人間中心主義が揺らぎ、かつては神秘主義と呼ばれたような宗教意識が大衆レベルにも浸透することにあるとする。大村はこれを、「特定（specified）宗教」が衰退する一方で、「拡散（diffused）宗教」が伸びていく、と表現する。「特定宗教」とは職業的宗教家が主唱者で、教団組織としてヴィジブルだが、「拡散宗教」は宗教家ではない小説家、映画監督、アニメ作家などが主唱者で、当人も担い手も「宗教」として意識していないインヴィジブルなものである。たとえば日本の浄土教（園龍寺！）やアメリカのメソジスト派（関西学院！）といった特定宗教は大きく異なる教義を持つだろう。だが、拡散宗教、つまりその下にある大衆の集合意識はポスト・ヒューマニズム期に互いに似通ってくる（ibid.: 89-91）。

ポスト・ヒューマニズム期は人口自然減の時代であり、ここでは「憧憬としての未来の喪失」が生じて、未来から現在を見る視線が成立しえなくなる。リースマンはモダンの時代に「内部志向」を対応させたが、この社会的性格がもつ「禁欲のエートス」は未来の栄光がリアリティをもつことを前提とするだろう。だが、たとえば人々が上海の「未来都市」を見てもそこにエネルギーの浪費や環境汚染をすぐに透視してしまうように、ポスト・ヒューマニズム期には未来への憧憬はなくなり、むしろ「憧憬としての過去」が浮上する（大村は藤沢周平の小説や落語の人情長屋に見られる「憧憬としての貧困」を例にあげる）。いまや中高年世代は八〇％以上が子・孫世代が自世代よりも幸せにならないと考え、このような未来への視線は出生率の低下にも影響しているだろう（ibid.: 92-5）。

この時代の「死者の供養」について、大村はいくつかの例を紹介する。亡き人の遺骨灰を墓に入れずに手元に置く「手元供養」が広がり、死者は遠いところに往くのではなく「そこにいてほしい」ものと感じられる。子どもが不慮の死で亡くなった場合、「天国の〇〇ちゃん」と呼びかける「鎮魂の所作」を行いつつも、事故や事件の現場に花束や線香が供えられる。大村は靖国神社へのA級戦犯合祀問題に触れながら、ある男性が父の慰霊のためにただ霊璽簿があるだけの靖国にも参るが、父が撃沈された南海を訪れて父の好物のウィスキーを海に流して慟哭する、という例をもとに、「死者はどちらにいるか」というリアリティの問題を提起する。先祖崇拝は「祟り」がある禍々しい死霊に対するものから、「おかげ」だけをもたらす「親愛なる故人」として記憶する「私的追憶（memorialism）」へと変化していく（ibid.: 100-5）。

こうした事例を経由して、大村は最後に「縁《えにし》がはかない」ことに戻り、「家族＝祈りの共同体」論を展開する。かつての家族は生産の単位・地域社会の単位としてさまざまな機能を担っていたが、現代はそれらが順次失われ、家族は「生身の、それだけ傷つきやすい存在」になりつつある。家族内で互いに気配りし過ぎ、子が親の期待に応えられないと真面目に悩むなど家族員の密度が高くなって、家族の「ヴァルネラビリティ」を高めている。大村は、この状況のもとで重要なのは、なぜこの人が親で、私が子どもかという必然性は絶対説明できない「不思議な縁」であって、四〇億年の生命現象の歴史でたった一度だけいま時をともにしている、と語り続けることではないかという。「はかないけれども、だからこそいとおしいじゃないのというような説教くさいことを申しまして、私の祈りと供養のお話といたします」と述べて、この講義は結ばれる（ibid.: 108-9）。

理論言語と自然言語

当時六四歳の大村による「幸福」を入り口にしたこの講義は、吉田の議論とは対照的な道行きを見せているといってよいだろう。同じ「言葉の問題」を出発点としながら、吉田が「幸福」を普遍的な「研究者言語」「理論言語」によって定義・分析しようとするのに対して、大村は「当事者言語」「自然言語」としての「しあわせ」の具体的内実を検討し、そこに「偶然性とはかなさ」を発見するのだから。これは吉田が幸福について「一つの研究プログラム」、つまり研究者間で共有されるべき科学的枠組みを（「研究者言語」によって）構築しようとしたのに対し、大村が教義を（いわば宗教の「理論言語」を）現場の人々の苦しみに役立つよう「解凍」して届けようとする使命感をもっていたという相違と重なるだろう。大村のいう「社会学が人の幸せを本当に語り得るのか」という問いは、吉田にとっては社会学者がより普遍的な「研究プログラム」を遂行するうえで他の研究者になにが提供できるかという問いであり、大村には社会学者が日常生活を送る人々（まさに「当事者」）になにを提供できるかという「臨床社会学」的な問いであった。吉田にとって「当事者言語」は分析対象だったが、大村にとっては学の成果を伝えるメディアそのものだった。

そして、大村が自然言語のゆたかな意味世界を探究することで発見した「はかなさ」と「いとおしさ」は、振り返ってみると吉田が父と共有した「父子一体感」の「幸福」のもっとも重要な構成要素を抽出しているようにも思われる。父と子が「四〇億年」の生命現象の歴史のなかで偶然出会い、次の瞬間には別れていく。こうした「はかなさ」と「偶然性」を感受していたからこそ、吉田と父はあのような時間を過ごせたのだろう（まさしく「仕合わせ」！）。さらに振り返ってみると、吉田が理論枠組みとして構築しようとした「幸福」の基盤・領域・様式・満足域に、この「はかなさ」（あるいは「ヴァルネラビリティ」）がもたらす「仕合わせ」は含まれない。たとえば幸福様式にかんする一三の論点のなかの(10)で「偶然的要因」の位置づけとその対処が論じられていたけれども、「偶然性」は主として幸福状態を不安定にする要因として（いわばネガティブなものとして）扱われるだけだった。だが、「不条理な別れ」があるからこそ「はかない出会い」は「いとおしい」ものとなり、「仕合わせ」と感受されるのではないか。大村が描く（そして吉田自身が実存として感じた）この事態は、いかなる「理論言語」によって記述・分析することができるのだろうか。

もちろん、このふたりには共通の論点も見られる。大村が「ヒューマニズム期」から「ポスト・ヒューマニズム期」への変化ととらえる「科学の発展に依拠した人間中心主義」と「神秘主義と呼ばれたような宗教意識の浸透」は、吉田が「科学主義的幸福観の独走」と「解釈志向の宗教的幸福観」として論じたものと重なり、吉田が「相対所与性の克服」から「絶対所与性の受容」へと移行した態度に大村は共感することだろう。だがおそらく、この共通の問題にアプローチする角度とそこから抽出する思想は大きく異なる。次項以下では大村のこれ以外の仕事をいくつか検討して、彼の探求を辿っていくことにしよう。

【2】 鎮めの文化

「社会科学」と「宗教」

「基調講義」で自己紹介的に述べられた、社会学者の「理論」と宗教家の「現場」との往還は、大村が強烈に意識し続けたことだといえるだろう。たとえば、一九九〇年の『死ねない時代――いま、なぜ宗教か』の序章「社会科学と宗教を結ぶ」で、大村はこう語る。

大村が社会学を学び始めた一九六〇年代ごろは「東大派モダニズム」（注で、戦前の日本が表面的には近代化をとげながら封建的意識が温存されたことを改革すべく、「真に近代的な主体の確立をめざした思想運動」をさす、と記される）が支配的で、マルクス主義を中心とした「マクロな体制学」が社会学の魅力だった。大村は大学卒業とほぼ同時に住職だった父ががんで亡くなって（本願寺派は原則的に世襲制であるため）その職を継ぎ、大学院にも籍を置いて社会学の研究も続けることになる。社会学では機能主義的システム論も台頭するが、物質的な豊かさをめざしマクロに体制全体を問いかける考え方（吉田のいう「資源論的解放」）に対して、住職の仕事は物質的な豊かさを断念しそれは救いと本質的に結びつかないとするもので、大村は「じいちゃん・ばあちゃんの愚痴話」を聴くなかで「ミクロ・スコピックなレベルでの人びとの悲しさ」に接し、当時の社会学にはこれを受け止める用意がないと痛感する（大村 1990:2-5）。「社会学」のあり方と「現場」で聴く人間の苦悩が噛み合わないことに、大村は隠遁してしまおうというほどの気持ちになったという（ibid.: 9-10）。

ところが一九七三年のオイル・ショックを契機に「近代主義の理想」が揺らぎ、七〇年代後半から八〇年代には若者の宗教回帰が見られて「イエスの方舟」事件や「超常現象」ブームが起きる（ibid.: 10-4）。この時期には、フィリップ・アリエス『死と歴史』やキューブラー・ロス『死ぬ瞬間』など死を正面から扱う著作や研究も登場する。大村によれば、六〇年代の「唯物論的改良主義」は「人間の死の問題」をとりあげることができなかった。というよりモダニズムは一般に死から眼をそらすことによって成り立っており、それに触れないことで物質的豊かさと社会改良を追求できた。だが社会科学が個々の人間の死に注目するようになり、唯物論的・体制論的社会科学がパラダイム・シフトを経験するなかで、大村は「現場」で僧侶として得たものを社会学に返せるようになってきたと感じ始める（ibid.: 14-9）。

続く章「宗教依存症」で大村は、近代文明は「煽り一辺倒」だと述べる。それに対応して近代の社会科学は煽ることとの問題性ばかり議論してきており（その代表がエミール・デュルケムのアノミー論だった）、鎮めることを真正面に見据えた議論が少ない。そのわずかな例のひとつが、アーヴィング・ゴフマンが信用詐欺師を扱った初期の論文"Cooling the Mark Out: Some Aspects of Adaptation to Failure"（一九五二年）である。ゴフマンによれば、詐欺師には「クーラー」という役目がいて、騙されたカモ（mark）を「このくらいで済んでよかったじゃないか」となだめて怒りと傷ついた心を鎮め、泣き寝入りさせる（この過程を「クーリング・アウト（冷却）」と呼ぶ）。現代の競争社会で煽られている（騙されて・カモられる）人々を鎮める「クーラー」はどこにいるのか。大村は、宗教は人間の欲望そのものを鎮める「鎮めの文化装置」の役割を果たすのではないか、と考える（ibid.: 49-52）。

では「宗教」とはそもそもなんなのか。「宗教って？」と題された章で、大村は呪術と宗教の違いを次のように論じる。たとえばイエスは当初は手かざしによって病気を治す「霊能者」＝「呪術者」であり、一種の「呪術集団」を形成していた（ibid.: 72-3）。呪術は欲望（たとえば「治りたい」という）をもつことを前提に、なんらかの超自然的な存在に働きかけるものである（つまり、欲望自体を鎮めはしない）（ibid.: 52）。ところが偉大な霊能者イエスが磔になって死ぬという「呪術の失敗」が生じ、ここから宗教としてのキリスト教が始まることになった。パウロの回心に示されたように、「失敗者にして弱きイエス」がそれゆえに救い主であると考える（というより、そうだったと気がつく）失敗の解釈替えによって、失敗者イエスのなかに神の声を聞くようになるのだ。呪術集団としては人々の欲望充足に失敗したが、後継者たちはその欲望こそが「邪な心」であり、これを鎮めることにこそ救いがあるとする「一種の逆転」によって（つまり、「自前の鎮め物語」を創造しえたとき）呪術から宗教が独立していった、と大村は考える（ibid.: 72-4）。

煽りの文化／鎮めの文化

宗教は「鎮めの文化装置」である。――この着想を大村はさまざまな形で展開していく。一九九五年七月～九月に「ＮＨＫ人間大学」として一二回ＴＶ放映された「鎮めの文化――欲望社会と日本人のこころ」、これに大幅に加筆して一九九七年に刊行された『日本人の心の習慣——鎮めの文化論』はそのひとつの集大成だといえるだろう。この内容を詳しく見てみよう。

大村はまずさまざまな祭礼の例から、「日本文化の基調」としてなにかを「鎮める」という「民俗のこころ」があるという。地鎮祭、風鎮祭（おわら風の盆など）、花鎮め、菅原道真の怨霊鎮めなど、わが国には人々を元気づけ煽る祭りではなく癒したり鎮めたりする側の祭礼が多い（大村 1997：7-9）。大村は「おかげと祟りのコンプレックス」と名づけるが、日常の平穏無事を「おかげさま」と感謝し、非日常的な災厄をなにかの「祟り」と感じて「自然の荒ぶる神」を鎮める心性がここにある（ibid.: 10-1）。キリスト教は「罪とゆるし」をモチーフとし、当初の「原罪」、裁きや怒りから赦しや感傷へと転回していくと論じられることがあるが、これと同様に「祟りと鎮め」という基本モチーフが教団の成長につれて初期の「祟り」から「おかげ」「原恩」に対する感謝へと重点移動していく。だが、近代日本でも「祟り／鎮め」の意識は日本社会に拡散しており、小説家や映画監督や自然科学者など宗教外部の人々に「鎮めの文化」はひっそりと息づいているのではないか（ibid.: 12-20）。

しかしながら、私たちは供養する・鎮めるという文化を置き忘れている（ibid.: 9）。これは「近代社会の基調が、人々の欲望を煽ることで成り立っている」からだ（ibid.: 22）。ここで大村は、マックス・ヴェーバーとエミール・デュルケムを「煽る文化」を解明した社会学者として位置づけ直す。ヴェーバーは、「煽る文化」が欲望の解放ではなく、欲望を禁圧する「禁欲のエートス」を核心とすると論じたととらえることができる。プロテスタントの「預定説」は神の絶対的意志によって少数の人々が永遠の生命（救い）に、他の多数の人々が永遠の亡び（断罪）に定められているとするが、教会も聖職者も典礼も役に立たず深い孤独と不安に取り残された人々は、「選ばれている」との確証を得ようと勤勉実直を励行する（ibid.: 22-30）。デュルケムは人々が煽られ、諦めてはならぬと強制される社会を「アノミー」という言葉で描き、誰もが「無限性の病い」にかかっているとした（ibid.: 22）。近代社会ではわずかな成功が人々の欲望をさらに掻き立て、「中庸の満足」を忘れて「永遠の不満の状態で罰せられている」ような心理が広がって、自殺が増加していく（ibid.: 54-5）。

この「煽る文化」は、ピエール・ブルデューのいう「中間層のハビトゥス」ともとらえられるだろう（ibid.: 61）。上流層のエレガンスの文化、下層の「貧困の文化」がそれぞれに競争にあくせくする暮らしぶりを蔑視する矜持をもつのに対し、「中間」という暫定的な位置で培われるハビトゥスはただひたすら「頑張る」。大村は、ヴェーバーがいう「禁欲のエートス」が宗教的「建て前」に近いのに対して、より通俗的な中間層の「本音」を「禁欲的頑張る主義」と呼び、近代日本ではこの「中間層文化」だけが異常に肥大化して社会のすみずみまで埋め尽くし、両端の二文化がともに萎縮して固有のサブ・カルチャーにはならなかった、と述べる。日本では、家庭のしつけでも学校の教育でも、どの階層の人々も「禁欲的頑張る主義」に反抗するような言動をとることができず、これを揶揄するような別種のハビトゥスがカウンター・カルチャーとして自立することができなかった（ibid.: 64-6）。

大村はこの要因を江戸時代の下級武士団のハビトゥス、明治期の「立身出世主義」などに遡るが、とくに「イエ」との関連を高取正男『民俗のこころ』に依拠して論じる。高取によれば、日本のイエやムラには個の人格や私権（「ワタクシ」）を尊重する「民俗のこころ」が息づいていたが、明治以降「滅私奉公」がもてはやされ、オオヤケのために犠牲になるワタクシが美化される風潮が生じてワタクシは圧迫されるようになった。その一例がオオヤケゴトの場である「座敷」が武士から一般民家にも広がり、世間に恥ずかしくない「座敷づくりの情熱」が見られることである。イエを継いだ長男は家産を守るため耐え忍ぶ禁欲倫理を培い（「長男文化」）、イエを離れる二・三男には出世のための教育が与えられ、攻めの姿勢が強い「次男文化」にも滅私奉公による「イエの論理」が貫徹する（ibid.: 82-98）。

しかしながら、このような「禁欲的頑張る主義」は、現代において体制疲労・文化的ほころびを起こしており、これに背を向ける新しい感性も育ちつつある。それに応えようとする「新・新宗教」も登場したが、大村によれば旧態依然の生活信条によりかかっており、疲労や倦怠につけこんで「カルト」化する危険をもつもので、むしろこれに対する抵抗力が求められる（ibid.: 99-100）。この新しい感性にどのように応えればよいのだろうか。

大村は、日本に土着してきた伝統仏教に「鎮めの文化」「鎮欲の思想」を発見しようと試みる。たとえばそれは、「オオヤケ」への貢献を競い合う「イエ」から出るノウ・ハウだった（「世に出る」＝「出世」ではなく「世を出る」＝「出世間」）。中国からの輸入後すぐの仏教は「イエの論理」あるいは「オオヤケ」に与する「鎮護国家」型のもので、官寺・大寺の僧侶が高邁な教義を導入・紹介していた（まるで明治時代の帝大教授のように！）。だがこの輸入仏教と仏教以前の「祟りと鎮め」の感覚が習合して、その後の日本仏教のユニークな性格が形成される。大村は、この習合点には聖徳太子がいたと考える。梅原猛がいうように「マージナル・マン」として仏教を興隆しようとした太子が悲劇的な死を遂げ、その一族が皆殺しに近い形で滅ぼされたことに対する「怨霊鎮め」を仏教が引き受けることによって、オオヤケに与する仏教が「オオヤケに殺されたワタクシ」の霊威を鎮魂する習俗と交錯して「民俗の巷（ないしは野《や》）」に降る確かな道」を得た、というのだ。たとえば官途を去って野に降った空海、はじめから野にあった「聖」（日知り）、私度僧たちなどにより、学問・建て前としての仏教が民俗の祈りや庶民の本音を表現するものに変容する（ibid.: 104-9）。平安後期には出家・遁世が流行するが、彼らはキリスト教の修道士のように奉仕活動に禁欲的に挺身するのではなく、「世も捨て世にも捨てられ」（明遍）という消極性を特徴とし、その理想は西行や鴨長明、時代は下るが良寛に見られるように「数寄」、すなわち花鳥風月を愛で、ワタクシへの閉じこもりを愉楽とする術であった（ibid.: 110-6）。

次いで大村は、山折哲雄がインドに紀元前後からあったとする「四住期」を参照する。これは、人は四つのライフステージを経て死ぬのがもっとも幸福な生き方とする考えで、第一が勉強に励む「学生期《がくしょう》」、第二が妻を娶り子をなして働く「家住期」、それに続く第三のステージが「林住期」とされる。中年から初老に入った家長がふらっと家を出、漂白の生活に身を任せて自由な天地をさまよう。宗教や芸術の世界で息抜きし、なかには金を使い果たして乞食になる者もある。林住期を通過した多くはふたたび家族・共同体のもとに帰るが、一握りの選ばれた人間は第四の「遊行期」に進む。これは現世の生活を捨て切って聖者の道を行くことで、家族のもとに戻ることなく人々の心の看取り手としての遊行と遍歴を繰り返しその果てに死ぬ（ブッダやガンジーがそうだった）。ここで大村は「林住期」がもつ、一見中途半端だが聖世界に往き切りでなく俗界に還るときがある「聖俗具有」ともいえる柔軟性に注目する（ibid.: 125-7）。こうした柔軟性が日本仏教のユニークさを示すものではないか（大村は、親鸞の「非僧非俗」や西行、芭蕉、良寛、良寛を小説化した大正期の作家・相馬御風を例にあげる）（ibid.: 128-33）。この「もう一つの精神史」は、「禁欲のエートス」が前向きにどう進みどう勝つかを問うのに対して、後ろ向きにどう退くか、どう負けるかを問うものであり、「鎮めの文化」とも「撤退の思想」とも呼べるものだろう（ibid.: 136）。

「弱いワタクシ」とファミリズム

このあと大村は浄土真宗の開祖・親鸞について独自の解釈を展開するが、ごく一部にだけ触れよう。倉田百三の『出家とその弟子』や清沢満之、三木清などの近代知識人が描いた親鸞像は流罪になって苦難の道を歩み求道し続けた点を強調したもので、いわば彼ら自身の「禁欲的頑張る主義」の範囲内に親鸞を閉じ込めたものだった（ibid.: 165-6）。だが、最晩年の親鸞は関東の弟子たちに遺言状のような手紙（消息）を送り、自らの家族の弱き者を気遣って「たのむ、たのむ」と繰り返している。彼はいったんイエに捨てられ（得度して比叡山に）、オオヤケに捨てられた（流罪で越後に）が、世捨ての「孤高の人」ではなく、家庭をもち、世のしがらみのただなかに還ってきていると見える（ibid.: 186-7）。

大村は親鸞と師・法然、聖徳太子の関係を辿り、彼は法然から「世を出る」ノウ・ハウ（知恵）＝「往相」を、太子から「世に還る」ノウ・ハウや確信と勇気（慈悲）＝「還相」を賜ったのではないか、との仮説を述べる（ibid.: 211）。「釈迦や聖徳ですら、妻子眷属の故に負わねばならなかった苦しみ、そんな世のしがらみを背負ったままに、なおかつ悟るとはどういうことか」（ibid.: 207-8）。親鸞は「林住期」を経て妻子のもとに戻る「聖俗具有」だった。たとえば弟子・唯円の『歎異抄』は「往相」の論理の鋭さ（頭で考える「知恵の念仏」）を見事に描いたが、「世に還る」覚悟（身体で感じる「慈悲の念仏」）には目配りが足りず（ibid.: 211-4）、後者は親鸞直筆の和讃や消息に見られるものである（ibid.: 216）。

室町時代末の乱世に浄土真宗中興の祖となった蓮如は、「南無阿弥陀佛」の掛け軸だけで家庭を「道場」に変え、集う人がともに泣き笑う演劇空間とした「現場」の改革者だったが（ibid.: 158-60）、親鸞に残された「世捨てのロマン」を払拭し、「世を出る」ことができない「在家止住の男女」に巨大な共鳴盤を見出した、と大村はいう（ibid.: 191）。彼は「在家のままに救われることの意義をぎりぎりまで追求した人」(ibid.: 248) で、「世に還るロマン」のほうに賭けたのではないか (ibid.: 251)。近代日本を覆った世間並を求める「イエの論理」による「煽る文化」は、「弱いワタクシ」の居心地を悪くする。これに対して日本仏教は「オオヤケから疎外されたワタクシ」に身を添わせて、ムラもクニも捨て野に降って「弱いワタクシ」の側で自らを鍛えてきた。蓮如が唱導したのは「イエの論理」とは異なる「ウチのひと」を護る「家庭仏教」ではなかったか、と大村はいう。オオヤケに競う「座敷」ではなく、ホームチャペルともいえる「家庭仏壇」を整備し、「弱いワタクシに身を添わせた」仏教として、蓮如の教団は「「イエの論理」に抵抗するファミリズム(家族らしさ)」を示しているのではないか (ibid.: 252-3)。日本の家族が画一的な「煽る文化」に浸食されるとき、戦前の「イエ」や戦後の自閉的な「マイ・ホーム」ができあがる。そうではなくて、「鎮めの文化」を家族がどう内在化させ、真のファミリズム(家族らしさ)をどう実現できるか、を考える必要がある (ibid.: 253-4)。

最終章「一五世紀の知恵を、二一世紀へ」の最終節(「NHK人間大学」テキストにはなく、一九九七年版で加筆された)で、大村は「はかない縁《えにし》」に言及する。「そもそも、なぜにあなたと私が夫婦になったのか、なぜにあなたと私が親子であるのか」。これは不思議としかいいようのない縁であり、家族とは「不思議な縁にもよおされた、まことに宗教的な集い」だと大村はいう (ibid.: 254)。「思えば私たちは、四〇億年にもおよぶ〝いのち〟の旅」を続けてきたのであって、夫婦も親子も「四〇億年にただ一度の、はかない出会い」に違いない (ibid.: 255)。大村は、家族のこうした機微は「「機能主義」にとらわれている社会科学者」にはとらえられないと断りながら、小津安二郎の映画『東京物語』や遠藤周作の小説『深い河』を引いて家族の宗教性を論じ（ibid.: 256-7）、さらに蓮如の「白骨のご文章」を引用する。「朝には紅顔ありて、夕には白骨となれる身なり、すでに無常の風きたりぬれば、すなはちふたつのまなこたちまちにとじ……ただ白骨のみぞのこれり、あはれといふも中々おろかなり」（ibid.: 257）。だが、いま私たち誰もが「禁欲的頑張る主義」の犠牲者であり、「はかない縁」を思う心のゆとりなどない。たとえば作家たちの「鎮め物語」を読んで、自らの心の「林住期」を経験し、リフレッシュして世に還る勇気をもつことが必要なのではないか。こう述べて、大村は本書を結んでいる（ibid.: 258-9）。

もう一つの精神史

ここで前節からの問いに戻ろう。人間存在がつねにもつ「絶対所与性」にどう対処すればよいのか。大村は日本仏教が蓄積してきた「もう一つの精神史」から「鎮めの文化」を抽出して、その答えに近づこうとしたといえるだろう。「煽りの文化」は「相対所与性」の克服をめざすが、「絶対所与性」を受け入れるハビトゥスを備えることはできず、むしろこれを痩せさせてきたのではないか。「鎮めの文化」という「心の習慣」を取り戻すことによって、「はかない縁」に向き合い、「弱いワタクシ」に寄り添うことができるだろう。——このような答えをもし吉田民人が聞いたとしたら、どのように反応するだろうか。

振り返ってみると、「鎮めの文化」は吉田の「比較幸福学の研究プログラム」にも場所を与えられていた。第四の要因「幸福の満足域」における「成功を鼓舞する上方調整」に対する「失敗を癒す下方調整」、日本の学歴社会が例とされた「事前の加熱（warming up）」に対する「事後の冷却（cooling out）」である。だが吉田の叙述では、「満足」「成功」「失敗」「上方／下方」という用語自体が「達成型の幸福基盤」（つまりは「煽りの文化」）に依拠しており、「欲望」そのものを鎮めるのではなくそれをもつことを前提にしているように見える。そして、吉田が「幸福の満足域」という普遍的な理論言語によって研究プログラム全体の一セルに位置づけたものが、大村の叙述からは、仏教の「教義」と民衆の「現場」のあいだで長い時間をかけて育まれてきた「もう一つの精神史」ないし「撤退の思想」であり、ゆたかな「文化」としての内実を蓄積してきたことを理解することができるだろう。

また、吉田が分析的理性によって鮮やかに描きかえた「禅仏教の自他分節プログラム」の「往相／還相」に対し、大村が親鸞と法然から導き出した「往相／還相」は同じ「往還」でありながら大きく位相を異にするものだと思われる。吉田が描く「往相」は「執着の常自己」から「無自己」へ、「還相」は「無自己」から「自在の仮自己」へという「自他分節を制御する文化的プログラム」水準のものだった。これに対して大村のいう「往相」は「世を出る」、「還相」は「世に還る」ものである。彼の『歎異抄』評にあるように、「往相」は論理鋭い「知恵の念仏」であり、「還相」は身体で感じる「慈悲の念仏」であって、後者は世のしがらみのなかにいる「弱いワタクシ」に定位する。単純すぎるかもしれないが、吉田の「自他分節」の理論は言語的・文化的プログラムの水準を扱い、「身体」水準の自他分節は登場しない。そしてその「自己」はひとりで、孤独である。だが大村が描く往還では「弱いワタクシ」の「弱い身体」が、「弱いワタクシ」を取り囲む「はかないウチ」の人々の「弱い身体」とかかわりあっている。その身体はひとりではなく、「煽る文化」が定位する「オオヤケ」や「イエ」から他の「弱い身体」を救い出そうとしているように見える。

本稿で問題にしている「死」とは、まさに「弱いワタクシ」の「弱い身体」にかかわるものだろう。この「弱い身体」は、人間存在がつねにもつ「絶対所与性」にどう対処すればよいのか。吉田の「分析的理性」による「理論社会学」(＝「知恵の念仏」?)とは異なって、大村の「教義」と「現場」を結ぼうとする「臨床社会学」(＝「慈悲の念仏」?)は「死」をどのようなものとしてとらえるのだろう。その後の大村のテクストを見てみたい。

【3】一人称の死とダンディズム

二人称の死／一人称の死

さきに触れた「白骨の御文章」は、蓮如が突然の病で妻と娘を相次いで亡くしたさいに書かれたものだと伝えられる(ibid.: 257)。そして、『東京物語』で諦観を後姿で演じた周吉(笠智衆)は老妻(東山千栄子)を亡くし、『深い河』で亡き妻の転生の姿を求めてインドを旅する男性・磯部も妻をがんで亡くしたのだった。

大村は『日本人の心の習慣』刊行後も精力的に「臨床社会学」と「臨床仏教学」の試みを展開する。二〇〇三年刊の『臨床仏教学のすすめ』には月刊誌『寺門興隆』連載の連続講話が収録されているが、そこで彼は亡き妻を「後追い」して自死した作家・江藤淳の例を入り口に「遺骨崇拝」について考える（大村 2003:3）。いま、遺骨はかけがえない故人との唯一の依り代になっているのではないか（ibid.: 10）。大村はこれを「遺骨新宗教」と呼び、亡き人の魂のゆくえを遺骨のあるところにしか想像できない「死後世界についてのイメージの貧困」を問題にする（ibid.: 19）。かつての人々のほうが、遺骨のないところにも故人の心・魂はありうると想念するゆたかな死後世界のイメージをもっていたのではないか（ibid.: 20）。

例によって大村は宗教一般を「鎮めの文化装置」と定義するが、ここではそれを「「二人称の死」に伴う喪失感を癒すために人類が蓄積してきた知恵の結晶」といいかえて、新しい文脈に乗せる（ibid.: 21-2）。「二人称の死」への鎮めの文化装置。現代人の多くは自分の死について「死んだらゴミになるだけ」といい放つ勇気をもつかもしれないが、かけがえのない一人娘が死の床にあって「私、死んだらどうなるの」と尋ねられてそうは答えられない。そもそも自分の死＝「一人称の死」は誰も体験できないものであり、体験できる死として真っ先に見据えるべきはかけがえのない人の死＝「二人称の死」ではないか（江藤の自死に見られるように、ほんとうの意味で「撃たれる」のはかけがえのない人の死に出会ったときだろう）（ibid.: 22-3）。たとえば浄土教団は、死後の魂のゆくえを「お浄土」として多くの人々がイメージ・トレーニングできる姿で共有し（ibid.: 23）、自分もかけがえのない人と同じところに往くとイメージする工夫（「浄土再会」「倶会一処」）を蓄積してきた（ibid.: 28-9）。ところが、近年の仏教は「死者の魂の行方」に明快に答える力をもっていないのではないか（ibid.: 35-6）。この知恵を「臨床仏教学」はもたねばならない（ibid.: 41）。

しかし、その数年後、大村は「一人称の死」に向き合うことになる。編者を務めた『とまどう男たち　死に方編』に寄せた二〇一五年五月一〇日の日付がある「まえがき」によれば、大村はその四年半前に「やや手遅れ気味（ステージⅣ）の大腸癌」を切除手術した。手術後、放置すれば八か月、抗がん剤で二年の余命と宣告されて抗がん剤を投与してきたが、それが効かなくなって一切の抗がん剤投与を拒否してから一年半が経つ（大村・山中編 2016: 1-2）。二〇一六年七月に刊行された本書は、二〇一五年九月二一日に七二歳で逝去した大村がかかわった最後の書物であり、共編者の山中浩司によれば、大村は「最期の一ヶ月まで、ごく普通に自分の死のことについて話され、また冗談を飛ばされていました」という（ibid.: 7）。大村は二〇〇二年の吉田の仮想の質問そのままに、末期がんによって自らの死を宣告された意味世界を生きることとなった。このとき、彼はどのような意味の世界を生きたのだろうか。本書に収録された論考「退き際のダンディズム」は、大村が「社会学者」として自身の「一人称の死」にじかに向き合った仕事といえるだろう。本節最後にこれを見たい。

昔の親はたいてい一人か二人子どもを亡くす経験をしており（「二人称の死」である）、末の子が成長する頃には役目を終えて無事に死んでいけた。しかし現在、末子が成長した後何十年も生きなければならない「死ねない時代」に突入し、家族を含むあらゆる人間関係を「はかない縁」と感じとった父祖たちの「知恵や祈り」は忘れられつつある。大村は近代人を支配してきた「煽る文化」に対照させて、父祖の知恵の結晶である「鎮めの文化」を説明し（大村 2016: 8-9）、男性のジェンダー・イメージは「煽る文化」の担い手と想定されることが多いが、むしろ「鎮めの文化」の担い手と考え直してみようと提案する（ibid.: 14）。

遊・ダンディズム・演技の精神

こうしてここでも大村は「宗教＝鎮めの文化装置」論を説き始めるが、この論考ではこれまでと異なり「欧米一神教文化圏に出自をもつ〈聖・俗・遊〉の三次元モデル」を援用する。このモデルで宗教は通常「聖」の領域に位置づけられる。だが、現代人が「俗」の日常世界から解放されるのは「聖」よりも（スポーツイベントへの熱狂的参加に見られるように）「遊」の領域がはるかに多い。アニメ作品や映画や小説などの「スピリチュアルな」作品を見るならば（二〇〇六年講義での「拡散宗教」）、現代社会における「俗」からの離脱方法は「聖」よりも「遊」に向かっているのではないか（ibid.: 16-7）、と大村はいう。

そして、日本仏教の先達たちは「俗」からの解放を「聖」よりも「遊」の方向で図ってきた。

わが国の出家者たちの伝記類は（一神教文化圏の聖者列伝とは異なって）、彼らが社会事業や福祉事業から意識的に背を向け、悟達の境地を「遊戯三昧」で表現していることを示している（たとえば峻厳な道元禅に倣う良寛が、「子どもらと手まりつきつつこの日くらしつ」と詠ったように）。大村は日本仏教が「聖」ではなく「遊」に赴いたのは、一神教文化圏ほど「聖」が「俗」から独立していなかった（「鎮護国家」の仏教に見られるように）ので「俗」の権力にからめとられないため、また心をあらゆる束縛から解放するのに「俗」からの分離度が大きい「遊」領域がまさると知悉していたため、と推察する（ibid.: 17-8）。

「鎮めの文化」としての「遊」。大村はここで井上俊の『死にがいの喪失』を参照しながら、「ダンディズム」と「ファナティシズム」を対比する。同じ「俗」からの離脱でも、「聖」に向かうときは「ファナティシズム」になりやすく、「遊」に向かうとき「ダンディズム」になりやすい。井上は前者に「殉教死」、後者に「虚栄死」を対応させたが、大村はファナティシズムを「狂信的」というよりも「ある信念を一途に追求する態度」という意味として、ダンディズムを見栄張りや見かけのかっこ良さだけでなく「かっこ良さへの憧憬」といったより内面的な精神のあり方としてとらえ、ダンディズムによる死を「かっこ良さへの憧憬死」として（井上のいう「虚栄死」よりも柔らかく）理解したいという（ibid.: 20-1）。そして、宗教は「遊」の領域に向かう態度（とくにダンディズム）の形をとったとき、もっとも明瞭に「鎮めの文化装置」として現れると主張する。逆に、「俗」から完全に分離した「聖」に向かう宗教運動は、そのゆとりのなさから文字通りのファナティシズム（狂信）を結果しやすく、「煽りの文化装置」にならざるをえない（ibid.: 22-3）。大村はダンディズムの代表者として西行法師をあげ、非業の死をとげた崇徳上皇と友誼を結び、生涯その御霊鎮めをした彼を「数奇者」と表現する。西行は崇徳の母・待賢門院璋子《たまこ》を追慕しており、「願わくは花の下にて春死なむ　その二月の望月のころ」の歌のとおり璋子の命日二月一五日に亡くなり（まさしく「憧憬死」）、吉野桜を愛でる歌の多くは彼女への恋情を託したものともされている（ibid.: 24-5）。

「遊」とともにダンディズムの重要な構成要件となるのが「演技の精神」である。大村はここでアーヴィング・ゴフマンの社会学を引いて、ゴフマンは人間行為に「外見」と「中身」の二つの要素があることを強調し、あえて「外見」重視の社会学に舵を切ったという。社会学でたとえば「父親役割を演ずる」といっても、それは家族システムにおける父親の機能を論じるだけだが（機能主義の「中身中心主義」）、ゴフマンは「役割（role）」に代えて「役柄（character）」を中心に据え、エチケットやマナーなどの儀礼的所作や面子への気配りなどを論じた。「中身＝本もの／外見＝偽装」式の偏見は「恥」（の文化）を「罪」（の文化）よりも低く評価する傾向にもつながるが、「中身の役割遂行」に失敗したときの「罪」の意識はせいぜい意識レベルで理念的に醸成されるものにすぎない。だが、外見にこだわり、キャラクターにふさわしくない振る舞いをして羞じ入る心は、イデオロギーとかかわりなく「身体の奥深くから湧き出る」人類普遍の感情モードである。大村は、ゴフマンの描く人間像は「罪の意識」よりはるかに「恥の意識」に敏感な人々であり、近代主義的イデオロギーから解放された「ポスト・モダンな都市型人間」だったという（ibid.: 25-31）。

この「役割」と「役柄」のバランスを論じるのに、大村はゴフマン後期の代表作『フレーム・アナリシス』（一九七四年）を援用し、ふたたび〈聖・俗・遊〉の三次元モデルに立ち戻る。われわれはある行為を見て「けんか」（俗）、「じゃれあい」（遊）などの認知枠組みによって「意味の層」に振り分ける。ゴフマンによれば「俗」は「プライマリ・フレームワークス」による常識的な生活世界、「聖」と「遊」は「フレームによって構築された世界（framed reality）」であり、このあいだにフレームの取り違いが起きたり、意図的に取り違いを促す仕掛けがつくられたりする。「俗」の生活世界で「けんか」である殴り合いが「遊」領域に転形されて「ボクシング」というスポーツになることをゴフマンは「アップ・キーイング」と呼び（keying＝転調）、子どもが遊びとしてつつき合っていたのが本気のけんかになるのを「ブレーク・フレーム」、「遊」から「俗」への「ダウン・キーイング」と名づける（ibid.: 32-6）。

「演技」とは、異なったフレーム上に複数の「私」を同時に表現して見せることである。「俗」のフレームで「おかたい教師」を演じながら、同時に「遊」のフレームで「話のわかるナイスガイ」（?-）を演じる。『勧進帳』の「弁慶」の役を、「幸四郎」として（あるいは「団十郎」として）演じる（二重のフレーム）。観客の側も、芝居に感激して涙しながら（「見物人（onlooker）」）、のり巻を口に運んでパクリと食べる（「通客（theatergoer）」）。大村は、同時に二役を演じながらどちらの役柄にも「成り切らない」抑制力が演技の眼目だという。「聖」に向かうファナティシズムはひとつの役柄への「成り切り」を特徴とし、「俗」や「遊」に目もくれない禁欲的態度は、他の可能性に目をやるゆとりのなさ、抑制力のなさを生む。これに対して演技には所詮は「遊び」だという「つき離した（detached）」態度がひそんでおり、作り事だと承知しながら（= theatergoer）芝居に涙する（= onlooker）のが観客の演技力である（ibid.: 39-41）。ここには複数の「私」を演出するとともに、舞台上の「私」を鑑賞できるもう一人の私がいる。

だがこの観客としての私は、精神分析でいう「スーパー・エゴ」であってはならない。「超自我」は演じる「私」を「聖」の領域から見下ろして査定する監視者であり、「遊」の領域に留まって「私」を鑑賞するもう一人の私ではない。そうではなくて、「通」の観客のようにひとつの役柄に入れ込み過ぎず、「いまは下手でもいずれ良くなるというゆとりと期待」をもって眺める「舞台上の「私」にやさしいもう一人の私」が必要なのだ。若い頃は自分に厳しい超自我（あるいは理想我）がいてくれる必要があるかもしれないが、やり直しがきかない年齢になって手厳しく「私」を責めるようなもう一人の私がいたのではたまらない、所詮は遊び、それなりにやっとるわいと見る「通」の観客が中年男の「理想我」だ、と大村は主張する（ibid.: 41-3）。「成り切らない演技力」はいつも宙吊りであり、「中途半端」への慙愧の念によって苛立つこともあるが、そのときも人生は所詮遊びであり、ステージ上の役柄にすぎないと思い切る「演技の精神」が大切なのだ（ibid.: 44）。

大村は、日本仏教の伝統からは世界に類を見ない「中途半端」の極め付きのような僧侶が輩出してきた、という。日本以外の仏教圏では僧侶とみなされない「肉食妻帯」の浄土真宗の僧侶、出家者でありながら「数寄」という在家者や俗人のような風流を保持する僧侶。彼らは「聖」よりも「遊」の方向で「俗」からの解放を図ってきたが、親鸞が「非僧非俗」、良寛が「俗にも非ず、沙門にも非ず」といったように「遊」と「俗」は相互否定的媒介の形で共存しており、どちらにも徹し切れない「中途半端」の自覚が「恥の意識」「羞恥する心」を働かせ、含羞のもとで「遊」と「俗」の共存が可能になっている（ibid.: 49-50）。ダンディズムは「中途半端」を羞じる密やかな羞恥心と結びつく。先にダンディズムとは「かっこ良さへの憧憬」だととらえたが、自身を振り返ればかっこ良さ＝潔さとは別の徹し切れぬ自分を羞じ、俗世間に未練がましさをもつ気持ちを残してしまう（ibid.: 51）。

大村は最後に、西行の待賢門院璋子への慕情を表す「花の下にて春死なむ」とともに、良寛作とされる貞心尼への愛情を示す次の句をあげて「退き際のダンディズム」の見事な表現だとして本稿を結んでいる。「うらを見せ　おもてを見せて　散るもみじ」（ibid.: 52）。

「自在の仮自己」と「遊」

この軽妙で濃密な（そして、筋を追いやすくはない）死の直前のエッセイは、大村の「鎮めの文化」論に新たな視点を付け加えているといえるだろう。「俗」（＝煽り）からの（「聖」ではなく）

「遊」への解放（＝鎮め）。それを可能にする「演技の精神」と、「中途半端」を羞じる含羞。ゆとりのない「ファナティズム」から、つき離した「ダンディズム」へ。――おそらく、父や妻や子を亡くすという「二人称の死」に向き合うとき、人は強く「撃たれ」、「死んだらどうなるか」を真面目に探求せざるをえない（それを「鎮める」ことは可能だが、「遊ぶ」ことは難しいだろう）。だが、自らの「一人称の死」を見つめて問い抜いたとき、この「遊」「演技」「ダンディズム」の視点はひとつの見事な回答なのではないだろうか。大村は、本書の「まえがき」で、この「退き際のダンディズム」に、余命宣告を受けてから「さほどの動揺もせずに過ごしてきた」期間の想いを「十分込めることができたと満足している」と振り返っている（「見栄を張ってまんねん」とも断りながら！）（大村・山中編 2016：1-2）。そしてこれは、「愛する子を死なせ、自分の死を宣告されて、どのような意味の世界を生きうるか」という吉田の問いかけへの、大村からの鮮やかな回答であるようにも思う。

ただ、ここまで書いて、私はこうも思う。一九九八年の吉田は、じつは最晩年の大村と近いところにいたのかもしれない。さきほど「身体」による自他分節が登場しないと述べた吉田の禅仏教理解は、「執着の常自己／無自己／自在の仮自己」を往還するものだった。これは「俗／聖／遊」のあいだのアップ・キーイング／ダウン・キーイングと重なりを見せる認識ではないか。吉田は、いかなる存在者にも自在かつ仮構的に自己包絡しうる「自在の仮自己」は「いかなる幸福状態・不幸状態をもわがものとし、いかなる幸福状態・不幸状態にも執着しないという独特の幸福様式」を実現しうる、と述べていた。これは大村が論じた「遊」と近接するかもしれない。先に述べたように、「二人称の死」（子や妻を死なせたという「絶対所与性」）を前にしたとき人は「鎮め」を必要とするが、「遊び」を求めはしないだろう。だが、「二人称の死」という「絶対所与性」を前にしたとき、「自在の仮自己」へと「遊ぶ」という世界（「遊」による鎮め）を生きることができ、それを求める。

しかしやはり吉田と大村のあいだには決定的な差分があるように思う。感覚的な表現だが、吉田は「自在の仮自己」を「真面目に」探求しているように見える。ひとり孤独に、徹底してこの境地を追い求め、「遊ぼう」としているが決して「遊べない」。大村は中途半端に「遊び」、中途半端な自己を見て羞じている。その羞じ入る自己を「それなりにやっとるわい」と受け入れ、ときに笑い飛ばす。余命わずかの「二人称の死」と向き合いながら、大村はこのような「絶対所与性の受容」をユーモアたっぷりに語るのだ（あるいは、ユーモアと笑いなしには「絶対所与性」とじかに向き合うことは不可能なのかもしれない）。

では、大阪大学で長く大村と協働し、『別れの文化』の共編者だった井上俊はどうなのか。最終節では、彼が語った三つの「基調講義」を中心に、その「死の社会学」を見てみたい。

4. 遊びと死にがいのあいだ——井上俊における「別れの文化」

【1】 遊びとしての宗教

「聖なるもの」と「遊び」

『別れの文化』に収められた五つの「基調講義」のうち、第一章・第二章・第五章は井上俊によるものである。このうち、もっとも早いものは一九九四年一二月二六日の第四一回コルモス研究会議で講じられた「遊びと宗教」(第五章) である。最晩年の大村が自らの死と対峙しながら語ったのと同じ「遊」という観点から、五〇代半ばの井上は宗教を論ずる。周知のように井上は多くの「遊び」をめぐる論考を残しているが、まずこの講義の内容を見よう。

井上は、アメリカの神学者ハーヴィ・コックスが宗教と社会学の関係を三段階に分けて論じたことから話し始める。第一段階は、社会学が宗教教義の社会的条件や信者との関係による変化など「宗教にとって都合の悪いこと」を暴露し、社会学と宗教とが敵対的な関係だった段階である。だが宗教は社会学的暴露で潰れるようなやわなものではなく、第二段階では、宗教が社会学者に教団や信者にかんする調査を自由にさせて、これを一種のマーケティングリサーチとして積極的に利用する。そして第三段階では、宗教側も社会学側も成熟してきて、互いに有益な対話を交わせるようになる。これは一九六〇年代後半頃からで、ロバート・ベラー、ピーター・バーガー、トマス・ルックマンらの仕事がその例とされる。しかし社会学にとって宗教は研究対象のひとつにとどまるものではなく、「宗教という現象から示唆を得て社会学が発展してきた面」があると井上はいう。たとえばエミール・デュルケムは「社会」という誰の目に見えないものを一種の宗教現象ととらえ、「社会」が人々にとって「信仰」として存在しているからこそ拘束力・制約力をもつ、と論じた（井上2013c: 115-6）。

そのデュルケムが発展させたのが「聖俗理論」である。一九一二年の『宗教生活の原初形態』でデュルケムが論じるように、宗教的な世界観の基本はあらゆるものを聖と俗のカテゴリーに分けることにあり、「聖なるもの」は世俗の世界から区別されて威厳と力をもつものとされる。人間はそれに魅かれると同時に、恐れ、畏怖する。「聖なるもの」からときに心の支えや励ましを受け取るが、ときに厳しい要求や責任を課される。そして「聖なるもの」の威厳と力の源泉は、個人を超えた集団（あるいは社会）にある（ibid.: 117）。

だが、この聖俗理論とは独立して、少し後の時期にオランダの歴史家ヨハン・ホイジンガが遊びの理論を展開したことに井上は注意を促す。一九三三年の論文「文化における遊びとまじめの境界について」、一九三八年の著書『ホモ・ルーデンス』でホイジンガは、人間は本来「遊ぶ存在」だと論じ、人間が作り出す文化はすべて「遊びのなかで、遊びとして発生し、展開してきた」とする。「遊び」とは自由で自発的な楽しみのための活動であり、なにか外的目的のための手段ではなく活動自体が目的となる活動である。遊びは日常的な現実から切り離された別世界であり、それ独自のルールがあって現実とは違う秩序が形成されている。だから遊びは「仮構の活動」であり、一時的な活動であって、いつかは終わり人々は日常に戻っていくが、それゆえに遊ぶ人を心の底からとらえて夢中にさせる（ibid.: 117-8）。

井上は、遊びの根源性を主張したホイジンガの議論とデュルケムの聖俗理論は類縁性をもち、組み合わせることができるという。これを組み合わせて「聖・俗・遊」の三元論を唱えたのがロジェ・カイヨワであり、彼は一九四六年の論文「遊びと聖なるもの」で、生存のための経済活動など世俗的日常世界＝「俗」を超越した厳粛な世界を「聖」、逆に「俗」よりも気楽で自由な世界を「遊」と呼ぶ。「聖」と「遊」は俗を離れている点で共通するが正反対の離れ方をしており、「聖」の世界を代表する宗教と「遊び」は俗をはさんで逆向きに位置している。カイヨワは、「聖」と「遊」は混同してはならないと強調する（ibid.: 118-9）。

これに対してホイジンガは、「遊び」こそ人間にとって最も根源的であり、「聖なるもの」や宗教も「遊びのなかで、遊びとして」発生し展開したと考える。『ホモ・ルーデンス』で彼は、「われわれ人間は宇宙秩序に嵌《は》めこまれた存在なのだという感情」が遊びという形式と機能のなかで表現を与えられ、「神聖な行為」という意味が次第に「遊びに滲みこんでゆく」と述べるが、彼の考えでは根源にあるのは遊びであって、宗教も祭祀も「遊びの上に接木《つぎき》された」ものである。どんな高貴な行為にも遊びという性格は備わることができ、祭祀や聖事に見られるように人間は「神聖な真面目さ」のなかで「美と神聖の遊び」を遊ぶこと（それが「本当のことではない」と知りながら、最高の真面目さでそれぞれの役を演じ、ドラマを上演すること）ができる。つまり、カイヨワとは異なって、ホイジンガは「遊」と「聖」は深くつながりをもっていると考えるのだ（ibid.: 119-20）。

だが、『ホモ・ルーデンス』は近代化が進むにつれて「遊び」が衰退することも指摘する。産業化が進む一九世紀以降、遊びを否定・抑圧する「真面目主義」が広がり、あらゆる文化領域で遊びの因子が後退することをホイジンガは嘆く。たとえばスポーツはルールの厳格化、記録へのこだわり、トレーニングの強化、プロとアマの分断などにより「真面目になりすぎ」、遊びの領域から遠ざかりつつある。また国際政治や戦争など政治的領域における遊びの喪失についてもホイジンガは言及する（井上は、これがヒトラーとナチズムへの「遊びがないという視点」からのホイジンガらしい批判だと解釈する）。文化は互いに理解しながら一定の形式・ルールによって「遊ぶ」ところに成り立つものであり、文化はつねに「遊ばれる」ことを要求される。だが、「現代の文化はもうほとんど〈遊ばれ〉ていない」（ibid.: 120-1）。そして、宗教においても「遊び」が衰退している。このことを論じたのが講義冒頭で触れた神学者コックスであり、彼は一九六九年の『愚者の饗宴』で次のように述べる。

「道化」と「道徳」

「愚者の饗宴」（feast of fools）とは中世から一六世紀くらいまでヨーロッパ各地で広く行われていた祭礼で、さまざまな乱痴気騒ぎがあり、高位の聖職者や王侯貴族が嘲られからかわた。この楽しい気分、「フェスティビティ」が充溢した祭りは、宗教改革の時代にアナーキーな楽しみが否定されると、次第に消えていく。コックスは、この祭礼が体現していた「遊びの精神」をふたたび宗教に取り戻そう、と主張する。この主張はキリスト教の信仰を歪曲すると批判する人がいるかもしれないが、コックスによれば、もともとキリスト教は愚者の祭り的な遊びの雰囲気をもっており、それを取り戻すことが世俗化した消費社会で宗教が生き残る方策であり、キリスト教のリバイバル（再生あるいは再活性化）なのだ（ibid.: 121-2）。

ここで井上は、自分は宗教者でも宗教の専門家でもないと断りながら、子どもの頃宗教的な雰囲気で育ったという自身の生活史に言及する。井上の母と祖母はクリスチャンで、彼は教会の日曜学校に通った（通わされた）経験があるが、その雰囲気に息苦しさやある種の偽善性（「キリスト教の教えを割にまともに受け止めて、それを日本の現実のなかで実践していこうとするとやはり無理が生じて、言うこととすることが一致しなくなる」）を感じることがあったという。宗教的雰囲気がもつこの息苦しさはどこから来るのか（ibid.: 122-3）。

井上は、それは遊びの欠如、笑いやユーモアの感覚に乏しいことに由来するのではないか、と述べ、コックスが愚者の祭りに登場する道化の役割を強調することに触れる。「道化は人びとを笑わせながら、自明とされていることに疑問を投げかけ、別の意味世界を開示してくれる」。宗教的祭礼に登場する「聖なる道化」（sacred clowns）は、「人間の弱さ、愚かしさ、不完全さ」をユーモラスな形で知らせ、笑いのなかでその認識を人々に受け入れさせる。聖なる道化は神や聖者に近いからこそかえって愚かしく見え、笑い嘲られる道化のなかにこそむしろ神に近い性質が潜んでいる。コックスは「道化としてのキリスト」や「喜劇としてのキリスト教」を論じるが、道化たちは常に笑われ、嘲られ、いじめられ、侮辱され、「にもかかわらず決して最終的に敗北することはない、そこに希望がある」と説く。それはアイロニーや逆説を含んだ希望であって、笑いやユーモアはしばしば「希望の最後の武器」である、と井上は論じる（ibid.: 123-4）。

さらに井上は、宗教の息苦しさは「宗教の役割そのもの」にも関係しているかもしれない、という。宗教の重要な役割は生と死を含め人生で出会うさまざまな出来事（たとえば、恋人を事故で失ったという出来事）に「意味」を与えることであり、これに科学的解答（死の医学的・生物学的説明）はほぼ無力であって、人は宗教に「意味の問題」（なぜ恋人は偶然の事故で私を残して死んでしまったのか）への答えを求めるだろう。だが、宗教が発展して教義や組織が固まってくると、「答えのシステム」も公式化し固定化する。また宗教・宗派による答えは異なり、それぞれの答えのシステムの公式化・固定化は「正当性をめぐる対立や不寛容」を生み出す。急速な社会変容のなか旧来の答えの信憑性は脅かされ、にもかかわらず（あるいはむしろそれゆえに）答えのシステムを固守する動きが強まり、なんらかの政治的要因と連動すると宗教紛争や宗教的テロリズムを誘発することもある（ibid.: 126）。

ここで必要なのは「既成の答えのシステムにしがみつき、それを守ること」ではなく、「答えのもとになっている問い」を現代の文脈に置き直し、「問いを問い直すこと」ではないか。「意味の問題」に答える仕組みとしての宗教そのものを問うこと、宗教が自分自身を問うことが求められており、この「問い直し」においてユーモアや遊びが重要な役割を果たす可能性がある、と井上はいう(ibid.: 126-7)。ホイジンガもカイヨワも、遊びには(ユーモアにも)ある種の「距離化」の働きがあると論じていた。遊びは特有のルールや形式により現実生活から距離をとる形で構造化されており、だからこそ人は遊びに魅かれ熱中するが、同時にそれが遊びという仮構の一時的世界の出来事であることを忘れないよう要請されている。ジャック・アンリオが『遊び』で述べるように、遊びは「遊び手とその遊びとの間に存在する遊び」によって成立し、「距離が、遊びの基本形式である」。だから宗教がユーモアや遊びを排除すると、距離化の働きが弱まり、硬直化し不寛容に陥りがちになる(ibid.: 127)。

宗教にときに息苦しさや偽善性を感じる要因は、宗教が「道徳的価値」と連携していることが多いことにもある。ほんらい宗教にとって道徳は本質的要素とはいえないが、宗教は道徳と手を結び、信者に対しても一般の人々にも道徳的規準を守るよう要請し、社会もそうした役割を宗教に期待している側面がある。井上は、宗教のなかに遊びの要素を導入する(回復する)ことの意義は「宗教を道徳から切り離す」点にあるかもしれない、という。それにより、宗教は「世俗的な実利主義」からも「道徳的な規範主義」からも自由になる。「現実生活の要求からも、道徳の要請からも解放されて、自由にのびやかに信仰の喜びを生きるのが、宗教の理想であり究極の境地なのかもしれません」。ここで「遊びの理想」と「宗教の理想」が重なり合う。「俗」を離れ、「聖」を媒介にして、最終的に「遊」にいたるのが宗教の望ましいあり方のひとつではないか、と井上は述べる（ibid.: 128）。

なんとのびやかな講義だろう。「遊び」の相において「宗教」をとらえるとき、「俗」だけでなく「聖」もまた相対化され、それがもつ真面目さや息苦しさから自由になる。あるいはホイジンガのいうように、「神聖な真面目さを遊ぶ」ことができる。文化も宗教も遊ばれなくなった現代において、遊びや笑いやユーモアを取り戻すことは、コックスが描く道化のように「問いを問い直して」別の意味世界を開示し、「人間の弱さ、愚かしさ、不完全さ」を笑いのなかで受け入れることを可能にするだろう。このとき宗教は「世俗的実利主義」からも「道徳的規範主義」からも自由になる。たとえば死という「絶対所与性」を前にして、このような「遊」の相を手放さずに保持することの意味は格別のものだろう。

いうまでもなくこの認識は大村が「退き際のダンディズム」で述べた「遊」に重なる。大村がそこで強調した「聖」のゆとりのなさ（ファナティシズム）に対する「遊」の突き放した態度（ダンディズム）は、ここでも「仮構」と「距離化」として描かれている。ただ、大村が「煽り／鎮め」にまず照準し、「鎮め」の一要素として「遊び」を論じたという順序なのに対し、井上は「煽り」よりも「真面目」のほうを問題視して、真っ先に「遊び」に着目しているようだ。ここでいったん、彼の一九七〇年代の「遊び」論を経由してみよう。

偶然性・脆さ・自由

一九七三年の『死にがいの喪失』に「「あそび」としてのニヒリズム」、「遊びの思想」（ともに一九七一年初出）を掲載し、一九七七年に『遊びの社会学』を刊行した井上にとって、「遊び」はその発想の根幹にあるといってよいテーマだろう。『遊びの社会学』の「あとがき」で、井上は「〈遊び〉というと、やはり学生時代を想い出す」と記す。井上は一九五八年に大学に入ったが、「六〇年安保をはさんで、いろいろなことがあったけれども、結局、最大の時間とエネルギーを費やしたものといえば、映画と麻雀とスポーツであったといわざるをえない」という（「六〇年安保」のこの突き放し方！）。大学院入学後に読んだホイジンガ『ホモ・ルーデンス』は「遊ぶことしか知らなかった私に、遊びについて考えることを教えてくれ」、作田啓一に紹介されたカイヨワもおもしろく読んで、「しだいに〈遊びの社会学〉の領域へと導かれ、そしていつの間にか、それが私にとってひとつの遊びともなった」（井上 1977 : 223）。

いまあげた「遊び」を主題にしたエッセイを読んでみると、一九九四年講義で触れたホイジンガやカイヨワを七〇年代の井上が自家薬籠中のものにしていることがわかる。ここでは一篇だけ、『遊びの社会学』冒頭に掲載された論考「ゲームの世界」に補論的に触れておこう。ここで井上はとくに麻雀を論じるのだが、この論考から「遊び」から開かれる別の論脈（「絶対所与性」

と「相対所与性」をめぐる?!）を見出すことができると思うのだ。

井上は「ゲーム」を「一定のルールに従う競争の遊び」と定義する。競争にはつねに「勝ちと負け」があり、何らかの基準によって勝敗の決定がなされるところには「競争」がある。ゲームには主として肉体的技能に依存するもの（各種のスポーツ競技）、精神的・知的技能に依存するもの（碁、将棋など）、運に依存するもの（ルーレットやダイスなど）があり、J・M・ロバーツらはそれぞれ「肉体的技能のゲーム」、「戦略のゲーム」、「偶然のゲーム」と名づけた。競争の遊びは「ルール」の存在を前提とし、ルールはゲームの進行をつかさどり勝敗の基準を決めるだけではなく、他の世界とは異なる固有の秩序の「枠組」に適合しない要素は現実世界でいかに重要であろうともそこから排除される（ibid.: 3-5）。

こうして、ゲーム世界に身を置く者は一時的に「現実離脱」の体験をすることになる。遊びによる現実離脱の特徴を、作田啓一は「脱所属（平等）」と「脱自我」と名づけた。カイヨワのいう「模擬」と「めまい」は「脱自我」を、「競争」と「チャンス」（つまり「ゲーム」）は「脱所属」を特徴とする。ゲームの勝敗の決定からは現実世界での地位や富や権力や名声などは排除されており、プレーヤーは現実社会から離脱して「平等化」される。また、競争の内容からもゲームは「平等」の実現をめざす。ゲームは勝敗の決定に運が介入することをできるだけ排除して能力主義を貫徹させる方向と、能力主義を否定して勝敗の決定を運だけに委ねる方向の二極に分化するが、前者（＝「競争」の遊び）は「平等な条件のもとで実力競争」を保障し、後者（＝「チャンス」の遊び）は「運命の決定に対する無力さ」においてすべてのプレーヤーを「平等化」する（ibid.: 5-6）。

では「麻雀」というゲームはどうか。井上は、麻雀が「実力のゲーム」と「偶然のゲーム」との中間形態であり、いま述べたゲームの対極的な特徴をともに含むと指摘する。麻雀についての井上の紹介は詳細を極めるが、四人で卓を囲む麻雀は初心者が実力者に勝つことがあり、同時に技能に依存する部分も小さくはない（ある程度長期の勝敗データをとれば技量の差は歴然となる）。「チャンス」の要素が強く働くだけに、プレーヤーには「戦略」によってそれに挑戦する楽しみがあり、和了をめざす努力が実ったとき「自己の技能や努力によって運命の絶対性をつきくずしえた（かのような）喜び」を感じる。他方、「人間の力をこえた運命に服従し、その決定を受動的に待つ楽しみ」もあり、リーチは「能動から受動への根本的な転換」であって、プレーヤーは一切の努力・営為から解放され、「ひたすらに運命の決定を待つスリリングな楽しみ」、「人事をつくして天命を待つ」心境を味わう（吉田民人ならこれを「相対所与性の克服」と「絶対所与性の受容」と呼ぶだろう！）（ibid.: 10-2）。一方で論理的思考と心理的洞察力を要する複雑で高度な技術があり、他方それがしばしば運やツキの前に挫折する。井上は、このときプレーヤーは「挫折感」というよりむしろ「不条理」の感覚を覚えるという。麻雀のゲーム構造に「不条理」はビルトインされており、「ここでは「不条理」は耐えられうるだけでなく、楽しまれうる」。「不条理」と戯れるということが、もしかしたら麻雀の魅力の根本かもしれない、と井上はいう（ibid.: 16）。

井上は本論の最終節で「ゲームの精神」を論ずる。いま述べた「人事」（技能）と「天命」（偶然）への依存度はゲームの種類によって異なり、その好みも人によって異なるが、インテリ層には「人事」依存のゲームを好む傾向が見られる。これは「文明の好み」の反映であって、文明は偶然の作用を人為の力で統制して発展してきたので、偶然を嫌い、できるだけその作用を否定しようとする（ibid.: 30）。しかし、ゲームの世界から偶然の作用を完全に排除することは不可能であり、勝敗を争うこと自体不確定のチャンスに賭ける要素が含まれている（技能の差が明白な場合はハンディキャップが与えられ、結果の不確定性が担保される）。ゲームの世界では「実力の競技者も究極においては運命に身をゆだねる」（作田啓一）のであって、あらゆるゲームの根底には偶然性が横たわっており、どれほど「技能」への依存度が高いゲームでもすぐれたプレーヤーは「偶然性への敬意」を忘れない。そしてこれは、ゲーム世界だけにかかわることがらではない、と井上はいう（ibid.: 31）。

ここで井上は、九鬼周造の『偶然性の問題』（一九三五年）を引照する。九鬼は偶然性を人間存在そのものの根底に横たわる問題ととらえ、その存在論的核心は「無いことの可能」にあるとした。「そうでしかありえない」必然に対して、「たまたまそうあるにすぎない（したがって、他でもありうる）」のが偶然であり、「無いことの可能」が「無いことの必然」に近迫するとき偶然性は極大となる。偶然性において「存在は無に直面して」おり、偶然性とは「有が無に根ざしている状態、無が有を侵している形象」、「有と無との境界線」に危うく立脚する「脆き存在」であって、「崩壊と破滅の運命を本来的に自己のうちに蔵している」。しかしだからこそ、必然的決定のうちには決して現れえない「個性と自由」、「生命の放埒と恣意の遊戯」が現れうる。そして、偶然性への感覚を欠く者は「みずからの存在の根底にある「無」」を直観することがないため、「自由な存在としての自己の実存の自覚」に到達することができない（ibid.: 31-2）。

この九鬼の議論を受けて井上はこう述べる。「こうして、偶然性への敬意とは、存在論的にみれば、「無」への敬意であり、存在（「有」）の脆さへの自覚である。したがって、それは、存在の思い上がりをいましめる意味をもつ」。この論点は、偶然の作用を統御・排除して発展してきた「文明」を省察する視点に結びつく。文明は偶然を嫌い、あたかもそれを制圧しえたかのようにふるまい始めるが、決して偶然性の作用を完全に排除することはできない。そして、高度に発達し複雑化した文明ほど「偶然性の復讐」に遭うと大きな被害を受けやすい。井上は、「文明を信頼することは悪いことではないけれど、あまりに信頼しすぎるは考えものだ」という。文明も「無に根ざす脆き存在」の性格をもつことを認め、「文明の思い上がり」を絶えず打ち消す姿勢が大切だ、と井上はこのエッセイを結ぶ（ibid.: 32）。

このエッセイは一九七三年の「ゲーム論」に加筆し、一九七六年の「麻雀のゲーム構造」によって補足されたものというが、一九七〇年代半ばの井上は「麻雀」というゲームから（!!）、たとえば一九九八年の吉田民人による提言を見通しているようにも読めるだろう。吉田はそこで「人類先進社会の寵児というべき科学主義的幸福観の独走」に歯止めをかける「絶対所与性の受容」を可能にする幸福観に期待を寄せていた。科学技術によって偶然性を排除しようとして、「無」や「偶然」への敬意、「有」の脆さへの自覚を忘れたとき、文明は挫折する。もちろんこれは、一九九〇年代の大村英昭が「煽り一辺倒」の近代社会に対して「鎮めの文化」の立場から警鐘を鳴らしたこととも重なるだろう。そして、二〇〇六年講義で大村が、「仕合わせ」に「ある種と偶然性とある種のはかなさ」を見出したこととじかに響き合う。「偶然性」を遊び、「不条理」を楽しむ。このような「仕合わせ」が遊びやゲームのなかにある。

さらにそれは、「脆さ」（大村のいう「ヴァルネラビリティ」、「弱きワタクシ」）への自覚でもあるだろう。「遊びの精神」は距離をとって「聖」の息苦しさや硬直性から人を自由にするだけでなく、存在（「有」）が「脆く」、つねに「無」に接していることを感受させる。そしてこの「偶然性への感覚」は、九鬼が述べたように「個性と自由」を可能にし、「自由な存在としての自己の実存の自覚」への道を開く。一九七八年の吉田が「究極の価値」とした〈自由存在〉の実現という課題は、ほぼ同時期の井上によって「遊び」と「偶然性」というまったく別の経路から（あるいは麻雀から?!）形を与えられていたのかもしれない。

さて、「基調講義」に戻ろう。『別れの文化』にはあと二篇、一九九〇年代と二〇〇〇年代の井上の講義が収録されている。

【2】「死にがい」と「Beingとしての死」

戦無派の「死にがい」

『別れの文化』第一章に収められた「「死にがい」をめぐって」は、一九九六年一二月二六日に第四三回コルモス研究会議でなされた講義「生きがいと死にがい」に基づいている。この講義で井上は、『思想の科学』一九七〇年八月号の「戦無派の反戦思想」という特集に編集長の鶴見俊輔の勧めで「「死にがい」の喪失」というエッセイを書いたことに触れ、当時盛んだった「生きがい」論に対して、自分の死をどう意味づけ、どう納得するかを意味する「死にがい」という言葉を用いたことを回想する。なんらかの形で「死の前に立たされる」（鶴見俊輔）経験をもち、自分の死に心構えを作っておかなければならなかった「戦中派」、そのあとの井上自身を含む「戦後派」（アプレゲール）に対して、戦後に生まれてまったく戦争を知らない「戦無派」の世代は死をどのように意味づけているのか（井上 2013a: 7-8）。ここではむしろ前項とは逆の順序で、一九七三年に『死にがいの喪失』に収められたこのエッセイの内容を、先に辿っておくことにしよう。

ロバート・フルトン『死とアイデンティティ』によれば、自らの死を前もって用意された「メタフィジカルな体系」に位置づけることができる場合、人々は死を「生の兄弟」として容易に受け入れることができ、死を承認することが生の要件ともアイデンティティの構成要素ともなる。「死にがい」付与の「メタフィジカルな体系」がもっとも必要とされるのはおそらく戦時においてであり、戦時社会（より広く軍事型社会）では「生きがい」論ではなく「死にがい」論が活発になる。これは国家にとって「精神的動員の要請」に、死の可能性を強制される個人にとっては「死の意味づけの要求」に対応する（井上 1973:8-9）。井上はこれを分析した優れた例として、師・作田啓一が『世紀の遺書』の遺文を分析した「戦犯受刑者の死生観について」（一九六〇年）および「死との和解」（一九六四年）を参照する。

作田はBC級戦犯受刑者の遺文から、「死の意味づけ」の四つのタイプを抽出する。第一は自らの犯した罪に対する償いとして死を受け入れる「贖罪死」だが、BC級戦犯にはきわめて少ない。第二に、すでにこの世を去った人々への「とむらい」に死の意味を見出す「とむらい死」があり、死者との一体感・連帯感を心情的基盤とする。第三の「いけにえ死」は、所属集団やそのメンバーのために自己を犠牲にすることに「死にがい」を見出すタイプで、これが際立って多い。そして第四は刑死という特殊性を切り捨て自己の死を有機体にとって不可避な「自然死」とみなし、すべてを運命・宿命として受け入れるタイプである。作田がいうように、これらの「死の意味づけ」の類型は「戦前の、とりわけファシズム期の日本社会のカルチュア」を反映しているだろう。「いけにえ死」は所属集団への「献身」＝「滅私」が、「自然死」は個人を超えた運命・宿命の観念や仏教的無常感が、「とむらい死」は「死者との連帯」の心情がそこに反映されている（ibid.: 9-11）。全体としてみたとき注目に値するのは、ほんとうに心から納得したかどうかは疑問だが、「とにかくなんらかの仕方でみずからの死を受容した人びとが圧倒的多数を占めた」という事実である（ibid.: 11）。これは「和解の好きな民族」である日本人の性格を反映しているだけでなく、戦時社会で高度に発達した「死にがい付与のシステム」の働きにもよる。だが、「戦無派」の若者にとってそうしたレディ・メイドの「死にがい付与システム」はもはや存在しない。「死にがい」喪失状態で育ってきた若者たちの死に対する態度はどのようなものなのか（ibid.: 12）。

井上は、フランツ・ボルケナウが死に対する態度から文化を類型化した試みを参照する。ボルケナウによれば、日本文化はギリシャ文化などとともに「死の受容（death-acceptance）」の態度によって特徴づけられ、この態度が極端になるとジョージ・オーウェルが『一九八四年』で描いた「死の崇拝（death-worship）」ないし「滅私（self-abandonment）」が現れる。「死の受容」と対立するのは「死の否定（death-denial）」である。これを借りれば、「戦中派」は「死の受容」、「戦無派」は「死の否定」の態度によって特徴づけられるだろう。ただし「戦中派」の死への態度が一様でなかったのと同じように、「戦無派」のそれも一様ではなく、「受容」と「否定」にも多様な仕方がある。井上はこれを「消極的／積極的」とクロスさせ、「消極的な否定あるいは受容」と「積極的な否定あるいは受容」を区別する（ibid.: 13-4）。

まず、消極的・無自覚的な「死の否定」は、死に対してまったく関心をもたない「無関心」型であり、「戦無派」の若者にもっとも広く見られるタイプとされる。死をほとんど意識することなく「死を生から排除」するこの生き方は、現実の死が訪れるときそれを一種の「事故死」として受けとる。外部から不条理に襲ってくる「事故死」に意味づけし納得すること、なんらかの

「死にがい」を見出すことは難しい。このもっともポピュラーな「無関心＝事故死」型を原型とするならば、なんらかの契機で死が意識されて無関心でいられなくなるとき人は三つの方向に分化すると井上はいう。意識された死を積極的に否定する方向、積極的に受容する方向、消極的に受容する方向、の三つである（ibid.: 14-5）。

「戦無派」にもっとも選ばれやすいのは第一の「積極的な否定」であり、みずからの死を意味づけることを拒み、決して死と和解しない「拒絶」型である。井上は、若い友人たちに「なにかのために自分の命を犠牲にするのは愚かなことだ」、「どんなにカッコわるくても生きのびなければ意味がない」と主張する人が少なくないことに「私もだいたい賛成だ」と述べ、人間は自然死以外の死に方で死ぬ（あるいは死なされる）べきではない、この態度はタテマエ主義へのアンチ、特定の理念やイデオロギーの絶対化への抵抗体となる、と評価する。この「拒絶」型に訪れる死は小田実のいう「難死」である（小田は「散華」の対極として、死にたくない死にたくないと逃げ回っているうちに空襲などで無意味に死んでしまう「難死」を評価した）。しかしながら、「拒絶＝難死」型がある種の「弱さ」をもつことを井上は強調する。とくに「極限状態」に置かれた場合、それは「弱さ」を露呈する。たとえば高橋三郎が述べる強制収容所の状況のように、「精神的な死」を避けるために「肉体的な死」を選ばざるをえない場合、死の「拒絶」は「そのまま人間であることの辞任を意味する」。そして現代の「管理社会」では、極限状況は（現実にはないようにに見えながら）ソフトな外見で意外に身近にあるかもしれない、と井上は付言する（ibid.: 16）。

以上の「無関心＝事故死」型（死の消極的否定）と「拒絶＝難死」型（死の積極的否定）は、生を肯定し尊重する態度・価値を定着させた戦後の文化に基礎づけられているといえるだろう。だがこの態度・価値が肥大して死に正当な位置を与えられなくなると、強みが弱みに転化することがある。「生の全体から死が完全に欠落してしまうと、生そのものが平板化し、貧困化する」、「死という限定要因を失った生、それを欠落させた生は、往々にしてその輝きを失いがちである」と井上は指摘し、生から死を除外することとひきかえに人は「生きがい」までも失うことがあるという。逆に、「死が導入されることによって生がその輝きをとりもどす場合」がある。井上は黒澤明の映画『生きる』を例にあげるが、三島由紀夫の「死の美学」がアピールする社会心理学的基盤もここにある。これは死の「積極的な受容」の方向だが、導入された死が生に輝きを与えるためのフィクションであるから、オーウェルのいう「死の崇拝＝滅私」型や「殉教死」型のファナティシズムは薄い（ibid.: 18-9）。

井上はこのタイプを特徴づけるのは「ファナティシズム」よりもむしろ「ダンディズム」であるという。死の意味づけは「大義」との一体性の保持ではなく「大義」に殉じるカッコよさに重きが置かれ、「なんのために」より「いかに」が問題となる。井上はこれを「死のダンディズム」と呼び、その死は「殉教死」というより「虚栄死」だろうと名づける。「ファナティシズムとちがって、ダンディズムには一種の余裕があり、「あそび」がある」。それがダンディズムの利点だが、他方で「お気にいりのフィクションにしたがって人生を「あそび」のように生き、死のうとする態度」を貫くのは容易ではなく、（どうせフィクションなのだから）馬鹿馬鹿しいと降りることも、別のもっと危険の少ないフィクションに乗り換えることもできる（ibid.: 19）。

「弱さ」と「やさしさ」

この第三の「死のダンディズム＝虚栄死」型ないし「フィクション」型に続いて、井上は「同じく少数派ながら無視できないもうひとつのタイプ」を最後に検討する。井上は、その手がかりとして若い友人が獄中から送ってきた手紙を紹介する。その友人はもっとも過激といわれるセクトの活動家で、死の確率を含む計画に参加する予定だった（が、事前に逮捕された）。彼は死の可能性を前にして、それをどう受け入れ納得したのだろうか。

彼は、それまでの自分の死に対する態度は「極めて無関心」であり、「イデオロギーのために死ぬには、生の価値はあまりに重い」と感じていた。だが、彼は「拒絶＝難死」型の方向には進まず、「むしろ「生の価値」を重んじるがゆえに、消極的に死を受容する方向」に、つまり「「自分の生」を精いっぱい生きたために結果として死がやってくるなら、それはやむをえない」という納得の仕方に進む。「人間というのは、何か燃えるように生きる、その中にヒューマニズムがあるのではないか」（ibid.: 21）と述べる彼を、井上はこう特徴づける。「自分の生」を自分らしく自己のアイデンティティを失うことなく生きていこうとする態度、そのように生きていくことが死につながることになってもそれはそれでやむをえないとする態度。「決して積極的に死を求めるのではない。死によって生を価値づけようとするのでもない。彼らは、死を選んでいるのではなくて、あくまでも生を選んでいる。ただ、ある生を選んだために、結果として死をひきうけざるをえないこともある、と納得しているのだ」。このかぎりで死は消極的に受容され、生全体のなかに位置を与えられている。生を尊重しながら、むしろそれゆえに生の総体に死を包摂してゆく方向がここに見られる（ibid.: 22）。

この手紙のことを「戦無派」の友人に話したら、自分は弱い人間なのでそうした生き方はできないが、自分もどこかで死を受け入れることができると思う、と答えたという。井上が「どこで」と聞くと、たぶんそれは「やさしさ」ではないかとその友人は答えた。これも「消極的受容」型であるが、「やさしい生」を「自分の生」とすることで死に位置を与えようとする姿勢がここにある（ibid.: 22）。「戦無派」の若者にほぼ共通する生肯定の態度・価値は基本的に健全だが、死を完全に排除してしまうことによってある種の「弱さ」を露呈せざるをえない。だとしたら「基調」である生のどこかに死を位置づけ、包摂することがある程度必要になるだろう。井上は、その場合「やさしさ」はひとつの拠点になりうるだろうという。「みずからの生の総体のどこかに、なんらかの形で死を位置づけておくことが望ましいとしたら、私自身をふくめて「弱い」人間にとって最も近づきやすい道のひとつは、やはり「やさしさ」を拠点として死を包摂する方向であろう」（ibid.: 23）。「少なくともこうした形で死を視野のすみにとらえておく視点をもちたいと思う」、そうでなければ、「「やさしさ」はいつまでも弱く、みじめであり続けるほかないであろう」（ibid.: 24）。

この短く、しかしじつに複雑なエッセイは、戦中派のような「死にがい」（「とむらい死」や「いけにえ死」）を失った戦無派にとって、生の肯定＝死の否定（「無関心＝事故死」型や「拒絶＝難死」型）とは異なる死の意味づけの可能性のありかを丁寧に模索する。そのひとつ「死のダンディズム」は、フィクションとしての死を生に導入することによって生に輝きを与える、という態度であり、死の「積極的受容」ではあるけれども大義に殉ずる「ファナティシズム」（たとえば「散華」の思想）ではなく、つねに「あそび」のある「ダンディズム」となりうる。ただ、二〇一五年の論考でこれを引いた大村が「ダンディズム」を肯定的に評価するのに対して、井上は（大村も指摘していたように）これに「虚栄死」型という強い表現を与え、むしろ「虚しい」ものとして理解しているように見える。

これに対して最後に検討された「もうひとつのタイプ」は、死の「消極的受容」に位置づけられるものだが、他の類型のように明確に名を与えられもせず、若い友人の獄中からの手紙とそれをめぐる別の友人との会話だけに基づく。だが、ここで井上はこの可能性に賭けているようにも見える。「生の価値」を重んじて精一杯生きたために結果として死が訪れることを受け入れる。積極的に死を求めるのでも、死によって生を価値づけるのでもなく、あくまで「生を選んで」いる。その「生を選んだ」ために死を引き受けざるをえないと納得し、生の全体のなかに死を位置づけ、死を包摂する。「弱い人間」としての私は「やさしい生」を「自分の生」とし、「やさしさ」を拠点として死を生に位置づけ、包摂する。

井上が繰り返し論ずるのは、生を肯定し、死を生から完全に排除することが（「偶然性」を完全に排除することと同様に）「弱さ」を生み、生を平板化・貧困化させ、生の輝きを失わせる、ということだ。だが、「死」そのものを積極的に意味づけようとすることは危うい。「生を選ぶ」こと、「やさしい生」を生きること、その一部に「死」を包摂すること、これが「弱い人間」としての私（この「弱さ」は死を排除した結果としての「弱さ」とは異なる）にできることではないだろうか。生に死をくくりこむ。――一九七〇年の論考でこう論じた井上（驚くことに三二歳！）は、同じ主題を扱った一九九六年の講義でなにを論じるのだろうか。

Being としての死

基調講義「「死にがい」をめぐって」に戻ろう。井上は先に紹介した戦犯受刑者をめぐる作田の論考を詳しく検討し、森岡清美が一九二〇～二三年生まれ世代の特攻隊員などが死をどう受け入れたかを論じた『決死の世代と遺書』に簡潔に触れながら、戦争で絶えず死を意識させられた戦中派に対して、戦後は戦争による死を強制されず「死にがい」を模索する必要がなくなって、これは個人にとっても社会にとってもよいことだという。しかし、死を排除した「生」はどこか貧しくなり、それが戦無派世代の弱い点になっているのではないか、「生きがい」と「死にがい」とは相互依存の関係にあるのではないか。たとえば死が病院に囲いこまれる「サニタイゼーション（sanitization）」によって死が日常生活から隔離される現代では、いざ死がやってきたときに不意打ちされ、死をうまく意味づけ納得することが困難になる（井上 2013a: 10-1）。ここで井上は、ふたつのエピソードに言及する。

ひとつはこの講義の一か月前（一一月二五日）に「偲ぶ会」が開かれた、経済史・思想史研究者で元京都大学人文科学研究所所長の河野健二の死である。この会はもともと傘寿祝いの予定だったが、河野は六月に体調を崩し検査を受けたところ膵臓がんとわかった。彼は告知主義者だったので医師も手の施しようがないと告げ、河野は抗がん剤も延命治療も不要として八月に亡くなった。死の直前に当時所長だった京都市生涯学習総合センターのメンバーが見舞いに行くと、「生涯学習の先生やさかい、死に方もきちんとせんとな」といって、「深淵を　前にたじろぐ　蛙かな」という俳句を書いた色紙を渡した。河野は、高齢者が世に生きることはさほどおもしろいはずもないが、いくらかでもおもしろく暮らせるように手助けするのが生涯学習の役割と考え、それをユーモラスに語っていたという（ibid.: 12-3）。

もうひとつのエピソードは、一九世紀後半の社会主義者ポール・ラファルグの自死である。ラファルグは一八四二年にキューバに生まれたフランス人（クレオール）で、カール・マルクスの女婿だが、パリ・コミューンのあと亡命を余儀なくされ、晩年はパリ郊外の村に隠棲していた。そして、一九一一年一一月二六日、妻ラウラとともに自殺する。遺書には、自分は生きる喜びを大切にする人間だが、歳をとるにつれてこの喜びは失われ人に迷惑をかけることも多くなるので、そうなる前、七〇歳くらいで死にたいと考えていた、と記されており、ラファルグは妻とパリで楽しい夜を過ごし、夜半に村に帰ってふたりで青酸カリ自殺した。井上は、この例から「自分の人生を決めるのは自分であって、宗教にもイデオロギーにもそんな権利はない」という「自己決定権の思想」を導き出す（ibid.: 14）。

死の意味づけ方、「死にがい」のつくり方には大きくふたつの型がある。ひとつは、自分の死によってなにかをなしとげる、なにかの役に立つといった死という行為そのものに意味を与えようとする方向であり、戦犯受刑者や特攻隊員についての作田や森岡の分析はこの「Doing型」の「死にがい」を扱っているだろう。他方、ラファルグの場合は生きる喜びを人生の中心に置いてほぼ限界かというところで自分の意志で人生を去り、自死そのものに意義があるのではなく、これまでの人生や存在に意味を与えている。これは行為ではなく存在のレベルで死を意味づけ納得する「Being型」の「死にがい」といえる（ibid.: 16）。

井上は、このどちらがよいというわけではないが、小田実が花と散る死を賛美する「散華の思想」を批判し、「難死」のほうが健全であるとしたことを引き、Doing型はイデオロギー的動員力が大きく危険であると指摘する。そうではなくて、「これまでの人生や存在に何らかの意味を見いだし、あまりじたばたせずに死を受け入れることができれば、それはそれでけっこうなことと思われます」。Being型の「死にがい」で問われるのは死に方ではなく生き方であって、どう生きたかということこそ問題となる。「よく生きた人だけがよく死ぬことができる」。このことが、河野にもラファルグにも共通すると井上はいう（ibid.: 16）。

講義の最後に、井上は宗教の役割に触れる。宗教の重要な役割は死の重荷の軽減にあり、宗教はそれなりの「死にがい」を与え、遺された人々に慰めを与えるために、「別れ」にかんして多くの物語と儀礼を発展させてきた。だが現在、「別れの文化装置」として宗教が磨きあげてきた物語や儀礼が力を失いつつあるのではないかという不安が広がっている。これはなぜか。社会的変動、価値観の変容など多くの要因があるが、井上は「宗教が別れのスペシャリストになりすぎたからではないか」と推察する。死と別れを扱い、死を納得させるより先に、宗教は人々の「生」のケアにもっと力を入れ、生をサポートし、生きることを意味のある楽しいものにしていくことが重要であり、必要なのではないか。そういう役割を宗教がもっと果たせば、それによって死や別れを意味づける宗教の力も回復するのではないか。「死だけを切り離して扱うのではなく、生の全体というコンテクストのなかで生の一部として死を扱うことが大事なのではないか」（ibid.: 17）。こう講義は結ばれる。

【3】「生と死」の社会学

アニミズムとリチュアリズム

『別れの文化』に収録された井上俊の基調講義のうち、もっとも新しいものは二〇〇九年一二月二六日の第五六回コルモス研究会議での「死の社会学」（第二章）である。この年の一〇月二七日に吉田民人が七八歳で逝去し、この研究会はそれから二か月後に開催された。『別れの文化』所収のテクストでは、一九九四年の「遊びと宗教」（一四ページ）、一九九六年の「「死にがい」をめぐって」（二二ページ）に対して約二倍の分量（二四ページ）となるこの講義は、「死」が社会学の領域でどう扱われてきたかを広範に論じた、かなり複雑なものになっている。

井上は冒頭で、ふたつの「社会現象」を取り上げる。ひとつはアメリカの一女性が書いた詩を作家・新井満が訳し作曲した「千の風になって」の流行である。新井の私家版CD作成は二〇〇三年だが、テノール歌手の秋川雅史が二〇〇六年のNHK紅白歌合戦でこの曲を歌い人気歌謡となった。死者が千の風になり生きている人々を見守っている、秋日和の光のなかにも、きらめく雪、鳥の声、星の光にも「すべてのいとおしいもののなかに私はいる」（原詩）というこの歌は「一種のアニミズム」である、と井上はいう。すべてのもののなかにアニマ（霊魂・精霊）の存在を認めるアニミズムは、宗教が発展して合理的な教義が形成されていくと次第に排除され、発達した宗教はアニミズムを否定することが多いが、それが歌として甦り、社会意識のなかに広く浸透している。ただし、本来のアニミズムには愛されて死んだ魂だけでなく、恨みをもって死んだ人の悪霊や死霊（私を呪い復讐するかもしれない）をなだめるという側面があった（大村がいう「おかげと祟りのコンプレックス」）。「千の風になって」は優しい死者の魂が私たちを見守るというソフトなアニミズムであり、既成宗教が排除したアニミズムがいまこうした形で甦っている（井上 2013b : 19-20）。

もうひとつは、二〇〇八年にアカデミー外国語映画賞を受賞した映画「おくりびと」のヒットである。東京のオーケストラのチェリストだった主人公（本木雅弘）が、楽団の解散によって故郷の山形で納棺師となり、死者の体を拭き清めて棺に納める仕事のなかで死者への敬意や残された人々の癒しを発見し成長していく。井上はこれを「千の風になって」のアニミズムと対比して「リチュアリズム」（儀礼主義、儀式主義）であるとする。手の込んだ儀式がもたらす敬意や癒しは、近代・現代の既成宗教が儀式を軽んじ「近代主義」が仰々しい儀式は空疎で退屈と否定してきたのとは逆のものであり、この「納棺師」は特定の宗教とは関係のない「リチュアルの専門家」として仕事をしている。井上によれば、原作の青木新門『納棺夫日記』には宗教、とくに現代の仏教に対する批判が書かれているというが、「千の風になって」のアニミズム、「おくりびと」のリチュアリズムとも、現代の制度的宗教が軽視してきたものの意味を改めて問うているのではないか、と井上は指摘する（ibid.: 21-2）。

では、どうしてこれらの社会現象に見られるような社会意識の動きが生じたのだろうか。井上は、一九六〇年代の後半から「死の社会学」と呼ばれる領域が作られてきたとし、代表的な研究を三つ紹介する（ただしそのセレクションは大村の『死ねない時代』のそれとは異なる）。第一はグレイザーとストラウスの『「死のアウェアネス理論」と看護』で、サンフランシスコ近郊の六つの病院でフィールドワークをし、入院患者、家族、医療関係者のあいだで患者の死をめぐっていかなるコミュニケーションが行われるかを分析した研究である。そこでは患者が死期を家族や医師や看護師に質問し、彼らがそれにどう答えるか、余命を告知した場合どんなコミュニケーションが行われるかが描かれ、いずれこの病院で死ぬことがわかっていながらお互いそれに気づかない「ふり」をしながらコミュニケーションする「ミューチュアル・プリテンス」の姿が抽出される(ibid.: 23)。

第二のサドナウ『病院でつくられる死』も病院でのフィールドワークに基づいて、病院の組織が患者の死をコントロールしていることを明らかにする。いつ死ぬか＝死なせるか、いつ死の宣告をするかを病院が病院の都合によって判断し、病院の都合によって人間の死が処理されていく。第三のゴーラー『死と悲しみの社会学』は死別の悲しみを遺族がどう表現するかを扱うが、近代以前のオープンな悲しみの表現が次第に抑制され、定型化されることが示される。ゴーラーは論文「死のポルノグラフィー」で、近代化につれて死が日常生活から排除され、タブー視され隠蔽された「ポルノ」のような扱いを受けることも指摘している(ibid.: 24)。

こうした「死の社会学」形成の背景には、死の社会的あり方の変化がある。死亡原因が結核などの感染症からがん、心臓病、脳血管障害など生活習慣病に移り、死亡場所も病院がほとんどとなる。このような「死の「医療化」」の進展にともなって一九六〇年代後半くらいから「終末期医療」が登場し、死んでいく人を全面的にサポート・ケアする「ホスピス運動」が発展する。そして、自分の死・治療を病院に全面的にコントロールされたくないとして、患者の人権・自己決定権が主張されるようになるという現象も生じる(ibid.: 25-7)。

井上はこの例として、一九四六年にノーベル物理学賞を受賞したアメリカの物理学者パーシー・ブリッジマンの自死をとりあげる。一八八二年生まれの彼は一九六一年の春に深刻な転移性のがんに侵されていることが判明し、医師に入院するよういわれるが、自らの著作集出版の仕事の完成まで入院を拒み、仕事を全部終えてから「これ以上生きていたら、体力も気力も衰えて自殺することができなくなるだろう」というメモを残してピストル自殺する。彼は安楽死を望んでいたがそれは許されず、暴力的に自分で命を絶つしかなかった。個人にこういうことをさせる社会はまともな社会とはいえない、と彼はメモで訴える（ibid.: 27-8）。

哲学者たちと「死」

このあと納棺業の実態などに触れたうえで、井上は「死の意味づけ」（つまり「死にがい」）の問題を論じ、それに大きな役割を果たすものとして「宗教」と「哲学」をあげる。井上はサイモン・クリッチリーの『哲学者たちの死に方』からいくつかの引用をする。たとえばアリストテレスは人はポリスの一員として役目を果たす責任があるからという理由で、アウグスティヌスは人間の生命は神から与えられたものだからという理由で、自殺はできないと考えた。これに対してエピクロス派は生きることの喜びを重視して、生きることが自分にとって堪えられないものになったときそれを放棄する自由があると考える。またモンテスキューは『ペルシア人の手紙』で、ルイ一四世治下で自殺者やその家族が処罰されたのを風刺して、「生命は一種の恩恵として私に与えられたのだから、それが恩恵でなくなった時、自分にとって重荷になった時には、それを返上することができる」と自殺の権利を主張した（ただしモンテスキュー自身は六六歳まで生きて当時の新型インフルエンザで死去した、自殺の自由を認めている哲学者は少なくないが哲学者で自殺した人は意外に少ない、と井上はやや皮肉っぽく付け加えるのだが）（ibid.: 32-3）。

だがこれらの有名哲学者についてのエピソードは、ある無名の哲学者の自死を論じるための枕のように扱われている。それは菅季治という、鶴見俊輔が一九五二年に「二人の哲学者――デューイの場合と菅季治の場合」でジョン・デューイと対比して論じた哲学者である。

一九一七年生まれの菅は京大大学院で哲学を専攻していたが、第二次世界大戦で召集されて奉天で敗戦を迎え、ソ連軍の捕虜となってカザフスタンの収容所に送られる。彼は独学でロシア語を勉強し、収容所で通訳として活躍したが、一九四九年の秋、日本人捕虜に「われわれはいつ日本に帰れるのか」という質問を受けたソ連の政治将校が、「諸君が民主主義者になれば帰国できる。日本共産党の徳田球一書記長が反動的な人間は帰してほしくないとソ連政府に要請している」と答えたのを通訳することになる。翌年帰国した捕虜たちがこの徳田の要請があったかどうか究明してほしいと国会に請願し（いわゆる「徳田要請問題」）、証人喚問された徳田はこれを突っぱねるが、通訳の菅も証人喚問される。彼はただ通訳しただけで徳田要請があったかなかったかはわからないと主張するが、徐々に追いつめられていき、「天皇制に反対か」と問われ「反対です」と答えると「では共産主義者に違いない、徳田を守っている」などと責められ、ついに一九五〇年四月に鉄道自殺する（ibid.: 34-5）。

鶴見俊輔はその二年後の論文でこう述べる。「菅季治は、事実を事実として人びとにつたえるこの状態に、自分はたっし得ると考えて闘った。完全なるコミュニケーションにかんするこの夢は、哲学者としての十数年を通じて彼を支えて来たものであり、軍隊でさえもこの信念をかえることがなかった。このこと、自分のちかったことができなかったことが、彼の自尊心をきずつけた」（ibid.: 35）。彼は「哲学者として」論理的に話せばわかるはずだという「完全なるコミュニケーション」に対する夢を支えとして生きたが、政治的圧力を前にその信念を達成できなかったことに傷ついて自殺した。菅の遺書には「ただ一つの事実さえ守り通し得ぬ自分の弱さ、愚かさに絶望して死ぬ」と書かれていた（ibid.: 35）。

この悲劇的なエピソードのあと、井上はクリッチリー『哲学者たちの死に方』に戻り、哲学者・論理学者アルフレッド・エイヤーの次のようなエピソードに触れる。オックスフォード大学を引退した七〇代のエイヤーがニューヨークで人気デザイナー主催の華やかなパーティに招かれ、ファッションモデルたちと談笑していると、プロボクサーのマイク・タイソン（！）が酔っぱらってスーパーモデルのナオミ・キャンベル（！）に無理矢理キスしようとしているのに出くわす。エイヤーはつかつかと近づいて手を放せというが、タイソンは「俺は世界へビー級チャンピオンのタイソンだぞ」と怒鳴る。だがエイヤーは怯まず、「なら私はオックスフォード大学何とか講座で（「有名な講座らしいのですがちょっと名前は忘れました」と井上（笑））論理学を担当してきた哲学界では有名なエイヤーである、名のある者同士として理性的に話し合おう」と提案する。タイソンはびっくりして手が緩み、ナオミ・キャンベルは逃げ出す。エイヤー先生は「理性的に話し合えばマイク・タイソンでも説得できる」と思っているのだ（結果は無事に済んだが…）。井上はこのエピソードを引いて、「論理的に話せば必ずわかる」とする「哲学者の信念」（エイヤーはそれを信じてタイソンに対峙し、菅は打ち砕かれた）を軽やかに笑い飛ばしているように見える（ibid.: 35-7）。

物理学者パーシー・ブリッジマン、哲学者菅季治、論理学者アルフレッド・エイヤー。井上はここで畳み掛けるように（そして笑いと遊びを手放さずに）論理的で分析的な理性がもつ「弱さ」や「脆さ」や「滑稽さ」を浮かび上がらせているように思う。論理的に自己決定権を求める科学者は自死を選び、言語による「完全なコミュニケーション」を夢見た哲学者はその挫折によって自死に追いやられた。どちらの理性も「死」の前ではまったく無力ではなかったか。そして論理学者の「論理的説得」への信念は、屈強なボクサーを前にしていかにも愚かで滑稽だった。分析的理性が孕む「弱さ」と「脆さ」と「滑稽さ」。

講義の終わり近くで、井上はデュルケムの『自殺論』を紹介する。この（いわば最初の）「死の社会学」から大村英昭は「煽り」の論脈を導き出したが、井上は次のように論じる。デュルケムは自殺を個人の問題ではなく社会の問題ととらえ、毎年ある程度の数の人々を自殺に引き込む力が社会のなかに働いていると考えた。そして、それと同じ力がないと社会が成立・発展しないとデュルケムは考える。個人を社会から切り離す力は自殺率を高めるが（「自己本位的自殺」）、その力は個人の自由、主体性・自発性を発展させる力であってそれなしには近代社会は発展しえない。個人と社会を結びつける力が強すぎると自己犠牲的な自殺に追い込まれることがあるが（「集団本位的自殺」）、個人が多少なりとも社会のために自分を犠牲にすることなしには社会は成立しない。社会の規範や価値観が崩れることは自殺を増加させるが（「アノミー的自殺」）、これを弱める力が働かず、全員が社会の規範や価値観に縛られているとその社会は停滞し発展しない（ibid.: 37-9）。デュルケムは、社会の維持・発展に不可欠な力が、反面で一定数の自殺を生み出す、と論じた。つまり自殺は「社会の維持・発展にともなう一種の犠牲」であって、それをなくすことはできないかもしれない。いいかえれば、「それは誰にでも起こる可能性がある。とうぜん自分にも可能性がある」。井上は、この見方は自殺者に冷たい見方のように見えるが、考え方によってはそうではない、という。たとえ見知らぬ人、自分と無関係な人の自殺であっても、「その人はたまたま自分の身代わりになって命を落としたのだと考えることもできる」からである（ibid.: 39-40）。その「犠牲」は（たとえば菅季治は）私だったかもしれないのだ。

井上は最後の節「道徳を超えて」でこう述べる。いま自殺をどう防止するかが社会的に大きな問題になっており、政府もＮＨＫも宗教界も反自殺キャンペーンを盛り上げている。たしかに自殺を社会の不幸の程度を示す指標と見て減らそうとすることは悪いことではないが、メキシコのように自殺率は低いが他殺率＝殺人率が非常に高い社会もあるのだから、自殺だけを目の敵にして反自殺のトータル・キャンページが行われるのには少し違和感がある。宗教界が自殺防止や遺族のケアに取り組むのはいいことだろう、だが、宗教界はどういう「専門性」をもって取り組むのか、宗教独自の貢献はどこに求められるのかが問われなければならないのではないか（ibid.: 40-1）。ウィリアム・ジェームズはかつて、宗教と道徳は重なり合うところがあるが「宗教というものは道徳が終わるところから始まる」と述べていた。自殺の防止や遺族のケアという道徳と重なり合う運動において「道徳とは違う宗教の力」はどこにあり、どう発揮されるのか、「道徳から独立した、道徳にのみ込まれない宗教独特の力」はなにか。井上は「非宗教的な素人の立場」からこれを「宗教界の先生方」に考えていただくことを期待したい、と述べて、この講義を結んでいる（ibid.: 41-2）。

「別れの文化」のために

七一歳の井上が「非宗教的な素人」として（だが社会学の達人として！）自在に語ったこの講義を、「学者と宗教〝現場〟を担う実践者」が集うこの研究会の（大村を含む）聴衆はどう受け止めただろうか。彼の三回にわたる講義は、彼らになにを伝えたのだろうか。

本講義の末尾で井上は、宗教の「専門性」を問いかけ、「宗教独特の力」はどこにあるかについて答えを求める。宗教になにができるか。井上は、それが「道徳」とは異なるものだという認識を、ここでも、一九九四年の講義「遊びと宗教」でも聴衆に投げかけている。ウィリアム・ジェームズは「宗教は道徳が終わるところから始まる」と述べていたが、宗教がもともとその本質的要素ではない「道徳的価値」と連携していることがその「息苦しさ」や「偽善性」の要因なのではないか。一九九四年講義で「宗教を道徳から切り離す」ことによって「自由にのびやかに信仰の喜びを生きる」ことを説いていた井上は、おそらく自殺に「道徳的規範主義」で向き合う態度に対して、それとは違う「信仰の喜び」から湧き出るような「宗教の力」の可能性を探すよう呼びかけているのだろう。

それは「哲学者たち」が依拠する「分析的理性」とも異なる。菅季治がその支えとした「論理的に話せばわかるはず」という「完全なるコミュニケーションの夢」は、彼を生につなぎとめる力はなく、むしろ彼を追いつめ、絶望させ、自死にいたらしめた。哲学による「死の意味づけ」はどれほどの力をもつのだろう。「哲学的信念」は菅が直面したように死の近くでは弱く、脆く、エイヤーの例に見られるように滑稽でさえあるのではないか。井上は「道徳」を論じたような直截さで「哲学」に態度表明していないから私の行き過ぎた解釈かもしれないが、「哲学」のもついわば「賢い愚かさ」を井上は軽やかに笑い飛ばし、「宗教」はこれと別の専門性をもたなければならないことを示唆しているように思われる。

井上は講義冒頭で、道徳とも哲学とも異なる宗教の姿をじつにさりげなく提示していた。「千の風になって」のアニミズム、「おくりびと」のリチュアリズムである。これらは合理的な教義の発達によって否定され、近代の既成宗教によって軽んじられてきたものだが、「死」と「別れ」

を前にした社会意識のなかに（大村の用語でいうなら「拡散宗教」「民俗のこころ」に）息づいている。これらはたとえばグレイザーとストラウスが病院で見た死をめぐる言語的なコミュニケーション（「ミューチュアル・プリテンス」）とも、ゴーラーがいう「オープンな悲しみの表現」とも異なるが、生者と死者のあいだに開かれるコミュニケーションの形ではないかと思われる。ありきたりな表現かもしれないが、これらは生と死を截然と分けるというよりも、そのあいだに隙間を作り、それを埋める所作となる。

振り返ってみると、一九九六年の「死にがい」をめぐる講義で井上は「宗教が別れのスペシャリストになりすぎたから」その物語や儀礼が力を失いつつあるのではないか、と問いかけていた。「死だけを切り離して扱うのではなく、生の全体というコンテクストのなかで生の一部として死を扱うことが大事なのではないか」。そこで井上は宗教が「生」をサポートし、生きることを意味ある楽しいものにしていくことが重要ではないかと述べていたが、「生」と「死」を截然と分割し、宗教を「死」だけを扱う文化装置ととらえる態度を批判していたのだろう。私なりに表現すれば、「生」と「死」は境界となる一線によって分割されるのではなく、そのあいだにはある厚みをもった隙間がある。「別れ」とは分割線を越える一瞬を意味するのではなく、「生」と「死」がまじり合ったようなあいだの領域を意味し、このあいだ＝いわば「別れ」の領域を生きていくための「別れの文化」というものがある。この文化によって「死」を「生」にくくりこむことができる。宗教はこのような「あいだ」を痩せさせずに確保して、「あいだ」を生きるための役割を果たすべきではないか。

この講義で井上は死を「行為」として意味づける「Doing型」の死にがいに対して、「生きる喜び」に中心を置き、これまでの人生や存在に意味を与えて死を納得する「Being型」の死にがいを対置していた。「よく生きた人だけがよく死ぬことができる」。「死」という一点に意味を見出すのではなく、生と存在のなかに「死」をくりこんで、その全体に意味を見出す。この態度は、「戦無派」の死にがいを論じた一九七〇年の論考にも見られた。獄中の友人の手紙のように、「死」を積極的に意味づける死にがいを求めるのではなく、あくまでも「生を選んで」、その結果として死を引き受けることを納得し、「生の総体に死を包摂」する。そして、生の総体に死を位置づける拠点は「弱さ」にあり、「やさしさ」にあった。あるいは、「弱さ」と「やさしさ」を自らの「生」にいつも組み込んでおくことによって、「生」を「死」のほうへと開いておく通路や隙間をもち続けることができるのだろう。

先に触れたように一九九四年の「遊びと宗教」講義は「宗教を道徳から切り離す」ことを主張していたが、その手がかりは「遊び」と「ユーモア」にあった。「答えのシステム」を公式化・固定化させてしまった宗教に「遊び」と「ユーモア」を取り戻すとき、既存のシステムを「距離化」して「問いを問い直すこと」が可能になる。「聖」がもつ真面目さや息苦しさから自由になる。そして、コックスが『愚者の饗宴』で述べたように、「人間の弱さ、愚かしさ、不完全さ」を受け入れて、それを笑い合い、そこに希望を見出すことができる。井上が一九七〇年の「ゲームの世界」で鮮やかに抽出したように、「遊び」や「ゲーム」には（偶然や不条理を嫌う「文明」とは正反対に）「不条理を楽しむ」態度と「偶然性への敬意」があり、「存在の脆さへの自覚」がある。そこで井上が引用した九鬼周造によれば、偶然性とは「有が無に根ざしている状態、無が有を侵している形象」であって、そこから「みずからの存在の根底にある「無」」が開かれ、偶然性への自覚は「無に根ざす脆き存在」への入り口となる。「有」は「無」に根ざしている。逆に、偶然性への感覚を見失った「存在の思い上がり」は、弱く、脆い。遊び、ユーモア、偶然性、これらもまた、「生」を「死」に開く通路となるのだろう。

井上は以上のような「別れの文化」の姿を、ここで見た講義と論考で声高に訴えているのではない。だがここからは、「死」や「無」や「弱さ」が分割線の向こう側にではなく、「生」の側に、あるいはそのあいだの「別れ」の領域にさりげなく置かれていること、その領域を生きるための「文化」があることが見て取れる。これを、そこにいただろう大村英昭や「現場」の宗教実践者たち、あるいは宗教研究の専門家たちはどう受け止めただろうか。

だが、むしろ私は次の仮想に思いをめぐらせる。この講義を、二か月前に逝去した吉田民人が聴いていたとしたらどう思っただろうか。父の死を前にして告知するのをたじろぎ、いったん「ミューチュアル・プリテンス」を主張したが自ら告知を引き受け、告知後にどう対話していいかわからないと苦悩した彼が。父の前でどの慰めの言葉も効果がなく、「本気になって宗教に取り組むよ」といって父の願いを知り、ガーッと泣いて父子一体感を味わった彼が。「相対所与性の克服」と「絶対所与性の受容」という対概念を考究し、父が一生かけて取り組んだ仏教を学問として解明しようと試みて、その分析的理性によって「自他分節のシンボル性プログラム」へと鮮やかに描きかえた彼が。仮にもしフロアから吉田が立ってこう質問したら、井上はどう答えただろう。「君が最愛の子どもを三歳ぐらいで死なせ、自身が末期がんで余命二か月の宣告を受けたとしたら、どのような意味の世界を生きうるだろうか」。どのような「別れの文化」の姿が彼への回答になるのだろうか。

もちろんこの仮想への答えを出す力は私にはない。ただもし私がここに同席していたら、自分自身の父の死をめぐる個人的な（そしてごくありふれた）家族の物語を話すかもしれない。いまから六年前の四月、父は京都の自宅で入浴中に心臓発作を起こし、すぐにそのまま亡くなった。私は翌日新幹線で駆けつけたが、斎場の関係で葬儀まで数日の時間があり、そのあいだに家族で湯灌をして父のからだをきれいに洗った。父が生前ここでと決めていた自宅近くの家族葬の式場は、勤めていたころの会社の人たちで不釣り合いに混み合い、家族も親戚もなんだか可笑しい気持ちだった。宇治・天ケ瀬の斎場に続く宇治川の土手の道は桜が満開で、おばたちは「いやきれいやわあ」とはしゃいでいて、焼き上がるまでの時間も昔語りをしてけらけら笑い合っていた。あれが「別れの文化」だったのかどうかはわからない。だが生と死のあいだの「はかないしあわせ」はそこにあったように思う。

文献

井上　俊　一九七三『死にがいの喪失』、筑摩書房。

――　一九七七『遊びの社会学』、世界思想社。

――　二〇一三a「「死にがい」をめぐって」、大村・井上編、七－一八。

――　二〇一三b「死の社会学」、大村・井上編、一九－四二。

――　二〇一三c「遊びと宗教」、大村・井上編、一一五－一二八。

真木悠介　一九七七『気流の鳴る音――交響するコミューン』、筑摩書房。

大村英昭　一九九〇『死ねない時代――いま、なぜ宗教か』、有斐閣。

――　一九九七『日本人の心の習慣――鎮めの文化論』、日本放送出版協会。

――　二〇〇三『臨床仏教学のすすめ』、世界思想社。

――　二〇一三「ポスト・ヒューマニズム期の祈りと供養」、大村・井上編、七九－一一四。

――　二〇一六「退き際のダンディズム」、大村・山中編、八－五二。

大村英昭・井上俊編　二〇一三『別れの文化――生と死の宗教社会学』、書肆クラルテ。

大村英昭・山中浩司編　二〇一六『とまどう男たち　死に方編』、大阪大学出版会。

作田啓一　一九九三『生成の社会学をめざして――価値観と性格』、有斐閣。

吉田民人　一九七八→一九九〇「ある社会学徒の原認識――〈背後仮説〉の明示的定式化」、『主体性と所有構造の理論』、東京大学出版会、一－六四。

――　一九九〇『情報と自己組織性の理論』、東京大学出版会。

――　一九九八→二〇一三「比較幸福学の一つの研究プログラム」、吉田民人論集編集委員会編『社会情報学とその展開』、勁草書房、一八五－二一七。

――　二〇一三「父の死をめぐって――宗教アレルギーの自己消滅」、大村・井上編、四三－七八。

あとがき

人生はほとんどがたまたまの出会いで成り立っていると思うが、学問上の人生もそうだと思う。私が「日本の社会学」を研究するという仕事をすることになったのはいくつかのきっかけによるが、二〇一二年にロバート・ベラー先生と出会ったことが間違いなく決定的なことだった。ベラー先生との出会いについては、本書にも、『宗教とグローバル市民社会――ロバート・ベラーとの対話』（二〇一四年、岩波書店）にも記したので、ここでは触れないでおこう。

ほんとうに幸運なことに、私は、本書に登場した社会学の先達に（おひとりを除いて）出会う機会に恵まれた。深い感謝をこめながら、それを簡潔に記したい。

見田宗介先生の講義を受けたのは、一九八一年、大学二年生のときだった。東大駒場の教養課程の「社会学講義」は入学した科・類によって履修する授業が決められていて、一年次には見田先生の講義をとることができず、二年生の一年間（単位にはならないが）潜って受講した。柳田國男の『明治大正史世相篇』をもとにした「日本人の感覚の歴史」から始まる講義は衝撃的で、そのノートはいまも手元にある。その後私は本郷の学部・大学院に進学して、修士一年のとき先生の大学院ゼミに出てみたが、自分がいかに平凡かを思い知らされるような気がして、続けることができなかった。その次に先生にご連絡したのは、それから約二〇年（！）経った二〇〇六年に立教大学社会学部主催のシンポジウム「社会学は「未来」をいかに語りうるか?」に登壇をお願いしたときで、すぐに快諾くださった先生は「未来の社会学／社会学の未来――〈近代の構造矛盾〉のゆくえ」という鮮やかな基調講演をしてくださった（その内容は『定本 見田宗介著作集Ⅵ』（二〇一一年、岩波書店）に「近代の矛盾の「解凍」――脱高度成長期の精神変容」として収録されている）。二〇一五年九月の日本社会学会大会での若手フォーラム「社会学を創造する――見田社会学との対話」でも、司会の芳賀学さんとともに七月の打ち合わせと大会当日のスリリングなフォーラムでご一緒できた。打ち合わせのあと、福岡安則先生、黒坂愛衣さん、芳賀さんと新宿の喫茶店「らんぶる」でいろいろと率直なお話を伺うことができたのは、とても幸せな時間だった。

吉田民人先生の講義のノートもとってあるが、本郷で「社会学特殊講義」を受けたのは一九八二年、三年生のときである。先生は一回目の授業に手ぶらで来られて、きょうはオリエンテーションですぐ終わるのかな、と思っていたら、一一〇分間なにも見ずに「理論社会学の基礎」という講義を淀みなくされて、ほんとうに驚いた。これは毎回のスタイルで、吉田先生はご自身のオリジナルな研究成果をじつに明快に整理された形で話され、刺激的だった。大学院修士課程の吉田ゼミも（先生は「理論実習」と銘打っておられたと思うが）、それぞれの院生が報告する内容を吉田先生が「君の議論はぼくの枠組みではこう解釈できるね」とその場でコメントし、院生と先生が対等に討論するもので、風通しよく知的触発に満ちたものだったと思う。修士論文の副査も務めていただいたが、まったく満足できる出来ではなく、口頭試問で先生の質問に答えられない自分が歯痒かった。なにもご恩返しができないまま二〇〇九年一〇月に先生は逝去されたが、二〇一四年の四月に新宿の紀伊國屋書店で『社会情報学とその展開』（二〇一三年、東京大学出版会）を見つけ、すぐ読んでみると学部の講義が甦ってくるようで、いつか吉田先生の社会学について書いてみたいと思うようになった。

大村英昭先生には、東大社会学研究室の助手をしていたとき、非常勤で集中講義に来られてお会いしただけではないかと思う。先生が野口裕二先生と編者をされた『臨床社会学のすすめ』（二〇〇〇年、有斐閣）に寄稿をお誘いくださったのが初めてやりとりさせていただく機会だったが、一度提出した原稿があまりに不出来で、全部書き直すようにとお手紙とお電話で丁寧に伝えてくださった（書き直して掲載された原稿も、それまでの仕事をまとめたような不甲斐ないものしかできなかった）。その後、著書をお送りするといつも励ましのお葉書をくださり、とくに『社会学の歴史Ⅰ——社会という謎の系譜』（二〇一四年、有斐閣）についてはほめてくださる文面でとてもうれしかった。少し調子に乗って（先生のご病状も知らず）、有斐閣編集部を通して『書斎の窓』の書評をお願いしたところ、二〇一五年七月初旬に心のこもった原稿をくださった

（二〇一五年九月号所収）。その直後の九月、日本社会学会大会前日に先生の訃報に接して愕然とした。私は昨年四月から、先生が在籍された関西学院大学社会学部に勤務することになったが、なにかのご縁のようにも感じている。

井上俊先生とはそれまでも何度か学会の仕事などでご一緒することがあったが、密にお話しする機会になったのは、二〇一三年の日本社会学会大会若手フォーラム「文学と社会学のあいだ」の企画だった。八月に京都で打ち合わせをということになり、京都タワー八階のティーラウンジでお会いしたが、この大会からの新企画を受け止めてくださり、「若手とベテランの対話」ということですが「雑談」で行きましょう、とさらりといってくださった。私が河野健二先生（父の従兄弟にあたる）の話をすると、井上先生は「私の好きな先生でね。河野先生は叙勲を断った」とうれしそうに（いたずらっぽく）話してくださり、私もなんだかうれしかった。一〇月の大会でのフォーラムは、若手からの質問に井上先生が自在な「雑談」で応じてくださって、のびやかな雰囲気のもとあっという間に三時間が過ぎる会となり、終了後に登壇者と長谷正人さんをまじえて打ち上げをしたが、おもしろがってくださって「メタ打ち上げ」と称して二年後にも東京で集まりをもつことになった。二〇一七年三月に『作田啓一 vs. 見田宗介』（二〇一六年、弘文堂）の書評会を京都大学で行ったときには、体調が優れないなかご登壇くださり、作田先生について感動的なお話をしてくださった。

作田啓一先生には、お会いすることがかなわなかった。長谷正人さんとの共編著『コミュニケーションの社会学』(二〇〇九年、有斐閣)の書評を『書斎の窓』に書いていただいたのだが(二〇一四年四月号所収)、失礼にもお礼も申し上げられないままだった。二〇一五年一月に「作田啓一・見田宗介研究会」(S/M研)に岡崎宏樹さんが京都から初めて参加したとき、「作田vs.見田ということなら、見田さんはヒューマニズムだが、作田は超ヒューマニズムだ!」という「伝言」を託してくださり、ぜひお目にかかりたいと思っていたが、二〇一六年三月のご逝去までお会いできなかった。直接のコミュニケーションはできなかったが、先生が二〇一五年の『みすず』読書アンケート号に拙著『反コミュニケーション』(二〇一三年、弘文堂)をあげてくださったのは、私の誇りである。京都での『作田啓一vs.見田宗介』書評会の前に、岡崎さんと新堂粧子さんの案内で、お住まいだった「スタヂオ・サクタ」を訪れることができたのはじつにうれしく、先生ご自身に少しだけ近づけたように感じた。

*

本書に収録した論考の初出は以下のとおりである。既発表のものは、注を削除し、小見出しをつけたほか、表記上のわずかな修正を行った。

「知識人としてのロバート・ベラー――「日本」と「軸」についての試論」、『社会学研究』(東

北社会学研究会）第九六号、一一‐三八頁、二〇一五年。
「反転と残余――ふたつの「自我の社会学」におけるふたつのラディカリズム」、奥村隆編『作田啓一 vs. 見田宗介』（弘文堂）、三四一‐九六頁、二〇一六年。
「いけにえ・憐憫・赦し――作田啓一と「戦後」」、書き下ろし。
「別れの文化――吉田民人・大村英昭・井上俊における「死の社会学」」、書き下ろし。

本書は、作田啓一・見田宗介研究会の成果として二〇一六年一一月に刊行した編著『作田啓一 vs. 見田宗介』で行った「日本の社会学」を検討する作業の、私個人の次のステップと位置づけられるものである。書き下ろしの二章は、いずれもいまの私には重く難しいテーマで、蓄積が足りないのではないかと思うことばかりだったが、社会学者たちの書いたものを勉強していくと新しい発見や刺激がじつに多く、それを書き留めておきたいと思った。読者諸賢のご批判を待ちたいと思う。

タイトルの『反転と残余』は企画当初から決めていたが、サブタイトルには迷った。だが、この数年の自分自身の経験と、ここに登場した社会学者たちの仕事と向き合うなかで、社会にとっての〈他者〉として生きるということが社会学者の仕事であると考えるようになってきて、「〈社会の他者〉としての社会学者」というこなれない表現を選ぶことにした。

本書の企画は、弘文堂編集部・中村憲生さんの慫慂による。『反コミュニケーション』、『作田啓一 vs. 見田宗介』に続いて短期間に三冊もの仕事で編集をご担当いただいたが、今回も厳しく温かく、巧みに前に進ませてくださった。脱稿をこの二月末のご退職に間に合わせることができず、非力をお詫び申し上げたい。だが、中村さんとの出会いへの言葉に尽くせぬ感謝の気持ちを、ここで改めてお伝えしたいと思う。

二〇一八年四月五日

奥村 隆

【著者紹介】
奥村　隆（おくむら たかし）
関西学院大学社会学部教授。1961年徳島県生まれ。東京大学大学院社会学研究科博士課程単位取得退学。博士（社会学）。東京大学文学部助手、千葉大学文学部講師、同助教授、立教大学社会学部教授を経て、2017年4月より現職。専攻は、コミュニケーションの社会学、文化の社会学、社会学理論。
著書に、『社会学になにができるか』（編著、八千代出版、1997年）、『他者といる技法――コミュニケーションの社会学』（日本評論社、1998年）、『エリアス・暴力への問い』（勁草書房、2001年）、『コミュニケーションの社会学』（長谷正人との共編著、有斐閣、2009年）、『反コミュニケーション』（弘文堂、2013年）、『宗教とグローバル市民社会――ロバート・ベラーとの対話』（ロバート・N・ベラー、島薗進との共編著、岩波書店、2014年）、『社会学の歴史Ｉ――社会という謎の系譜』（有斐閣、2014年）、『作田啓一 vs. 見田宗介』（編著、弘文堂、2016年）、『社会はどこにあるか――根源性の社会学』（ミネルヴァ書房、2017年）、『はじまりの社会学――問いつづけるためのレッスン』（編著、ミネルヴァ書房、2018年）などがある。

反転と残余――〈社会の他者〉としての社会学者

2018（平成30）年9月15日　初版1刷発行

著　者　奥村　隆
発行者　鯉渕友南
発行所　株式会社　弘文堂　101-0062 東京都千代田区神田駿河台1の7
TEL 03(3294)4801　振替 00120-6-53909
http://www.koubundou.co.jp

装　丁　笠井亞子
組　版　スタジオトラミーケ
印　刷　大盛印刷
製　本　牧製本印刷

ISBN978-4-335-55196-3